城乡协调发展研究丛书

总编◎李小建　仇建涛

扶贫项目绩效评估研究

基于精准扶贫的视角

PERFORMANCE EVALUATION OF
POVERTY ALLEVIATION PROJECT IN THE PERSPECTIVE
OF TARGETED

孙　璐◎著

社会科学文献出版社
SOCIAL SCIENCES ACADEMIC PRESS (CHINA)

本书为河南省软科学研究计划项目"河南省科技扶贫项目管理创新研究"（182400410275）、河南省教育厅人文社会科学研究一般项目"精准扶贫资源配置效率研究——基于大数据思维"（2017 – ZZJH – 323）的阶段性研究成果

总　序

城乡协调发展河南省协同创新中心（2017 年 2 月由中原经济区"三化"协调发展河南省协同创新中心更名而来，以下简称"中心"）是河南省首批"2011 计划"（高等学校创新能力提升计划）建设单位，2012 年 10 月由河南省政府批准正式挂牌成立。中心以河南财经政法大学为牵头单位，河南大学、河南农业大学、河南师范大学、河南工业大学、信阳师范学院、许昌学院、河南省委政策研究室、中共河南省委农村工作办公室、河南省发展和改革委员会、河南省政府发展研究中心、河南省工信厅、河南省住建厅等多所省内著名高校和政府机构作为协同单位联合组建。

中心的综合使命是按照"河南急需、国内一流、制度先进、贡献重大"的建设目标，充分发挥高等教育作为科技第一生产力和人才培养第一资源结合点的独特作用，以河南省经济社会发展重大需求为导向，以这一省情十分独特区域的城乡协调发展创新任务为牵引，努力实现城乡协调发展基础理论、政策研究与实践应用的紧密结合，助推河南省城乡协调发展走在全国前列。

城乡协调本身就是非常复杂的问题，城乡空间协调、产业协调、绿色发展是中心重点研究推进的三个维度。研究如此大而系统的复杂问题，中心一方面展开大量的理论研究，另一方面展开广泛深入的调查，此外，还不断将理论应用于实践，目前已取得一定的阶段性成果。

为此，中心组织相关研究力量，对城乡协调问题进行不同侧面研究，将研究成果编纂成"城乡协调发展研究丛书"。一方面，通过丛书向政府和公众及时报告中心的研究进展，使中心的研究成果能够得到适时的关注和应用；另一方面，中心也可以从政府和公众的反馈中不断改进研究方法。我们深知所要研究的问题之艰难以及意义之重大，我们一定会持续努力，不辜负河南省政府及人民对我们的信任和寄托，做对人民有用的研究。

十分感谢社会科学文献出版社对丛书出版给予的大力支持。

李小建　仉建涛

2017 年 4 月 19 日

摘　要

　　改革开放以来，我国不断大力推进扶贫开发工作，取得了举世瞩目的成就。但是随着经济社会的发展，制约贫困地区发展的深层矛盾不断显现，使得我国扶贫开发面临前所未有的考验和挑战。同时，缺乏科学的瞄准机制，导致贫困人口底数不清、贫困情况不明等问题，严重阻碍了扶贫资源的精准使用和减贫效果。鉴于此，我国通过不断完善扶贫战略和推行精准扶贫政策，开展建档立卡工作，力争实现对贫困地区农村贫困人口全面又精准的扶持，以提高扶贫政策的针对性和有效性。在新的贫困形势和精准扶贫背景下，如何适应现实状况并创新扶贫绩效评价的思路，如何通过建立有效评估体系实现精准绩效评估并挖掘阻碍绩效提升的深层原因，如何在扶贫项目绩效评估实践的基础上进一步完善扶贫项目绩效评估体系和相关配套措施，都是亟待研究和解决的问题。

　　本书在精准扶贫的视角下，以扶贫开发项目绩效评估为研究对象，借助比较分析、系统分析等方法明确扶贫开发项目绩效评估的关键所在，构建扶贫项目绩效评估系统研究框架，并进一步改进扶贫项目绩效评估体系，以适应精准扶贫背景下扶贫项目推进的新要求。主要研究成果包括以下六点。

　　①基于经济学、管理学及管理生态学的相关理论基础，构建了精准扶贫背景下的项目绩效评估的研究框架。将扶贫项目绩效评估体系看作包含了绩效和评估两个子系统的有机体，它们之间通过有效的数据传递、信息反馈以及人为管理活动被连接起来。明确了扶贫的瞄准与资源配置、扶贫实施者的主导、扶贫受益者的参与、有效的监督管理制度等关键因素互相关联、共同作用对扶贫项目的绩效产生的影响，在进行扶贫项目绩效评估时应该重点关注这些关键因素。②通过对已有评估流程、评估思路研究的

总结和借鉴，发现精准扶贫背景下的扶贫项目绩效评估体系应能够反映和评估扶贫项目的精准性，并实现对建档立卡数据的有效利用。评估的流程需增加必要的数据应用和监测收集环节的设计，以便于绩效的评估反馈及扶贫信息体系的形成。③结合当前精准扶贫政策环境及项目特点，对现有评估方法进行了分析总结，为适应当前扶贫项目绩效评估的复杂性和综合性，应当综合应用评估指标法、运筹学方法、计量分析方法等各种评估方法。④基于经验选取和因子分析的方法，构建了精准扶贫背景下绩效评估的指标体系，主要围绕扶贫精准绩效展开，包括扶贫瞄准、扶贫资金投入和使用、扶贫项目管理、扶贫成效等6类因子11个指标。⑤通过甘肃和四川扶贫项目绩效实证评估，分别验证了精准扶贫视角下逆向描述性基期绩效评估模式、分类评估模式、综合评估方法、加权赋权法的适用性，探索了建档立卡数据的应用性并归纳了项目绩效后续监测内容。⑥通过实践总结发现，扶贫绩效评估在实际操作和配套机制方面仍有不完善之处，应在精准扶贫政策的指导下从形成扶贫绩效动态监测评估机制、建立专业化的扶贫绩效评估机构、提高扶贫对象在绩效评估中的参与性、建立制度化的评估信息反馈沟通机制等几个方面予以改进，为精准扶贫工作开展提供支撑。

Abstract

Since the reform and opening, our country constantly promotes the poverty alleviation and development and has made remarkable achievements. But with the development of society and economy, the deep contradictions which restrict the development of the poor areas of poverty appeared continuously. It's made the poverty alleviation and development in China facing unprecedented test and challenge. In this context, as unclear poor base number and unknown poverty condition with the lack of scientific mechanism of targeting seriously hindered the accurate use of resources for poverty alleviation and poverty reduction effect performance. In view of this, our country strive to achieve accurate identification of the poor and full support for the poor areas of rural poverty population, by improving strategy and implement precise policy for poverty alleviation, active explore the poor recognition mechanism and greatly improve the pertinence and effectiveness of poverty reduction policy. Under the new poverty situation and the background of targeted alleviation, the problem of how to innovate the thinking of ion performance evaluation for poverty alleviation to adapt to the present situation, how to realize accurate performance evaluation and excavate the deep reasons of the obstacles to performance improvement by establishing an effective evaluation system, how to innovate poverty alleviation project work mechanism and improve the precise performance of poverty alleviation project, need to study and solve.

The research based on the perspective of targeted poverty alleviation, taking the poverty alleviation and development project performance evaluation as the research object, it has been clear about the key to project performance evaluation in the new period of the poverty alleviation and development by the methods of model analysis and system analysis. Then the paper build the improved system of performance evaluation of poverty alleviation project, to adapt to the change of poverty alleviation projects, poverty alleviation and subjects to the project each link in new background.

The main research results include the following six points. ①Based on the theory of economics, management and administrative ecology, this paper build the research framework of performance evaluation under the background of targeted poverty alleviation. Then the paper treats poverty alleviation project as an organism containing two sub-systems of the performance and evaluation, which are connected through effective data transfer and information feedback, and artificial management activity between them. And targeting of poverty alleviation, allocation of resources, poverty alleviation leading the participation of beneficiaries, effective supervision and management system for poverty alleviation and other key factors associated with each other, work together to effect on performance of poverty reduction project, and the performance evaluation of poverty alleviation project should focus on the key factors. ②Based on summing up and reference in results of res existing assessment process and thinking the paper find poverty alleviation project performance evaluation system should be able to reflect the evaluation precision of poverty alleviation projects, and implement the effective use of creates file tent card data under the background of targeted poverty alleviation. Assessment processes need to increase the necessary data application and the design of the monitoring collection parts, in favor of the performance evaluation feedback and the formation of information system for poverty alleviation. ③On the perspective for poverty alleviation, evaluation index method combining with the operational research method, econometric model method is suitable for the evaluation of poverty alleviation project comprehensive performance and targeting performance. ④ Based on the experience in the selection and the method of factor analysis, the paper build the index system of poverty alleviation project performance evaluation what mainly revolves around poverty alleviation precise performance, including the aim, funding for poverty alleviation and using, poverty alleviation project management, poverty alleviation, etc. ⑤ By demonstration assessment case of Gansu and comprehensive assessment case of Sichuan, the paper found the problem of inaccuracy of poor object targeting in poverty alleviation project and lack of innovation in poverty alleviation funds using and project management. At the same time, verified the feasibility of performance evaluation system of poverty alleviation project. ⑥ Actual operation and mechanism supporting for poverty alleviation is still not perfect, should be improved in aspects of forming performance of the dynamic monitoring and evaluation mechanism for poverty alleviation, establishing professional performance evaluation mechanism, etc. under the guidance of precision poverty alleviation policy, and provide support for poverty alleviation work.

目　录

图目录

表目录

第一章

绪 论

第一节　研究背景和研究意义

一　精准扶贫的开展背景

"消除贫困，改善民生，实现共同富裕"是社会主义的本质要求，也是实现社会稳定、和谐发展的重要条件。改革开放以来，我国不断大力推进扶贫开发工作，大致经历了体制扶贫、大规模开发式扶贫、扶贫攻坚、扶贫性开发以及扶贫成效巩固五个阶段。伴随着《国家八七扶贫攻坚计划》《中国农村扶贫开发纲要（2011～2010年)》的顺利实施，我国的扶贫开发工作取得了举世瞩目的成就。农村地区的贫困人口不断下降，贫困发生率从1978年的30.7%下降至8.5%；农村贫困人口收入水平稳步提升，社会事业不断进步，农村居民生存和温饱问题基本解决。

1. 目前我国的贫困形势依旧严峻，贫困人口生产生活难的问题仍未得到根本解决

尽管成就显著，但是新时期我国的扶贫工作仍然面临着众多考验和挑战，全社会贫富差距加大、区域发展不平衡问题突出，深层矛盾依旧制约贫困地区发展。经过长期扶贫开发的不断推进，部分比较容易脱贫的贫困群体实现了脱贫致富，剩下的多是扶贫开发攻坚的难点，扶贫工作面临更加艰巨的任务。2015年我国仍有5630万农村建档立卡贫困人口，4903.2

万农村低保人口以及 517.5 万农村五保供养对象。其中，少数民族地区农村贫困人口占全国贫困人口的 31.1%，达到 2562 万人，贫困发生率比全国平均水平高 8.6 个百分点；东、中、西部地区的贫困人口比例分别为 23.94%、13.50% 和 62.57%。当前，贫困地区在空间分布上呈现与生态脆弱地区的高度耦合。由于历史、自然、社会等诸多因素的综合影响，这些贫困地区大多生存条件艰苦，基础设施以及社会文化事业建设严重滞后，社会经济发展总体水平低，部分已经解决温饱问题的群众因灾、病返贫现象突出。长期困扰贫困群众的吃水难、行路难、用电难、上学难、就医难、增收难、贷款难等诸多问题还没有得到根本解决。目前全国尚有 3917 个村未解决通电问题，影响 380 万农村人口，约 10 万行政村未通水泥沥青路；连片贫困地区 3862 万农村居民和 601 万学校师生未解决安全饮水问题。①

2. 贫困人口分布呈区域分散状且致贫原因多样化，扶贫瞄准难度加大

经过扶贫开发的不断推进，贫困程度得到了较大缓解，但扶贫开发攻坚区和难点区的扶贫难度更大、贫困形势更加复杂。目前，贫困地区分布特点发生了一些变化，贫困人口的基本状况也呈现不同于以往的特点。随着贫困人口的逐年减少，贫困人口在区域上的分布逐渐分散，农村区域贫困人口呈零星分布状。非贫困县的贫困村、贫困人口同贫困县的非贫困村、非贫困人口交织在一起，使得扶贫区域推进对贫困人口的瞄准度下降。2015 年，我国农村贫困家庭的致贫原因较多，"因病"致贫现象突出，比例高达 39.56%。一方面，由于贫困地区生活条件艰苦且医疗设施条件极差，缺乏必要的医疗保障，生病对于贫困家庭而言使他们既丧失了劳动力也带来了巨大的经济负担。其他致贫原因包括"缺资金"（33.99%）、"缺技术"（20.48%）、"缺劳动力"（18.21%）、"就学"（9.13%）、"缺土地"（7.68%）、"受灾"（7.09%）、"残疾"（6.77%）、"自身发展受限"（5.29%）、"交通落后"（3.66%）、"缺水"（1.59%）。致贫原因的多样化使得扶贫需求瞄准难度进一步加大，对针对性扶贫提出了更高的要求。

3. 青壮年劳动力外出务工人数增长致贫困村空心化、老龄化加重，扶贫开发方式面临新问题

随着工业化、城镇化的不断推进，农村贫困地区人口外出务工的比例

---

① 《法制日报》（北京）2014 年 12 月 25 日讯。

逐年提高。外出务工的贫困人口比例为 22.96%，其中来自西部地区的外出务工贫困人口比例约为 40.71%。从务工时间看，外出贫困人口中务工时间在一年以上的贫困人口比例约为 7.51%。在这些因贫困而外出务工的人口中，又以青壮年劳动力居多。青壮年劳动力的加速外流，导致贫困地区农村的空心化和老龄化现象加重，使得发展中的新贫困问题凸显。主要劳动力多数选择外出务工，导致农村贫困家庭留守的多是老弱妇孺等缺乏劳动技能的群体，这一部分贫困人口的脱贫问题成为扶贫工作的难点，贫困瞄准、整村推进、产业扶贫等传统扶贫开发方式遇到挑战，贫困地区缺乏发展动力。加上农村贫困状况逐渐发生转变，致贫原因多样化、贫困群体结构复杂化，使扶贫项目的开展在一定程度上受到限制。

4. 扶贫瞄准和管理存在缺陷导致扶贫资源使用成效下降，扶贫工作机制亟须改革和创新

我国的农村扶贫工作进入新的攻坚期，切实解决贫困人口基本生存生产问题、提高贫困人口收入、增强贫困人口自我发展的能力是促进贫困地区摆脱贫困的根本途径。为了有效缓解贫困问题，国家逐年加大对贫困地区的资金投入力度，但是扶贫开发绩效并未随着投入力度的加大而提升。一方面，由于缺乏科学的瞄准机制，贫困居民底数不清，扶贫对象选取不合理，致贫原因不明确，一些真正的贫困户得不到帮扶。不少扶贫项目粗放漫灌、针对性不强，无法满足贫困对象的多样化需求，导致项目瞄准与农户的实际需求发生偏离。另一方面，地方扶贫工作的开展机制存在缺陷，使得扶贫开发陷入虽然扶贫投入加大但真正贫困人口却得不到扶持的困境。部分贫困县面临地方财政考核压力，不重视扶贫开发工作，甚至挪用扶贫资金投入工业发展等见效快、有助于 GDP 增长的行业。还有不少贫困县为快速见效，采取先易后难的方式，使得居住在最偏远地区、扶贫开发难度大的最贫困人口得不到有效扶持，造成"扶县不扶民""扶富不扶穷"（汪三贵，2014）。这些现象严重阻碍了扶贫资源的精准使用，使得扶贫资源使用效率和使用质量低下，亟须改革和创新现有的扶贫机制。

5. 精准扶贫和建档立卡工作机制的建立，对扶贫项目绩效评估提出新要求

针对以上问题，2013 年 4 月，汪洋副总理及国务院调研组在甘肃积石山县开展扶贫工作调研时，首次提出要建立"精准扶贫工作机制"，并明确了开展建档立卡工作的设想。之后，习近平总书记在湘西调研扶贫开发工作时，强调"要科学规划、因地制宜、抓住重点，不断提高准确性、有效性、持续性"以及"要实事求是，要精准扶贫"。2013 年 12 月，中共中央及国务院出台农村扶贫开发工作机制创新意见的有关文件，提出深化改革、创新扶贫开发工作机制，"建立精准扶贫工作机制"就是其中一项重要内容。意见要求在对扶贫对象进行精准识别的基础上，动态管理，"对每个贫困村、贫困户建档立卡，建设全国扶贫信息网络系统。专项扶贫措施要与贫困识别结果相衔接，深入分析致贫原因，逐村逐户制定帮扶措施，集中力量予以扶持，切实做到扶真贫、真扶贫，确保在规定时间内达到稳定脱贫目标"。在坚持扶贫大方针基础上，不断积极探索贫困对象的建档立卡工作，并在此基础上全面推行精准扶贫长效机制，引导扶贫资源优化配置，通过准确识别力争实现对贫困地区和贫困人口全面、精准的扶持，不断提高扶贫政策的有效性和瞄准性。对贫困地区和贫困人口既全面扶持又因户施策，提高扶贫政策的针对性和有效性。同时，在突出精准扶贫到村到户的基础上，将贫困地区扶持与到村到户相结合，统筹扶贫片区规划，通过区域发展改善发展条件和环境。

当前的贫困形势和"精准扶贫"政策，对扶贫开发项目的开展和评估提出了更高的要求。那么，在新的背景下，如何适应现实状况创新扶贫绩效评价的思路？如何实现扶贫绩效监测评估与建档立卡数据的良好衔接和配合，以准确评估扶贫项目的贫困瞄准？如何通过建立有效评估体系对扶贫项目精准绩效进行评估，并挖掘阻碍绩效提升的深层原因？如何在扶贫项目绩效评估的基础上，完善评估体系并提高其科学性和适用性？都是值得我们深入探讨的问题。

二 研究意义

首先，为了进一步提高扶贫成效，我国的扶贫政策和机制不断完善。随着"精准扶贫"策略的正式提出和建档立卡工作的实施，扶贫项目的定位和开展方式也将产生新的变化，原有的扶贫项目绩效评估思路就不再适合，必须进行创新和改进。本书在公共产品、委托代理、资源配置等经济学理论和一般项目管理、新公共管理等管理学理论的基础上，构建了基于管理生态学思维的研究框架，分析了扶贫项目绩效评估的内涵和关键，力求对精准扶贫视角下的绩效评估本质有更为准确的把握；在总结当前贫困特征和扶贫绩效评估现状的基础上，尝试改进扶贫精准绩效的评估思路、评估步骤，并选择适用的评估方法；通过构建具有针对性的评估指标体系，分析了建档立卡数据在精准绩效评估中的应用方式；在对扶贫项目绩效进行深入分析的基础上，探索多种评估方法和数据分析方法的综合应用。这是本书的理论意义所在。

其次，通过精准扶贫背景下扶贫项目的绩效评估研究，对甘肃省、四川省贫困地区的扶贫开发项目绩效情况进行实证分析，掌握扶贫项目提高精准绩效的规律，为政府部门开展扶贫项目的管理和绩效评估实践提供决策依据。通过评估指标体系的构建研究和建档立卡数据的应用探索，为政府部门如何将扶贫措施同建档立卡工作有效衔接以及如何提高扶贫精准绩效提供参考。并且，在此基础上为扶贫项目绩效评估及相关机制改革提出相应的建议。这是本书的实践意义。

第二节　精准扶贫的相关概念界定

1. 精准扶贫

精准扶贫是粗放扶贫的对称，指针对不同地区、不同人口的贫困状况，运用科学有效的程序对扶贫对象实施精确识别、精确帮扶、精确管理的治贫方式（王思铁，2014）。简单而言，精准扶贫就是瞄准每一个贫困人口然后有针对性地进行扶贫，即谁贫困就扶持谁，谁的贫困程度深对谁的扶持相应就多。

精准扶贫机制主要包括四个方面的内容。一是将贫困户和贫困村精准识别出来，并建档立卡。它是精准扶贫的前提，识别以2013年农民人均纯收入2736元为识别标准，以农户收入为基本依据，综合考虑住房、教育、健康等情况。二是对识别出来的贫困户和贫困村深入分析致贫原因，采取具有针对性的措施，实行精准帮扶。三是对扶贫对象以及扶贫绩效实施精准管理，一方面通过贫困户信息网络系统实行动态管理，及时跟踪监测扶贫举措与实施效果，实现扶贫对象的有效进出；另一方面通过建立扶贫资金信息的披露制度和扶贫项目、对象的公示公告制度，确保财政扶贫资金能够正规使用。四是对贫困户和贫困村识别、帮扶、管理成效的精准考核，以及对贫困县开展扶贫工作情况的量化考核，奖优罚劣，保证各项扶贫政策落到实处，并建立精准扶贫考核机制。

2. 扶贫项目

扶贫即扶持贫困，是以减少贫困为阶段目标、以消除贫困为最终目标的行为过程。我国的扶贫主要是指通过扶贫政策、扶贫计划和项目的实施，帮助贫困人口解决生产生活困难、培养自我脱贫和发展能力，并扶持贫困地区发展。尤其是在农村扶贫开发中，应用较为广泛。基于此，扶贫项目可以理解为"以减贫为目的能使贫困人口从贫困循环陷阱中摆脱出来的项目。它是一项集中使用人力资源和物力资源等，针对贫困对象，在一定时期内、按照一定制度和程序进行的经济活动和社会活动"（陈杰，2007）。并且需要明确的是，本书所研究的扶贫项目主要是指以政府为主导，以农村贫困地区和贫困人口为扶持对象的项目，一般包括专项扶贫项目和综合扶贫开发项目。

专项扶贫项目，主要是指目前国家财政安排专项资金支持、由地方各级政府和相关部门组织实施、在贫困地区采用单一的扶贫干预措施的活动。目前我国农村专项扶贫主要有整村推进、以工代赈、金融扶贫、产业开发、技能培训与就业指导、异地搬迁等。综合扶贫开发项目则是指由政府主导，多部门、多行业协同，采用多种干预措施，在解决贫困地区群众的吃、穿、住、行各方面问题的基础上发展科技、文化教育、基础设施、产业发展、社会保障、劳动就业等，以区域总体发展带动局部稳定脱贫的扶贫活动。

3. 扶贫瞄准

学者们对扶贫瞄准的解释，主要有两个方面：一是将其理解为一种政策或机制概念，即为有效实施扶贫计划，采取的确定扶贫区域和扶贫人口的政策或机制；二是指扶贫资源在扶贫区域、扶贫人口和扶贫项目上的分配。许源源等（2008）认为要从动态和静态两个角度看扶贫瞄准，从动态的角度来看，扶贫瞄准是一个持续过程，包括选择、投入、管理和评估等多个环节，动态性的扶贫瞄准关注的是"如何瞄准"的问题；从静态的角度来看，扶贫瞄准是一种结果，围绕"是否瞄准"问题。他认为"扶贫瞄准是农村扶贫工作中，为选择和确定需要扶持的对象而进行的资金和资源投放的过程"。一次完整的扶贫瞄准过程是扶贫瞄准主体、扶贫瞄准对象、扶贫瞄准资金和资源以及扶贫瞄准环境等四个要素相互作用的结果。本书认为以上对扶贫瞄准的理解是较为合理的，符合当前精准扶贫政策的思想，对于扶贫开发瞄准实践的解读是较为准确的。

第三节 国内外研究现状

根据相关的研究内容，本书从反贫困、绩效评估指标及方法、扶贫绩效评估的指标及方法以及扶贫瞄准等几个方面对国内外研究现状进行了归类和评述。

一 国外研究现状

1. 反贫困研究

有关反贫困的研究主要围绕经济增长模式以及导致贫困的根源，包括物质资本、人力资本的缺乏，社会文化等方面。美国经济学家 Nurkse（1953）提出的贫困循环陷阱理论从资本的供给与需求方面，分析了贫困产生的机理，他认为造成贫困的根源主要是资本的缺乏。此后，Nelson（1956）提出低水平均衡陷阱的观点，通过分析人均资本与人口增长、产出增长之间的关系，指出人均收入的增长最终会被人口的增长所抵消，并最终陷入低水平的均衡贫困陷阱。美国经济学家 Hirschman（1958）在《经济发展战略》中系统地论述了不平衡增长理论模式，他认为发达国家和地区的发展或经济增长是由主导产业发展带动其他部门产业发展的非均衡式发展，投资应该选择主导产业并以此诱发其他部门产业的投资。这种非均衡的经济增长理论对发展中国家反贫困产生了较大影响。瑞典经济学家 Myrdal（1965）从政治、经济、社会等角度系统地研究了东南亚等国家贫困和发展受阻的原因，提出发展中国家应从土地、教育、权利关系等方面重点改革来改变贫困状况的建议，构成缪尔达尔的反贫理论模式，为反贫困理论研究提供了新的视角。美国经济学家 Schultz（1992）提出资本缺乏是限制贫困地区经济增长的关键因素，但是土地本身缺乏并不是贫困的最主要原因，人力资本的匮乏是导致贫困的根本原因。比起包括土地等在内的物质资本，人力资本给经济增长带来更大的贡献。对贫困的发展中国家来说，要改变落后状况，必须重视对贫困人口的教育投资，提高文化素质水平，加强新生产要素在生产中的广泛运用以提高生产要素的转化率，促进经济发展，摆脱贫困。美国经济学家 Sen（1976）认为，评判发展的焦点应该是以人为发展核心，包括人的健康、教育水平等。财富、收入、技术进步等物质财富增长是为人的发展和人的福祉服务的。人口贫困的关键是能力的缺失，即贫困是对人的基本可行能力的剥夺，而不仅仅是收入水平的低下。这种观点为不发达国家反贫困活动提供了新的研究视角。联合国（2002）认为经济增长并不会自动有益于贫困群体，而需要建立配套的机制和制度来保证贫困人口受益，尤其是赋予贫困人口获得健康和教育的权利。世界银行（2009）研究报告指出，减贫重点应该在贫困人口集中的社区，增加他们参与经济、社会和政治的机会，包括参与市场经济的知识技能培训、教育发展、医疗卫生服务、提高地区自主治理能力等关键方面，为贫困居民创造脱贫发展的条件。并且可以通过社会和医疗保险计划，增加他们获得信贷、进入本地市场和参与基础设施项目的机会，增强他们抵御风险和摆脱贫困的能力。

2. 绩效评估的指标及方法

绩效的概念，最早出现在企业方面的管理中，受到"管理主义"的影响，绩效渐渐取代了效率一词。由于企业的内外部环境不断变化、组织结构较为复杂，绩效包含了财务方面、人力资本方面、组织行为方面、产出和结果方面以及竞争力方面等多个指标。在政府绩效评估方面，美国政府于1993年通过了有关实行财政支出绩效评估的法律细则，具体规定了绩效评估的目的、标准、程序以及操作指标，具体包括经济和社会效益两类指标。澳大利亚政府推行公共项目绩效评估，主要包括项目的适当性评估、效率性评估以及有效性评估。所采纳的评估指标主要包括被评估部门的事业发展和部门产出指标，分别用于评估部门事业发展目标的实现程度和部分专款支出情况。Flynn（1997）提出了项目绩效评估，包括经济（economy）、效率（efficient）、公平（equity）以及效能（effectiveness）在内的"4E"原则。美国的 Ingraham（2000）认为，传统政府绩效评估只重视投入—产出比，忽略了政府活动的管理过程以及管理的能力水平。她从组织行为学的角度分析了如何通过公共管理过程将资源投入转换成产出的能力并最终提高政府的绩效，并以此认为政府绩效评估应当是对政府管理过程和能力的评估。世界银行的绩效评估围绕"可持续发展"核心思想，从经济、社会和环境三个层面的指标进行评估，并重视评估项目的可持续性。亚洲发展银行的绩效评估围绕项目所产生的经济效益、社会影响以及环境影响，评估的内容大致包括四个方面，即项目产生的结果与设定目标是否相关、资源配置的效率、项目产出的实现程度和项目的可持续性。亚洲发展银行的项目评估体系较为全面地掌握了项目从资金分配到使用再到支出的效果过程，所形成的资金项目绩效评估准则较为先进。

在绩效评估方法方面，阿斯顿工商学院的公共服务研究中心基于"最优价值"评估框架，使用平衡计分卡方式对地方绩效进行评估，通过在不同利益分享者之间对话与合作得出经验。Kaplan 和 Norton（1996）运用平衡计分卡理论对政府绩效评估进行了研究，其理论模型包括财务、顾客评估、内部流程以及学习与成长等四个方面。美国乔治·梅森大学市场研究中心（2001）以第三方评估者的身份，通过对特定政府的系统性研究，采用 GPP 绩效管理模型对政府绩效进行了评估，并向社会观众公布了评估结果，引起了较大关注。Judi（1995）较早提出了参与评估方法，他假设项目利益相关者能对评估做出贡献，项目相关者应该积极参与评估过程的各个阶段。Swomdell 和 Kelly（2000）通过对多个地区的政府绩效收集和公众满意度调查，研究发现公众满意度与政府服务绩效有关联，公众的主观服务评估可以用作评估政府绩效的结果指标。美国学者 Saich（2006）通过满意度测评法，研究分析了中国的城市居民和农村居民对政府绩效和公共服务的评价情况，发现两地居民对不同级别政府的态度是有差异的，对中央政府满意度高于地方政府。

3. 扶贫绩效评估

Fan 等（2000）用印度国家数据建立了联立方程模型，估计了不同类型的政府支出对农村贫困和生产力增长的直接和间接影响。结果表明，为了减少农村贫困，印度政府应该优先增加农村公路、农业研究投资以及教育投资。Makdissi 和 Wodon（2001）提出了一个可检验的、简单的但理论上比较合理的程序来衡量项目的减贫效果。特别分析了当多个项目同时实施时某个项目的瞄准绩效。Piazza 等（2001）对中国的贫困问题进行了研究，提出中国扶贫绩效提升的关键不在于资金投入的增加，而在于提高扶贫资金的使用效率，并提出应从资金的瞄准机制、资金的监管、资金投向教育等方面来提高资金的使用效率。Huang 和 Rozelle（2001）通过建立多元回归模型，研究了中国水利对粮食产量、收入，特别是贫困地区收入和减贫的影响，结果表明水利对粮食产量的增加及农民收入的增加有贡献。Chen 等（2003）对中国西南世界银行扶贫项目的效果进行了分析，认为指标、贫困县和匹配方法的选择会影响扶贫效果的估计，项目效果的不确定性使得参与者很难推测能够永久获得收入。Ravallion（2005）认为，没有评估方法能够适用所有的扶贫项目评估，评估方法的改善可以通过随机事项与数量方法的结合以及实验方法和非实验方法的结合来实现。并且项目实施的背景对绩效评估的结果有很大影响，项目评估参数选择依赖于政策的取向。Kwon（2005）通过经验分析的方法，验证了基础设施，如公路建设对减贫的直接作用和间接作用。

二 国内研究现状

1. 扶贫研究

在国内学者中，康晓光（1995）按照影响生活质量因素的不同，认为贫困主要包括制度贫困、区域贫困以及阶层贫困三种类型。其中，区域贫困是由于制度背景相同但区域自然条件和社会发展有差异造成的；而阶层贫困则是在相同制度环境下、同一空间层面的群体或个人之间，由于身体素质、文化程度、生产资料、家庭劳动以及社会关系方面的缺失或劣势等造成其获取有限资源的能力较差，导致贫困的状况。黄承伟（2001）认为农村的贫困问题主要受到发展基础差、发展能力低、发展权利不足或发展机会少等三类因素的制约，并由此将贫困分为环境约束型、能力约束型和权利约束型。环境约束型贫困是地区发展受到恶劣环境的限制而导致的贫困；能力约束型贫困是指贫困地区或个人受发展能力低下的约束而导致的贫困；权利约束型贫困则是体制问题导致发展受限的贫困状况。郑世艳、吴国清（2008）认为提升贫困人口发展能力是有效解决农村贫困问题的重要途径，可以通过大力推进农村地区教育事业和社会保障的发展以及提高社会服务质量来提高贫困群众的社会参与度。王科（2008）在明确区域自我发展力概念的基础上，提出了我国政府主导的扶贫开发致使贫困地区自我发展能力不足、贫困区域化凸显以及扶贫成效下降的观点，并建议通过培养贫困地区自我发展能力来提高扶贫开发的成效。也有学者认为，政府主导的开发式扶贫存在缺陷是影响我国扶贫策略有效性的重要因素。王晓敏（2009）认为我国目前的农村财政扶贫政策存在很多问题，制约了农村扶贫开发进程的推进。余明江（2010）指出，无论是对贫困原因的思考，还是扶贫政策的制定，现行反贫困战略都背离了一个最基本的事实，即人是生产力的决定性因素，经济发展和经济增长主要取决于个人素质的提高。张新文等（2011）指出目前我国的农村扶贫是单向的政府活动，造成这种现象的原因主要是国家扶贫资源分配失衡，加之扶贫对象的利益诉求表达不畅、扶贫部门执行结构科层化使得政府主导扶贫成效不足。欧海燕等（2015）认为自然地理条件对农民收入和农村贫困率有显著影响，政府完善地区经济的区域发展和差异化策略，有利于缓解自然地理环境较差所产生的贫困效应，农业经济的发展对农村贫困率的降低有显著性影响。张立群（2012）认为必须坚持内生发展的方式，才能有效推进连片地区的发展。其中，调整产业结构是根本，发挥资源优势是基础，培育新型农民是关键，革新政策机制是保障。

2. 绩效评估指标与方法

卓越（2004）认为政府绩效就是在履行公共职责和公共服务过程中，通过协调统一内部管理与外部效应、数量关系与质量关系、经济因素与伦理因素、刚性规范和柔性机制等几对因素的相对关系，来实现公共绩效产出最大化的过程。张定安（2005）认为政府绩效评估是通过数据资料搜集、选定评估指标、划分评估内容然后计算分析绩效并得出评估结论的过程，评估主要围绕政府部门的工作效率、工作能力、公共服务质量、公共责任以及公众满意度几个方面。他还认为评估是公众能够表达利益诉求和参与政府管理的重要途径。田丹（2005）在构建财政支农资金绩效评估指标体系时，从社会、生态等宏观角度以及微观经济角度综合把握评估标准和评估内容，并按照立项和项目计划的完成以及项目建设完成的流程，从宏观层面和微观层面考察资金绩效。周朝阳、李晓宏（2007）则按照投入、过程、产出、成果的逻辑顺序进行指标设计，从投入、效率和效果三大方面构建评估指标，并按指标的重要程度和相关程度来确定各类指标的权重值，并进一步确定各具体指标的权重。同时他通过制定计划标准、行业标准、历史标准、经验标准来评估财政扶贫支出的绩效。辛兵海（2007）将财政支农的可持续性、效率性和效益性三个标准分解为投入指标、过程类指标、产出指标以及效果指标，来对财政支农的社会效益和环境生态效益进行评估分析。戚振东等（2008）认为政府绩效的评估首先要强调政府的职责，即履行行政管理职能和为公众提供服务，并且评估时要充分考虑在履行职责的过程中所投入物质资源、人力资源的经济性、效率性、效果性、公平性以及环境性，使政府绩效评估能够起到反映职能各个方面的综合绩效。

在绩效评估方法方面，蔡立辉（2002）指出政府绩效评估瞄准的是政府公共部门的特殊职能，绩效是政府公共部门与社会公众之间一种特殊形式的信息交流与沟通。政府绩效评估体系由资料收集、评估目标选定、划分评估项目、测定绩效及形成结果反馈等几个方面组成。而政府绩效评估的特征、性质和价值则体现了政府绩效评估当中所蕴含的管理理念。此外，政府绩效评估实质上是一种变相的市场责任机制。王良健、侯文力（2005）从影响地方政府绩效的五个方面着手，构建了多层次的地方政府绩效评估指标体系，并建立了综合评估的多目标线性加权函数模型，其评估指标体系和评估方法具有一定的可操作性和推广应用价值。作者在书中提到，在地方政府绩效评估中为了确保评估结果的客观、公平和合理，应采用多层次指标体系和多因素分析方法，并按照各分指标对地方绩效的影响程度通过加权平均的办法设置不同指标的权值。罗良清、刘逸萱（2006）通过分析标杆管理的基本原理和回顾政府绩效评估相关理论，阐述了将标杆管理法理念引入地方政府绩效评估中的方法和过程，并应用于实践评估分析。同时，阐述了标杆管理对政府绩效评估系统在评估标准、评估指标、绩效审计及绩效评估总结等四个方面的改进，并指出这种标杆管理对我国政府扶贫绩效评估体系具有较强的实践借鉴意义。

3. 扶贫绩效评估

庞守林、陈宝峰（2000）以"三西"地区为研究对象，选取农业扶贫资金等生产要素的投入数据资料，通过 C－D 生产函数把要素质量水平对农业产出贡献的效率因子和效率乘数分离出来，并对农业扶贫资金的效率进行了分阶段的实证分析。他们的研究更侧重于扶贫资金的使用对经济增长效率变化趋势的影响。张衔（2000）通过统计计量方法，从经济社会总产出、结构变迁、贫困动态和资金效率四个方面，对四川民族地区的扶贫绩效进行了分析评估，结果表明民族贫困地区保持了较高的经济产出增长趋势，经济社会发育程度得到显著提高，产业结构落后的现象得到了明显改善，民族贫困地区的绝对贫困状况也得到了实质性缓解。刘冬梅（2001）采用计量模型的分析方法，通过建立中央扶贫投资效果指标体系，分别从扶贫资金投向和扶贫资金的构成来评估扶贫资金投入对贫困地区发展所产生的影响。朱乾宇（2004）通过计量回归分析方法，评估了财政扶贫资金的投入额及具体投向，在提高农业生产总值和农民纯收入、降低农村贫困人口数量及比例方面的贡献，发现扶贫资金投入增加对提高农业生产总值和农民纯收入、降低农村贫困人口数和贫困比例都具有非常明显的绩效。

杨照江（2006）从定性与定量两个方面，确定我国扶贫资金绩效评估的指标，这些指标包括了制度绩效、经济发展、社会进步以及生态环境等四个方面的具体内容，并形成了一个基本指标与修正指标的有机循环。姜爱华（2007）同样采用分类评估指标的办法，对我国政府开发式扶贫的资金绩效进行了系统分析，她认为扶贫资金的使用存在的投向不合理、经济绩效减贫影响逐渐减小、信贷资金的回收率较低等问题影响了扶贫成效，并且扶贫资金的行政绩效、经济绩效和社会绩效整体偏低。帅传敏等（2008）从项目管理的角度采用单因素方差分析对不同主导模式的扶贫项目管理效率进行了比较。庄天慧等（2012）采用模糊评价法，以西南少数民族地区贫困县为研究对象，构建了包括温饱水平、生产生活条件、生态环境和发展能力等四个方面在内的评价指标体系，对新时期少数民族地区在经济、社会、环境诸方面的综合扶贫绩效进行了评估。张曦（2013）基于 DEA 基本理论与方法在贫困测度基础上考察参与式扶贫绩效评价。吕国范（2014）采用层次分析法（AHP）和偏离额度分析法（SSM）对龙头企业带动型的资源产业扶贫绩效进行评估。张琦、陈伟伟（2015）结合多维动态评价理论和灰色关联分析法设计的综合评价模型，对片区扶贫开发成效的现状和增长两方面进行评价分析。

4. 扶贫瞄准评估

国内有关扶贫瞄准的研究主要围绕扶贫瞄准的范围以及瞄准精度两个方面。世界银行（2001）提出有效的扶贫政策应瞄准到乡镇，并且实现乡镇瞄准的成本并不高。刘冬梅（2001）、查道林（2004）等学者提出，应该结合贫困地区的区域情况和贫困状况来选定瞄准目标。岳希明、李实（2004）通过实证数据分析指出，较以往而言，重点县的选拔机制在贫困瞄准方面的准确性不断改善，但是多数省份的贫困县扶贫资金金额与人均纯收入不存在显著关联性，也无法证明非贫困户比贫困户得到贴息贷款的机会少。他们还指出确定贫困县的标准不单是经济指标，政治因素也有很大影响。李小云等（2006）分析了中央财政扶贫资金对重点县的瞄准、贫困村的瞄准以及贫困人口的瞄准情况后发现，目前我国中央财政扶贫资金流出重点县比例高出规定值70%。尽管村级识别机制能够在一定程度上提高贫困瞄准精度，但是由于指标式的贫困村确定方法，从制度上使得真正贫困村被非贫困村排挤出扶持范围。高鸿宾（2001）、许源源（2006）等许多学者专家也认为村级瞄准更有利于进行综合性的扶贫开发，是现阶段提高瞄准效率的更有效方法。

学者刘坚（2006）在扶贫纲要实施的中期评估中提到，贫困群体的识别存在目标偏离的现象，主要是由于非贫困农户排挤贫困农户并从扶贫资源中受益。这是扶贫资源作为公共产品所带来的外溢效应，由于扶贫资源使用方式不科学、缺乏科学的扶贫对象进出机制，导致了这种排挤现象的出现。享受扶贫资源的贫困村或贫困县虽已脱贫，但是在较大利益诱惑下不愿"摘帽"，仍然不断争取贫困指标甚至弄虚作假。汪三贵（2007）使用"瞄准缺口"与"瞄准错误"对国定贫困县、贫困村的瞄准效率进行了评估。他指出在精确瞄准状态下，如果以收入为划定标准，有48%应该被确定为贫困村的村没有被瞄准。并且，由于东部和中部地区以及非贫困县有更大的瞄准错误，尽管西部地区贫困县确定的贫困村覆盖贫困人口的比例更高，但总体的村级瞄准并没有比县级瞄准覆盖更多的贫困人口。同时，基于实证数据的研究结果显示贫困村内居住的极端贫困人口的比例却在下降。瞄准对象下移到村级后，伴随着经济、社会的发展，贫困人口特点也在变化，而扶贫的瞄准绩效开始不断下降。郭佩霞（2008）认为瞄准度低下是我国少数民族地区扶贫行动的固有弊病，要修正该目标瞄准偏差，需要对民族地区的反贫困目标瞄准机制进行重构。学者许源源等（2008）认为衡量扶贫是否瞄准要从两个方面考虑：一是要看扶贫资金和扶贫资源是否瞄准了贫困地区和贫困人口的需求；二是贫困地区和贫困人口的瞄准要注意扶贫资金投放的时序性。并且导致扶贫瞄不准或偏离的，既有政府权力结构、扶贫制度环境方面的原因，也有扶贫理念方面的原因，即"和谐理念"的缺失。东梅等（2011）以宁夏生态移民扶贫为例，通过构建生态移民瞄准精度评价指标体系，运用 Probit 模型对生态移民项目的瞄准精度进行实证分析。叶初升等（2012）运用瞄准精度衡量标准和DEA 分析法从微观和宏观两个层面对扶贫瞄准绩效进行了定量分析，发现我国扶贫瞄准存在严重的漏缺和溢出现象，并指出有效瞄准机制的缺乏是导致扶贫瞄准效率低下的重要因素。

三 国内外研究现状评述

根据以上国内外研究综述，可以看出目前国外对于企业、政府部门绩效评估的研究相对成熟，其研究视角和研究方法对国内研究都具有很好的借鉴作用，并且国内有关绩效评估的内涵、指标、方法的研究也多是基于国外的研究经验。前人对于公共部门绩效评估指标与方法的研究、对扶贫绩效评估指标体系和评估方法的研究以及扶贫瞄准的探讨，都为精准扶贫视角下的扶贫项目绩效评估奠定了研究基础。不过目前我国扶贫任务仍然艰巨，"精准扶贫"的落实开展也是刚刚起步。在这样的背景下，扶贫项目如何实现精确瞄准、精确扶持并提升成效，是我们进行绩效评估的目的所在，但这方面的系统性研究还较为缺乏。虽然国内一些学者也意识到扶贫瞄准的重要性，对扶贫瞄准绩效评估进行了积极的探索，但仍缺少围绕瞄准绩效并从扶贫资源分配、项目管理、主观参与等方面对扶贫项目绩效进行综合的评估研究。特别是从精准角度出发的评估指标体系的构建和评估方法运用的研究还缺乏指导实践性。因此，站在精准扶贫的视角，研究如何构建有效的绩效指标体系和采纳实用的评估方法，对扶贫项目绩效进行评估是有必要的。

第四节 研究目标和研究内容

一 研究目标

本书的总目标是在精准扶贫的背景下，把握扶贫项目绩效的关键，实现对扶贫项目绩效科学合理的评估，为扶贫项目的实施与管理提供理论依据和实践参考。本书的具体目标包括以下三点。

第一，通过扶贫项目绩效评估的相关经济学和管理学理论分析，构建精准扶贫视角下扶贫项目绩效评估研究框架，把握评估内涵和关键。

第二，在相关理论分析基础上，通过经验分析和实证分析，构建适用于精准扶贫背景下扶贫项目绩效评估的方法流程和指标体系。探索扶贫项目绩效评估监测与建档立卡工作的有效结合方式。

第三，通过实证案例，检验所构建的评估指标体系、评估方法等的适用性，为扶贫项目实践评估工作提供参考。

二 研究内容

本书研究的主要内容包括以下几个部分。

第一部分，对扶贫项目绩效评估进行相关理论分析。首先，从经济学的角度看，分析了精准扶贫以及扶贫项目绩效产生的内在因素和评估关键。其次，从管理学的角度分析扶贫项目绩效评估作为管理手段的实践内涵和意义。最后，将扶贫项目绩效评估看作一个系统，基于管理生态学思维构建评估研究框架。

第二部分，精准视角下扶贫项目绩效评估体系的构建。首先，对我国现有扶贫项目绩效评估的思路和流程进行评述，分析它们在精准扶贫背景下的可取之处和缺陷。其次，明确扶贫项目绩效评估的目标和思路，确定评估流程。最后，总结分析适当的扶贫项目绩效评估方法。

第三部分，扶贫项目绩效评估指标的选取。首先，明确评估指标的选取流程、指标原则以及构建思路。其次，通过经验分析和实证分析，筛选适用的评估指标。最后，在评估指标体系构建的基础上，总结评估指标对应的监测内容，分析建档立卡数据在精准绩效评估中的应用。

第四部分，精准视角下扶贫项目绩效评估方法的实证研究。首先，以甘肃省产业扶贫项目为例，基于建档立卡数据的应用分析，根据项目特性采用逆向评估方式和描述性评估手段，依据相关的开展背景和政策规定，从项目发展的可行性、项目扶贫目标的可实现性以及项目的瞄准性着手，进行基期绩效的示范性评估，把握扶贫项目开展过程中存在的问题，并为后续的开展和绩效监测提供参考。其次，以四川综合扶贫开发项目为例，综合运用运筹学评估模型以及计量回归模型等多种方法，分别从扶贫项目瞄准绩效、主观评价绩效以及总体绩效等方面进行评估分析。比较不同评估方法、评估模型以及指标权重确定方法的适用性。

第五部分，就如何改进扶贫项目绩效评估提出建议。在以上理论研究和实证分析的基础上，首先在前文案例分析的基础上，从实际操作层面对扶贫项目评估实践进行总结，分析基于精准扶贫视角所构建的评估体系适用性，从工作机制层面总结扶贫项目绩效评估存在的问题。然后在总结分析的基础上，提出扶贫开发项目绩效评估的改进建议。

第五节 研究方法、技术路线及创新说明

一 研究方法

（1）理论分析与实证分析相结合

对扶贫项目绩效评估体系的研究，首先通过理论分析，把握精准扶贫背景下绩效评估的要素和关键所在，分析扶贫项目绩效评估体系再构建的可行性和必要性。然后，通过甘肃、四川两省不同形式的实证分析进行验证，求证所构建评估体系的适用性，摸索精准扶贫背景下扶贫项目绩效的规律和提升途径，使本书具有一定的实践指导意义。

（2）系统分析法

扶贫项目绩效评估是一个包含许多环节和步骤的行为系统，既包括扶贫项目绩效评估的过程，也包括评估前的准备分析和评估后的结果。采用系统分析法对扶贫项目绩效评估进行研究时，从评估的政策环境和评估对象分析入手，确立评估目标和评估原则，然后对目标进行逐个分解来明确评估思路和评估内容。在进行评估的过程中，同样基于系统分析法从扶贫项目的投入要素、管理过程、扶贫成效等几个逻辑环节着手，对扶贫项目的资源使用效率、瞄准效率以及减贫成效进行全面科学的评估，把握扶贫项目开展过程中方方面面的问题。

（3）定量与定性分析相结合

在扶贫绩效评价指标的确立过程中，既要考虑定量评价因素，也要考虑定性评价因素。在采用评价方法时，除了对相关数据进行定量分析外，还要对难以量化但同样反映扶贫绩效的指标进行定性分析，以遵循科学、全面的评价原则。

（4）实地调研法

在研究过程中，坚持理论联系实际，通过实地考察、访谈、入户问卷调查等方式，收集相关评估数据，反映扶贫对象的需求，发现扶贫开发工作中的问题，丰富和完善我国扶贫开发绩效理论，以提升管理绩效水平。

（5）统计分析法、计量分析法与运筹学分析法

首先，本书通过对我国农村扶贫开发相关数据的统计分析，把握我国

当前的贫困特点以及扶贫绩效总体情况，挖掘存在的问题和缺陷。其次，通过多元线性回归模型分析扶贫绩效影响因素以及扶贫项目瞄准精度的测算，通过 Logistic 回归模型分析扶贫对象主观评价与扶贫绩效之间的关系，通过因子分析筛选扶贫绩效评估指标。最后，通过层次分析法（AHP）、TOPSIS、熵权法等运筹学分析方法确定扶贫项目绩效评估指标权重，并对扶贫项目绩效进行评估分析。

（6）比较分析法

在扶贫项目绩效评估体系构建的过程中，对过去和现在两个不同时期的评估背景和贫困特点进行比较分析，把握新评估体系构建的要素。在实证分析的过程中，对甘肃和四川两个项目采用不同的评估分析方法，对比并摸索扶贫项目绩效评估的规律和关键点。

二　研究的创新说明

本书以扶贫开发项目绩效评价体系为主要研究对象，可能的创新点主要表现在以下几个方面。

第一，研究视角的创新。本书从精准扶贫的视角出发，以扶贫项目瞄准为中心，通过相关理论分析了扶贫项目绩效的关键因素，并在继承和改进现有评估体系的基础上，提出新的评估思路，尝试将绩效评估与建档立卡工作相结合，摸索精准扶贫背景下绩效评估的新方式和新途径。

第二，评估思路的创新。本书与精准扶贫的政策指导性紧密结合，构建了以扶贫项目瞄准绩效为重点，综合扶贫资金投入、扶贫项目管理、扶贫产出与成效等多方面的评估思路，明确了扶贫瞄准绩效同其他方面绩效的内在关联。紧扣当前的贫困特征与扶贫政策，突出扶贫项目绩效在分类瞄准、资金与管理创新、受益者主观参与等方面的重点评估。并且，结合构建的评估指标，初步探索了建档立卡数据在评估实践中的应用方式。

第三，研究方法的创新。基于管理生态学的思想，搭建精准扶贫视角下扶贫项目绩效评估的研究框架，并分别采用不同性质的评估案例，进行对比实证检验，摸索新背景下扶贫项目评估的适用方式。首先，以甘肃羊产业扶贫项目为例，按照管理生态学搭建的评估研究框架，通过数据应用分析以及评估反馈，连接评估系统与绩效系统，并采用描述性评估手段，围绕精准内涵形成有效的基期绩效评估模式。其次，以四川综合扶贫开发项目为例，综合应用计量、运筹等数量分析方法进行评估，将有序 Logistic 回归与因子分析相结合的方法，应用到扶贫受益者评价与客观绩效的关系分析中；将层次分析法、熵权法与 TOPSIS 相结合的评估模型，应用在综合扶贫开发项目绩效的对比评估中。

三 研究的技术路线

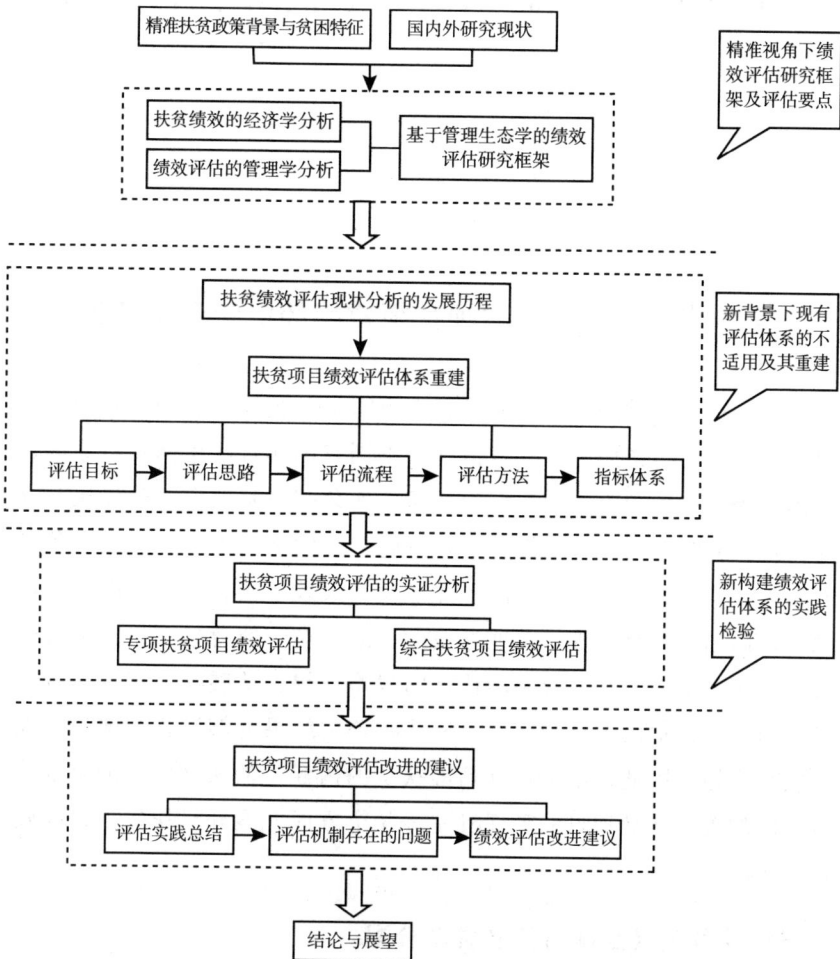

图 1 - 1 技术路线

第二章

精准视角下扶贫项目绩效评估的研究基础

第一节　精准扶贫与项目绩效的经济学理论基础

　　精准扶贫强调的是"因地制宜、实事求是"地扶贫，即在准确识别贫困对象的基础上，按照不同地区情况、不同贫困属性、不同致贫原因、不同贫困需求等进行分类指导，准确、高效地分配扶贫资源，确保扶贫资源到村到户，并制定具有针对性的扶贫措施，帮助贫困地区和贫困对象实现自我发展。同时，对精准扶贫的各环节及其成效，实行全方位的跟踪监测和评估，以达到精准管理、精准考核的目的。对于新背景下扶贫项目的绩效评估，有必要领会和结合精准扶贫的战略思想，从整体上把握扶贫项目绩效的内涵、评估的关键和方向，使绩效评估结果能够转化为项目精准实施的实践指导。因此，本书根据精准扶贫的内涵，从扶贫对象的瞄准、扶贫资源的配置、扶贫项目的管理机制等几个方面，展开对扶贫项目绩效的理论分析。

一　扶贫项目瞄准与扶贫资源分配

（一）区域发展理论与扶贫项目的瞄准

　　精准扶贫背景下，扶贫项目的有效实施以"瞄准贫困"为基础。我们需要注意的有两个问题：第一，在扶贫项目瞄准过程中，贫困区域与贫困个体的发展冲突；第二，目前常用的以村为推进单位的扶贫项目瞄准对贫困人口的覆盖。

"区域发展理论从经济社会发展的实际情况出发，研究各类区域经济运行和发展的特点及变化的规律，并按照分工与合作的原则对区域的生产要素进行有效组合，使资源的配置达到最优化。"（吴国起，2011）区域发展理论认为，区域发展失衡的原因包括自然条件、自然资源的差异以及经济发展基础的差异，而经济发展基础的差异又包括区域人口素质、文化水平、社会观念等在内的社会基础差异以及区域发展的政策差异。区域发展的目标是多维、多层次且相互关联的，因此在区域发展的过程中会不可避免地出现不同层次、不同发展阶段、不同发展方向之间的目标冲突。由于区域发展所需的资源是有限的，为实现不同目标而产生的资源配置矛盾导致了这种冲突（刘科伟等，2002）。

1. 扶贫瞄准中区域与个体发展的目标冲突

改革开放初期，我国通过农村经济体制改革带动农村地区发展"间接"帮助农村地区缓解贫困问题，同时借助输血式的救济扶贫来增加贫困人口收入。1982年以后，我国扶贫方式逐步转向开发式扶贫，开始意识到贫困分布的区域性特征。国家开展了"三西"地区连片扶贫开发工程，并确定了以县为单位的区域瞄准策略。但是这种瞄准策略容易导致非贫困县贫困人口被忽视，同时也错误地覆盖了贫困县非贫困人口。鉴于这种瞄准策略的脆弱性，国家开始尝试以村级瞄准取代县级瞄准，实施扶贫到村到户，并尝试把扶持重点县和扶贫到村、扶贫到户结合起来，实行整村推进战略。这种策略的转变，使扶贫资源逐渐转向非贫困县的贫困人口，一定程度上弥补了县级瞄准格局的不足。新的扶贫纲要实施后，我国扶贫工作进一步提高对贫困村和贫困人口的瞄准精度，通过建立扶贫对象识别机制和建档立卡工作，引导各类资源优化配置，实现扶贫到村到户，逐步构建精准扶贫工作长效机制，确保扶贫对象得到有效扶持。同时，在突出精准扶贫到村到户的基础上，将贫困地区扶持与到村到户相结合，统筹扶贫片区规划，通过区域发展改善发展条件和环境。

随着我国扶贫开发瞄准范围逐步由区域精确到个人，区域发展和个体发展相互冲突不断显现。区域瞄准的目的是通过区域发展改善贫困人口的生产生活环境，个体瞄准的目的则是通过向贫困人口投放扶贫资源来解决他们的温饱问题并培养其自我发展能力。现实中，在扶贫资金有限的条件下，区域瞄准和个体瞄准存在一定的矛盾。由于当前扶贫规划和项目安排多是"自上而下"的形式，更多地反映了贫困地区政府实现整体经济发展的迫切需求，贫困人口的脱贫需求则难以体现，造成难以协调地方经济发展和贫困人口脱贫的矛盾（许源源，2006）。尽管这两种瞄准方式的出发点是不同的，但两者的最终目标都是脱贫致富。所以扶贫项目在瞄准和分配资源的过程中，处理好两者的协调关系和先后顺序至关重要。一方面，鉴于当前我国农村贫困人口逐渐由连片分布转为分散聚集，且分散范围较广，各地呈现不同的贫困特点，致贫原因多样化。要通过瞄准贫困对象，掌握具体的贫困状况和贫困原因，然后采取有针对性的帮扶措施改善贫困状况。另一方面，要根据贫困地区和扶贫对象内生动力的形成和发展的需求，加大贫困地区基础设施建设，提升公共服务水平，改善贫困地区社会氛围，带动提高农民自身素质及自我发展能力的提高。

因此，在精准扶贫绩效的评估实践中，既要考虑兼顾资源的瞄准和投放对区域与个体发展的影响，也要基于扶贫地区和扶贫对象的特点，就扶贫项目选择和开展的合理性设立相关指标，进行针对性评估，从根本上挖掘影响扶贫项目精准绩效发挥的因素。

2. 扶贫项目村级瞄准对贫困人口的覆盖

目前，我国在县级瞄准形式仍旧保留的基础上，更加重视贫困村级瞄准和贫困人口的瞄准，扶贫项目的实施采用整村推进和扶贫到户的计划方式，进一步提高了扶贫政策的针对性和瞄准性。由贫困县级瞄准转为贫困村级的瞄准，一方面是因为村级瞄准能够提高扶贫项目对贫困人口的覆盖率，提高瞄准度；另一方面，在自然资源条件、文化习俗、基础设施条件以及社会服务水平方面，居住在同一社会区域内的村民有更多的自然和社会共同点，以及较为接近的需求（高鸿宾等，2001）。并且，村级瞄准的成本虽然高于县级，但是所带来的经济、社会、政治收益增长高于成本增长（吴雄周等，2012）。因此以村为单位并结合人口瞄准，是对扶贫开发项目推进更为有利的一种方式。

但是根据汪三贵等（2004）学者的分析，由于贫困村确定的准确度不及贫困县高以及贫困人口的集中程度又差等因素，造成村级瞄准对贫困人口的覆盖比例低于县级覆盖。不过，同沿海、东北及中部地区相比，西部地区在贫困村瞄准方面的效率较高，理由是这部分地区的贫困发生率相对稳定且常年处于高位，加上县级扶贫机构较其他地区有更强的扶贫能力，在贫困村瞄准方面有更为丰富的经验。那么，村级瞄准机制是否有效提高了贫困人口覆盖率、是否在一定程度上降低了非贫困人口的漏出率，应该成为评判扶贫瞄准政策改革成功与否的关键标准。并且较为贫困人口越集中，村级瞄准的覆盖率就会越高。因此不同地区的扶贫瞄准方式可以根据实际需求做出选择。

从精准扶贫的角度讲，扶贫开发类项目对贫困人口的瞄准和有效帮扶更多的是建立在村级瞄准的基础上，并以项目的村级推进为前提。但同时，还要结合贫困人口分布等实际情况，制定有效的瞄准方式和项目推进机制。在实际的精准绩效评估中，要注意对扶贫项目开展地区贫困人口分布、贫困需求、地区特征的分析，考察项目的村级或县级推进模式是否有效地解决了贫困人口的覆盖和瞄准问题、为扶贫资源的高效利用奠定基础。

（二）资源配置理论与扶贫资源的有效利用

资源配置（Resource Allocation）强调资源的稀缺性，即相对于人们无限的需求，社会经济发展中所必需的物质资本、人力资本和财力等基本条件始终是相对稀缺的。它要求人们在使用最少的资源消耗条件下取得最大的效益，从而实现资源的合理化配置。资源是否实现了合理化配置，在很大程度上影响着社会经济的发展。资源配置合理，就能够节约资源，并产生较大的社会经济效益；资源配置不合理，就会出现社会性的资源浪费现象。通过特定的形式优化资源配置，将有限的资源合理分配到社会生产的各个领域当中，从而实现有限资源的最高效利用，即耗费最少的社会资源，实现社会生产总量与需求总量的平衡，社会经济生产结构与需求结构的一致，进而达到全社会资源的合理化配置。

社会资源配置的方式主要包括计划配置和市场配置两种。计划资源配置方式是由计划部门负责，根据社会需求以计划配额和行政命令的方式来统管和分配资源。在一定条件下，资源配置的计划方式有利于从整体利益的角度出发，实现经济的协调发展，有针对性地集中力量建设重点项目。但是统筹分配会导致缺乏竞争，使市场处于被动状态，容易导致资源的浪费现象。但在市场经济体制下，由市场机制来主导资源配置。它是依靠市场运行机制，使产品价格在竞争中实现生产要素的合理配置。市场调节的本质是价值规律的调节，即通过价格机制、供求机制以及竞争机制来调节社会劳动的分配比例。但这种方式也存在一定的缺陷，比如当市场机制存在滞后性、盲目性时，有可能导致社会总供给与总需求的严重失衡。针对这种情况，政府可以通过财政计划手段，分配和转移所控制掌握的资源到亟待发展的领域，以满足发展生产力的要求。在我国当前的经济体制下，扶贫资金是一种低成本的稀缺性资源。在扶贫资源的配置过程中，由于扶贫社会机制和市场机制发展的滞后性，作为现有配置主体的政府以及市场两者的作用都存在一定的弊端。

1. 计划手段引导扶贫资源的分类配置和需求瞄准

首先，单纯地依靠市场"看不见的手"的力量引导扶贫资源分配，将产生外部不经济问题，即扶贫当中的"效益外溢"问题（王春华，2005）。由于贫困人口收入水平较低，缺少在获取资源与机会方面的优势，而收入水平和自身能力相对较高的群体有效利用扶贫设施和获得扶贫资源的机会更大，进而造成扶贫所产生的效益没有全部落实在真正的贫困人口身上，其中一部分被非贫困人口所享受的现象。例如，由于多数贫困农户生产商品化程度低，缺乏经营性生产活动，对水利工程、村级公路等公共资源的利用率就比较低，而经营性生产能力强的农户，则能较好地通过利用免费资源进一步提升自身经济发展能力。这就导致了一些扶贫项目"扶富不扶贫"，项目的瞄准偏离了真正的贫困人口，影响了国家扶贫资金的扶贫绩效。其次，当前贫困人口的致贫原因逐步多样化，不同的地区和贫困人口的贫困程度不同，对于扶贫的需求也各不相同。实施精准扶贫的实质，是在瞄准的基础上"因地制宜"地采取扶贫措施，也就是要针对不同的程度、类型、特征以及需求，进行资源的分类配置。这是单纯的市场机制无法实现的。

在一定程度上，需要通过政府统筹安排，解决市场机制无法解决的"效益外溢"问题，并紧密结合实际贫困特征和发展需求，实行扶贫资源的分类配置。例如，对于有发展能力的扶贫对象，扶贫资源要向扶贫开发的方向倾斜，对于无发展能力的低保户、五保户，则应纳入社会救济范围。对于不同的致贫原因和发展需求，有针对性地将资源配置在基础设施、教育、卫生等领域。对于缺少资金的，则实行扶贫资金直接到户或金融贴息贷款，帮助贫困人口解决资金问题。

目前，政府主导的精准扶贫建档立卡工作已经全面展开，建档立卡数据库的建立对于分析和把握贫困地区状况、贫困人口属性、致贫原因等起到了强有力的数据支撑作用，并有利于引导扶贫资源的精准配置。在扶贫项目精准绩效评估的实践中，在重视考察扶贫资源的投入与使用的同时，可以结合相应的建档立卡数据和工作数据，来考察扶贫项目是否采用分类瞄准的配置方式，进行针对性扶贫，以提高扶贫项目资金的瞄准精度和使用成效。

2. 市场机制的参与提高扶贫资源的配置效率

我国当前的扶贫开发采用扶贫资源的行政体系配置方式，这种计划配置方式有其历史必然性和无可替代性，但同我国目前社会市场经济形势相比已处于严重滞后状态，容易导致中央政府与地方政府的博弈，从而产生扶贫低效率现象（王艳等，2009）。例如在地方政府完成农村扶贫任务的过程中，受当地经济社会发展的目标任务和上级政府的考核压力，中央拨付的扶贫资金往往被挪用他处，扶贫项目的选择也是避重就轻主要用于见效快、回报高的行业发展上去，很难切实瞄准扶贫对象，造成扶贫资源的使用效率低下。

随着社会主义市场经济体制的建立，一方面，现有扶贫战略的实施离不开政府的主导力量，另一方面，市场经济的自发性和运转规律也与过分强调政府作用的配置方式产生了很大的摩擦。"政府的扶贫事业属于再分配的范畴，但再分配也不能一味地只讲求公平"（姜爱华，2008）。只重视政府计划行为在扶贫资源配置中的主导作用而忽略市场机制的引导配置作用，不注重培养和发挥贫困个体的创造能力，只是不断"输血"式扶贫，而不培养贫困个体的"造血"功能，无法从根本上实现减少贫困的目的（余明江，2010）。这也是导致扶贫投资效益低下、扶贫开发效果有限的重要原因。在扶贫资源的配置过程中，政府的作用是有限的，有些政府无法调节的就应该依靠市场的作用来实现。要提高扶贫资源的配置和利用效率，就应该适度转变政府的扶贫职能，创新扶贫机制，打破单纯依靠政府行政组织扶贫的格局，实现与市场机制的有机结合。

因此，要切实掌握贫困地区的扶贫需求，完善扶贫项目开展机制和对贫困对象的帮扶措施，研究建立相关激励措施，有利于更加科学、有效地配置扶贫资源。在以精准为核心的扶贫绩效评估中，尤其是扶贫投入绩效的评估中，要注重考察扶贫资源配置中的根本性问题，例如政府的行为规范和市场机制的合理运用等。

二　扶贫项目绩效发挥的管理因素

在一定程度上，扶贫项目瞄准的精确性和扶贫资源分配的有效性，会受到扶贫项目各利益主体间矛盾的影响。需要借助有效的管理手段和机制，来促进扶贫项目各主体的积极参与和利益均衡，从而提高扶贫项目精准成效。

（一）公共产品理论与政府扶贫主导

公共产品理论为政府作为扶贫主体提供了理论依据。根据萨缪尔森（1954）在《公共支出的纯粹理论》中给出的公共产品的定义是，"作为公共产品，每个人消费这样的产品都不会导致别人对该产品消费的减少"，即公共产品是具备消费上的非竞争性和受益上的非排他性的产品。既有非竞争性又有非排他性的产品，是纯公共产品，但是现实社会中同时具备两种特征的纯公共产品并不多见，例如国家提供的国防。一般生活中较为多见的是介于私人产品和公共产品之间的准公共产品，例如农村扶贫中提供的农业基础设施、农村基础教育、公共医疗卫生、农村社会保障等。在市场竞争中，与私人产品通过买卖获得收益不同的是，公共产品的提供者所获得的收益可能小于其总成本，因此私人一般不愿提供公共产品。并且由于公共产品的非排他性，常会导致"搭便车"现象的出现，即不用支付费用也可以消费该产品。这种现象使得公共产品由于缺乏资金而不能正常供给，所以公共产品全部或部分地由政府来提供。

农村扶贫过程中政府通过提供农业基础设施、农村基础教育、公共医疗卫生、农村社会保障等准公共产品，来缓解贫困地区经济、社会发展落后的状况，为贫困人口提供发展的机会。但是不仅贫困人口，每个人都能够从这些政府扶贫活动所带来的社会正效用中受益，并且每个人从政府扶贫中享受到的好处都不会影响到其他人同样从这一行为中受益。由于扶贫开发所提供的农村公共产品具有较强的正外部效应，即公共产品的提供者所获得的实际收益是低于应得收益的，私人出于理性"经济人"考虑是不愿提供的，从而造成这类公共产品的供给会出现不足。这种状况是一种市场失灵的表现，市场机制无法调节，需要有政府的干预。因此，农村扶贫公共产品只能由政府来提供。

但是，目前我国扶贫开发中采取的是自上而下、政府偏好型的公共产品提供方式，这种方式容易导致公共产品或服务的提供与贫困地区、贫困人口的实际需求发生偏离，进而降低扶贫公共支出的使用效率。政府作为扶贫的供给者，其决策往往与市场机制脱节，公共支出的越位和缺位的现象时有发生，例如扶贫资金的转移挪用等，导致了政府扶贫成效下降。公共产品的相关理论明确了扶贫活动中市场与政府的缺陷，并试图通过两者之间的协调弥补缺陷。政府通过扶贫活动提供公共产品满足公共需求，解决贫困问题。但同时又会出现由于机制缺陷导致的公共产品偏离贫困需求、利用率低下的境况。因此，要求我们利用理论的指导建立公共性的判断标准和指标，结合公共产品的外部性和扶贫项目本身的特点，评估精准扶贫的绩效水平。

（二）委托代理理论与扶贫项目各参与主体

委托代理理论由私营部门发展而来，主要是研究在目标不一致和信息不对称的情况下，委托人怎样通过最优契约的设计来激励代理人，从而取得自身效用的最大化。委托代理理论的重要问题是由于信息不对称造成的"道德风险"和"逆向选择"。如果在交易之前出现信息不对称现象，委托人无从掌握代理人的真实情况，导致所选代理人可能出现违背委托人意愿的行为，即逆向选择问题。如果在交易之后出现信息不对称的现象，委托人无法直接观察代理人的过程行为，而代理人则为了自身效用最大化，会从自身利益角度出发，采取机会主义行动，来减少自己承担的风险，对委托人的利益造成损害。委托人预期效用的实现取决于代理人的行为，如何对代理人的行为予以激励和监控，建立契约执行的规则，从而达到委托人利益最大化是委托代理理论关注的主要问题。

目前，我国采取的主要是以政府为主导的开发式扶贫，这一复杂的体系涉及不同层级的多个参与主体。主要包括中央、省、市、县各级扶贫领导小组及办公室、政府职能机构、相关部门以及基层扶贫群体和贫困农户。中国的扶贫开发工作采取"以省为主、分级负责"的行政主导扶贫的责任制，是一个纵向垂直、横向跨部门的扶贫机构体系。扶贫领导小组从中央到地方实施垂直管理，下设扶贫办公室负责日常事务。中央安排部署全国扶贫开发工作，各省、自治区、直辖市等制定本地区的具体实施计划则是根据中央扶贫开发的总计划。中央的各项扶贫资金在每年初一次性下达到各省、自治区、直辖市，并且这部分资金统一由省级安排，并分配到各有关部门用于规划、实施项目。在扶贫项目参与的各个主体间，存在不同的委托代理关系（陈准，2011）：一是不同级政府间（包括扶贫领导小组及办公室、政府职能部门，统称为政府部门）存在的委托代理关系；二是政府部门同基层扶贫工作人员间存在的委托代理关系；三是以政府部门、基层扶贫人员为整体的实施者与扶贫对象间存在的道德风险。从经济学的角度分析，扶贫项目传递和实施的过程中，各利益参与主体出于理性"经济人"的假设，总是在一定条件下追求自身利益最大化。由于各扶贫主体间可能存在的利益冲突和信息不对称，各主体为寻求最优利益而采取不同的行为，这就产生了各主体间的博弈。同时各主体的利益决策行为在很大程度上将影响扶贫总体的实际成效（见图 2 - 1）。

首先，是中央与地方政府间的博弈。中央政府作为扶贫开发的最高主体，主要目的是消除贫困、实现社会稳定发展。通过一定的社会经济手段，集合扶贫资金和资源用于实现扶贫开发的目标。中央通过政策传递与行政指令将扶贫要求和扶贫资源下达至地方政府，同时希望各级地方政府按照相关规定将扶贫资源用于对贫困人口的扶持和开发。从地方的角度看，"各级政府机构本身作为理性个体，有各自的利益诉求，很难与政策的制定者或上级政府完全吻合"（黄健柏等，2006）。例如地方政府面临保持社会稳定、促进财政收入增长以及 GDP 增长等多方面的压力，扶贫可能并不是其主要目标。加上中央政府由于高额的成本，缺乏对地方的监督和激励，就不可避免地造成地方对上级制定的扶贫政策做出有利于自身诉求的扭曲，进而导致扶贫政策预期社会效益与实际社会效益的差异。

其次，是政府部门与基层扶贫工作者之间的博弈。一般而言，上级部门是扶贫资源的提供者和分配的主导者。政府按照既定的扶贫规划和分配方式对扶贫资源进行安排使用，具体的实施和操作则是由基层扶贫工作人员或者村组织来完成。在这一过程中，扶贫工作者是连接贫困群众和政府之间的纽带，主要职责是传达上级扶贫开发政策和方针，配合当地村组织制定、实施扶贫开发规划，瞄准贫困群众并实施针对性帮扶。同样，当政府传达工作指令时，由于监督职能或是激励手段的缺失，从自身利益最大

```
┌─────────────────────────────────────────────────────────────────┐
│                                                                   │
│     ┌──────────────────┬──────────────────┬──────────────────┐   │
│     │   各级政府职能部门    │     扶贫机构      │     其他机构       │   │
│     ├──────────────────┼──────────────────┼──────────────────┤   │
```

图中文本：

各级政府职能部门　　扶贫机构　　其他机构

中央政府职能部门 ← 国务院扶贫开发领导小组及其办公室 → 国家金融机构

省级政府职能部门 ← 省扶贫开发领导小组及其办公室 → 省级金融机构

市县级政府职能部门 ← 市县扶贫开发领导小组及其办公室 → 地方金融机构

乡级扶贫专干

驻村工作队 → 村组织

贫困农户

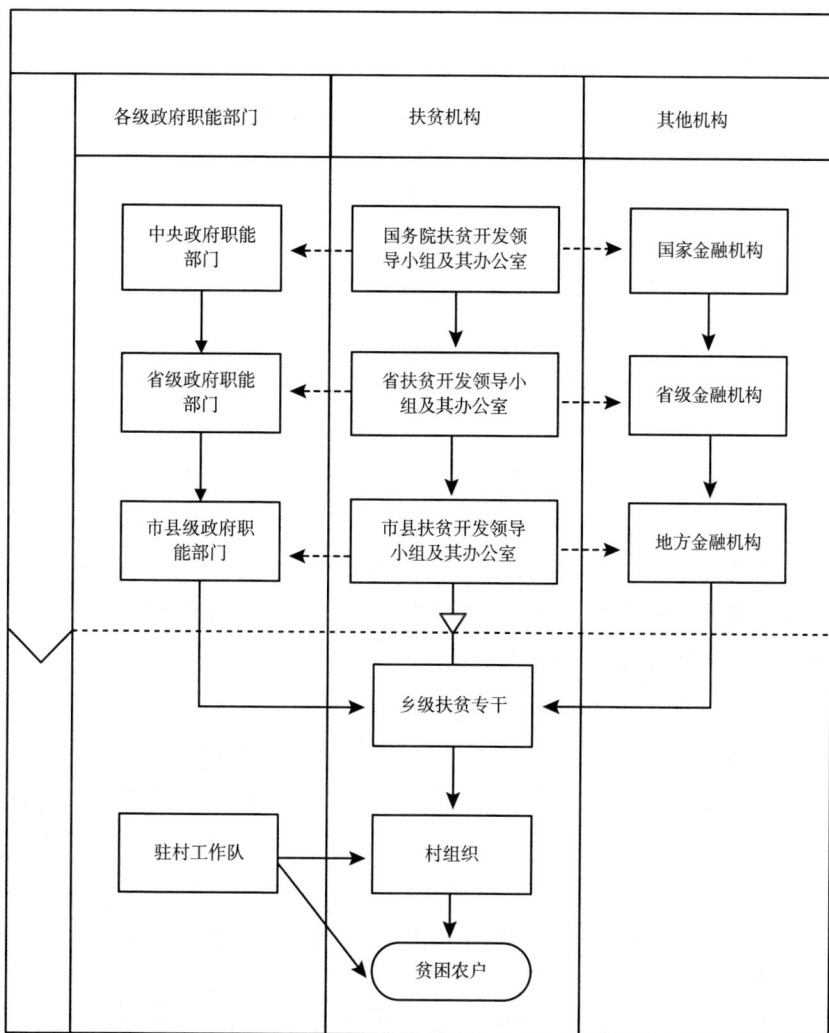

图 2-1　我国扶贫主体结构

化考虑的扶贫工作人员选择不认真工作同样可以得到报酬。这使得扶贫政策的实施无法得到保证，对扶贫成效产生直接影响。

最后，是地方扶贫机构与贫困对象的博弈。一方面，是扶贫机构的认真负责与否，即在扶贫项目的开展过程中是否按照规定准确瞄准贫困农户，将国家下拨的扶贫资源及时传递到贫困农户手中，是否采取针对性的帮扶。另一方面，其一，贫困农户作为理性的经济人，是追求自身效用最大化的。许佳贤等（2011）认为，由于自身认识能力有限以及信息不完全，贫困农户这种所谓的理性行为是有限的，即他们可能从自身角度出发，只看到了短期内的效用最大化，而没有看到持续的长期效用。由于扶贫者和被扶贫者之间存在信息不对称，当贫困农户在信息上具有一定的优势时，就会出现败德的行为。比如农户为了能够获得扶贫资金，而隐瞒自己真实的收入和家庭情况。其二，贫困农户由于自身长期处在贫困艰苦的环境中且经常遇到自然、经济各方面带来的风险，他们对于风险的敏感程度较强且对风险的承受能力也比较弱，会成为风险的规避者。他们往往会选择回避风险而追求稳定利益。比如，贫困农户在对政府扶贫项目不了解的情况下，或者认为扶贫项目不符合自身利益最大化的情况下，可能选择不积极参与。一旦扶贫机构也缺乏认真的态度，没有对扶贫对象加以科学合理的筛选，就很容易导致扶贫资源的浪费和扶贫效率的低下。

为了简化博弈分析的过程，将前两种较为类似的博弈行为归为一类，即上级决策者（或政府、部门）与下级执行者间的博弈模型。第二类则是扶贫机构与扶贫对象间的博弈模型。

1. 上级决策者与下级执行者之间的博弈

博弈的参与者：上级决策者，即下达扶贫政策和配置扶贫资源的中央政府或上一级地方政府部门。下级执行者，即负责接受政策指令和实施执行的下级地方政府部门、扶贫机构或基层工作者。扶贫对象，即贫困农户。博弈的策略：在博弈的过程中，上级决策者可以选择监管与不监管（由于监管可能带来处罚、奖励的结果），下级执行者可以选择认真执行与不认真执行。

假设：上级决策者对下级执行者的工作情况进行监督的概率为 p，下级执行者认真地工作的概率为 q。并且设定上级决策者实施监管的情况下，下级执行者的认真工作和不认真工作分别会产生处罚和奖励的情形，即处罚的概率为 $p(1-q)$，奖励的概率为 pq。给予的处罚记为 f，奖励记为 b。并且，上级因下级认真工作所带来的收益为 e_1，不认真工作情况下的收益为 e_2，以及政府进行监管会产生一定的成本为 c。上级付给下级的报酬为 w，是工作态度的函数，与工作态度认真与否成正比，即下级执行者认真工作的报酬 w_1，大于不认真工作时的报酬 w_2。同时，由于下级执行者认真工作与否所付出的成本和代价是不同的，分别计为 m_1 和 m_2。因此，同时不认真工作还将产生额外收益 a，比如寻租租金等（刘纯阳等，2011）。

当上级决策者实行监督且下级执行者认真工作时，上级决策者的收益为 $e_1 - c - w_1 - b$，下级执行者的收益为 $w_1 - m_1 + b$。上级实行监督但下级不认真工作时，上级决策者的收益为 $e_2 - w_2 + f$，下级执行者的收益为 $w_2 - m_2 - f + a$。

当上级决策者不采取监管措施，但下级仍认真工作时，上级的收益为 $e_1 - w_1$，下级的收益为 $w_1 - m_1$。上级不采取监管且下级不认真工作时，上级收益为 $e_2 - w_2$，$w_2 - m_2 + a$（见表 2 - 1）。

表 2 - 1 上级政府与下级执行机构的博弈矩阵

下级执行者 上级决策者	认真工作 (q)	不认真工作 $(1-q)$
监管 (p)	$e_1 - c - w_1 - b, w_1 - m_1 + b$	$e_2 - w_2 + f, w_2 - m_2 - f + a$
不监管 $(1-p)$	$e_1 - w_1, w_1 - m_1$	$e_2 - w_2, w_2 - m_2 + a$

根据表 2 - 1 博弈情况可得，当上级决策者以概率 p 采取监管时，下级执行者认真工作和不认真工作两种情形的期望收益分别为：

$$u_1 = p(w_1 - m_1 + b) + (1 - p)(w_1 - m_1)$$
$$u_2 = p(w_2 - m_2 - f + a) + (1 - p)(w_2 - m_2 + a)$$

当上级决策者选择监管，下级执行者应该使认真工作与不认真工作时得到的预期收益相等，即 $u_1 = u_2$，得到：

$$p^* = \frac{m_1 - w_1 + w_2 - m_2 + a}{b + f}$$

当上级监管的概率小于 p^* 时，下级执行者会选择对扶贫不认真负责，反之则选择认真负责；当上级监管的概率等于 p^* 时，扶贫机构既可能选择对工作认真负责也可能选择不认真负责。

当下级执行者以概率 q 选择认真工作时，上级决策者进行监管和不监管的期望收益分别为：

$$u_3 = q(e_1 - c - w_1 - b) + (1 - q)(e_2 - w_2 + f)$$
$$u_4 = q(e_1 - w_1) + (1 - q)(e_2 - w_2)$$

当下级执行者选择认真扶贫时，上级决策者监管或不监管所达到的预期收益期望值相等（陈准，2011），即 $u_3 = u_4$，得到均衡状态时下级执行者认真工作的最优概率为：

$$q^* = \frac{f}{c + b + f} = \frac{1}{\frac{c + b}{f} + 1}$$

根据上述分析可得，上级决策者与下级执行者之间的博弈均衡解为：

$$(p^*, q^*) = \left(\frac{m_1 - m_2 - w_1 + w_2 + a}{b + f}, \frac{1}{\frac{c + b}{f} + 1} \right)$$

其中，m_1、m_2、w_1、w_2、b、f、c 与均衡解有关。首先，$w_1 - m_1$、$w_2 - m_2$ 分别是下级执行者认真工作与否的纯收益，与上级决策者采取监管的概率和均衡解有关。但是两种收益的大小无法确定，根据下级执行者的纯收益难以判断政府监管概率大小。不过由于信息不对称的缘故，可能出现寻租、腐败，导致下级执行者不认真工作时带来的纯收益大于认真工作时的收益。其次，下级执行者不认真工作时所获得的额外收益 a 越大，政府监督的可能性就越大。当寻租、腐败所产生的额外收益较高时，下级执行者可能出现人情扶贫、扶富不扶贫等占用扶贫资源和资金的现象，导致扶贫效果低下。

当监管成本 c 和奖励 b 越大时，下级执行者不认真工作的概率越大。监管成本越大，上级决策者对下级执行者的监管概率越小，进而导致下级执行者不认真工作的可能性加大。当奖励越大时下级执行机构不认真工作概率上升的原因，可能在于当劳动供给所产生的收益达到一定高度时闲暇上升而工作时间下降。当处罚 f 越大时，下级执行者认真工作的概率就越大。上级决策者加大处罚力度，意味着下级执行者不认真工作的机会成本越大，从而降低了低效、寻租的可能性。

2. 扶贫机构与扶贫对象之间的博弈

博弈的参与者：扶贫机构，负责贯彻扶贫政策、瞄准扶贫对象并采取针对措施。扶贫对象，包括贫困农户和非贫困农户。博弈的策略：在博弈的过程中扶贫机构可以选择认真工作与不认真工作。扶贫对象可以选择参与和不参与扶贫活动，并且参与扶贫的对象可能选择对自身贫困情况做出诚实和谎报两种选择。

假设：扶贫机构认真扶贫的概率为 t，不认真扶贫的概率为 $1 - t$；扶贫对象选择参与的概率为 s，不参与的概率为 $1-s$。参与情况下选择诚实相报的概率为 v，选择说谎的概率为 $1-v$。扶贫对象参与所获得的收益为 r。扶贫机构认真工作时的扶贫活动所产生的效益为 y，投入的资源为 i；扶贫机构不认真工作时，所投入资源和收效都会打折扣，缩减的系数记作 β。谎报收入的扶贫对象带来的资源占用产生的损失为 d。当扶贫机构认真工作，对参与的扶贫对象进行认真瞄准排查时，谎报收入的对象经发现就会被除名停止帮扶，谎报对象的收益将有所损失，损失的部分为 f。

当扶贫机构对工作认真负责且扶贫对象参与扶贫时，会产生两种不同的情况：一种是扶贫对象诚实上报收入即为真贫困，此时两者的收益分别为 $y-i$，r；另一种是扶贫对象谎报收入即为假贫困，但是扶贫机构认真工作能够采取有效的瞄准措施、排查出谎报现象，并予以除名，扶贫效益由于谎报而产生损失但经排查后产生一定的补偿，此时两者的收益分别为 $y-i-d+f$，$r-f$。扶贫机构认真工作但扶贫对象不愿参与时，两者从扶贫中获得的收益分别是 $-i$，0。

当扶贫机构不认真工作且扶贫对象参与扶贫时，同样分为诚实与谎报两种情况：扶贫对象选择诚实时，两者的收益分别是 $\beta(y-i)$，r；扶贫对象选择谎报时，扶贫机构由于工作不认真，对于扶贫对象的选择没有必要的程序和资格排查，导致非贫困对象占用扶贫资源产生损失，此时两者的收益分别是 $\beta(y-i)-d$，r。扶贫机构不认真工作且贫困对象不参与时，两者收益分别为 $-\beta i$，0。具体详见表 2-2。

表 2-2　扶贫机构与扶贫对象的博弈矩阵

扶贫对象　扶贫机构	参与(s)		不参与($1-s$)
	诚实(v)	谎报($1-v$)	
认真工作(t)	$y-i,r$	$y-i-d+f,r-f$	$-i,0$
不认真工作($1-t$)	$\beta(y-i),r$	$\beta(y-i)-d,r$	$-\beta i,0$

根据以上博弈矩阵，当扶贫机构以概率 t 选择认真工作时，扶贫对象参与扶贫活动和不参与扶贫活动两种情形的期望收益分别为：

$$u_s = t[vr + (1-v)(r-f)] + (1-t)[vr + (1-v)r]$$
$$u_6 = t \times 0 + (1-t) \times 0 = 0$$

由 $u_5 = u_6$，得到

$$t^* = \frac{1}{2 + f\dfrac{v-1}{r}}$$

当扶贫对象以概率 s 参与扶贫活动时，扶贫机构认真工作和不认真工作的期望收益分别为：

$$u_7 = s[v(y-i) + (1-v)(y-i-d+f)] + (1-s)(-i)$$
$$u_8 = s[v\beta(y-i) + (1-v)(\beta(y-i)-d)] + (1-s)(-\beta_i)$$

由 $u_7 = u_8$，得到

$$s^* = \frac{i}{y + \dfrac{f(1-v)}{1-\beta}}$$

综上可得扶贫机构与扶贫对象的博弈综合战略的均衡解为：

$$(t^*, s^*) = \left(\frac{1}{2 + f\dfrac{1-v}{r}}, \frac{i}{y + \dfrac{f(1-v)}{1-\beta}} \right)$$

其中，v、r、y、i、f、β 与两者的博弈均衡解有关。其中，折损系数 β 对于扶贫参与主体而言是外生的，考虑扶贫对象诚实的概率 v、所获得的收益为 r，扶贫机构认真工作投入的资源 i 以及产生的效益为 y 对均衡博弈的影响。当扶贫对象所获得的收益越大，扶贫对象谎报收入被查出止损部分越大，扶贫机构认真工作的概率就越大。而扶贫对象诚实的概率越大，扶贫人员认真地工作的可能性越小，一定程度上可能是由于扶贫对象诚信度的提高会使扶贫人员的监管力度有所下降。当扶贫工作投入的资源越多，扶贫对象诚实的概率越高，其参与扶贫项目的可能性就越大。

上述分析是在相应的假设条件下进行的，具有一定的局限性。但通过上述博弈模型的建立和求解，可以得出扶贫开展效率的实现和提升同博弈双方即扶贫参与主体是有联系的。首先，扶贫的理想状态是在扶贫实施主体之间的策略博弈、扶贫实施主体与扶贫受益者之间的博弈所形成的。整体而言，扶贫项目的所有参与者都是基于自身利益最大化或成本最小化，所做出的选择。换言之，扶贫项目的开展与完成，是所有扶贫参与各方共同博弈并遵守契约得以执行的结果。并且，信息不对称、寻租成本、激励处罚等构成了影响该博弈均衡的影响因素，即扶贫项目相关主体能否遵守契约一定程度上取决于违约成本或相应奖励的大小，体现了扶贫项目开展过程中，适当的管理手段、激励性投入对于扶贫项目绩效发挥的重要性。

同时要强调的是，扶贫对象积极有效的参与，也是扶贫项目绩效实现的关键因素。作为扶贫活动的受益者，他们接受扶贫、参与扶贫是经过自身利益衡量的。因此，政府在给予扶贫资源时，必须充分考虑扶贫对象的意愿，按照他们的真实需求和市场化的原则来决定扶贫资源的使用（陈杰，2007）。并且，政府要采取适当的措施保障扶贫对象参与的有效性，让扶贫对象参与到扶贫项目开展的全过程，做到项目管理的公平性和透明性，让他们全面了解并参与扶贫项目开展的各个环节，看到扶贫项目的可行性，从而降低扶贫对象预估的风险程度和他们对扶贫的过度规避心理。本书通过以上模型分析，对新时期扶贫项目的绩效评估体系的构建、评估指标的选择等有所启示。包括扶贫对象的参与、扶贫项目对贫困人口需求的瞄准、扶贫资金激励性使用、扶贫管理中监管效率、扶贫项目实施的透明度等，都是在扶贫项目评估过程中值得注意的地方。

第二节　精准视角下扶贫项目绩效评估的管理学分析

上文研究中，笔者主要基于相关的经济学理论，从扶贫项目瞄准、扶贫资源配置、项目管理利益机制等几个相互关联的方面，明确了精准扶贫背景下扶贫项目绩效的要素，即评估的关键内容。但从评估的本质上讲，它是一种管理手段和管理方法，是改善项目管理、提高项目实施的效率与成效的重要环节。因此在前文分析的基础上，进一步从管理学理论的角度，分析精准扶贫背景下扶贫项目绩效的评估，作为一种管理手段的内涵和实际操作要点。

一　扶贫项目绩效的内涵

1. 绩效

理解绩效内涵，是研究项目绩效评估、构建评估体系的基本前提和依据。从绩效（Performance）的英文翻译看，它包含成绩、成效的意思。这一概念最早应用在投资项目评估管理中，后来在人力资源管理方面也得到了推广，主要是用于对主体行为的结果或投入产出情况进行分析。20 世纪 70 年代，绩效在政府管理部门开始得到应用，用来衡量政府活动的成效。在经济管理和政府管理两个领域中，绩效的内涵是有所区别的。在经济管理领域，绩效的含义主要是指经济活动的成果和成效。在政府管理领域，则更加强调绩效的多元化内涵，既包括政府在社会、经济等活动中的业绩、效果，也包含政府在行使自身职能过程中的能力体现和办事效率。

国内外研究者对绩效的内涵也有不同理解，他们主要围绕绩效包含的内容和属性进行诠释。从内容上看，美国学者 Premchand（1995）强调绩效包括"产出"绩效和投入绩效两个方面，他认为绩效包含了效率、产品或服务的质量与数量、机构所做的贡献与质量，包含了节约、效益和效率。Heeks（1999）认为绩效是一个多维概念，可以划分为三个重要性依次递减的层次，即"是否做了该做的""采取的行动是否有效""是否达到资源投入的最小化"；绩效又是一个动态概念，即随着时间和主体的变化而变化。Bernardin（1984）将绩效与任务的完成进展、具体产出以及结果等同起来，强调绩效是在一定时间内由特定主体的职能、活动或行为产生的产出。亚洲开发银行（2002）认为绩效是一个相对的概念，绩效不但包括外部效果，也包括内在的努力程度，这种程度一般通过投入、过程、产出和结果来表示。

从属性上看，Campbell（1993）认为，绩效并不必然是行为结果，而是行为本身，是人们自身可控制的、所做与组织目标相关的行为。美国 1993 年在政府绩效评估报告中，给出了绩效管理的有关解释，"利用绩效信息协助设定同意的绩效指针，进行资源配置于优先级的安排，告知管理者维持或改变既定目标计划，并且报告成功符合目标的管理过程"。这一绩效解释，主要是针对由资源配置到既定目标实现的过程。刘旭涛（2003）认为绩效是一种基于系统表征的成就和效果的管理概念工具。方振邦（2005）提出对于绩效的理解主要包括以下几个方面：绩效与评估的过程相关，它是一个过程性的概念；必须重视时间的影响来分析绩效问题；绩效包括实施者的行为内容、方式内容和结果内容三个方面。朱志刚（2003）将绩效看作一种衡量，认为绩效既包括对结果的衡量，也包括对过程甚至对提供方主观努力程度和接受方满足程度的衡量。

以上对"绩效"的理解虽有差异，但核心思想是基本一致的，即绩效强调的是主体围绕目标开展的行为活动的有效性，并且更多的是一个"过程"。我们要用"系统"的眼光看绩效，即在这一过程中"投入是否满足了经济性，运作是否合理和合规，结果是否达到预期的目标，产出是否有效率"；通过这一过程要实现的目标则包括经济绩效、社会绩效、生态绩效等多个角度。

2. 扶贫项目绩效

扶贫项目的绩效则是在绩效含义的基础上建立起来的，即以扶贫项目要达到的效果和产生的影响为目标，在规划期内通过整合并投入扶贫资源（包括资本、人力、物力等），并按照国家与扶贫相关的政策规定或法律法规，应用于瞄准的贫困地区或对象的各项建设和帮扶，经过有计划的管理实现与投入相比更多的产出，进而达到既定目标并产生后续影响。

在当前"精准扶贫"的政策背景下，对于扶贫项目的绩效评估，更多地是强调项目的瞄准绩效，它属于扶贫项目绩效的一部分，与扶贫项目的投入、产出、管理和结果等相互关联、密不可分。本书对于瞄准绩效的理解，首先是建立在扶贫瞄准的含义上，其次是绩效的含义。前文中，已对扶贫瞄准的概念进行了界定，即扶贫瞄准是农村扶贫工作中选择扶贫对象和因扶贫对象的确定而实施的资金和资源的投放过程。因此，结合扶贫瞄准和绩效的内涵，本书对扶贫项目瞄准绩效的理解是，通过科学的手段选择和确定合理的扶贫对象，然后按照规划的方式和手段投放扶贫资源，并最终在扶贫对象身上发挥应有作用，从而达到规划目标的过程和结果。

二　扶贫项目绩效的评估与监测

一般项目管理理论认为，项目管理是按照预期的目标，在一定周期内组织或协调的活动。项目管理组织实施的，就是实现目标所必需的计划、安排与控制。从控制论的角度讲，管理的控制环节贯穿项目管理的全过程，用于衡量和纠正由于各种原因所导致的项目实际执行与计划间的"偏差"，将可能发生或已经发生的风险和损失控制在最小范围内。项目的绩效评估则可以看作是一种有效的、有目的性的"控制环节"，包括记录项目的进展，参照一定标准和目标衡量项目实际绩效，分析存在的偏差和造成偏差的原因，并为此提出改进措施，形成反馈。

从系统的角度讲，项目的绩效评估应是一个完整的体系，是包括评估目的、评估对象、评估方法、评估指标以及相关的制度安排的有机系统

（盛明科，2008）。

评估实践在政府部门、国际组织范围内的应用十分广泛，也较为成熟。政府部门和一些国际组织在不断总结管理评估经验的过程中，都形成了各自较为完善的评估体系，并制定了针对项目绩效评估各方面的操作细则和规定，具备相当的科学性和完备性。本书结合绩效的实际评估经验和管理学研究思想，从评估目的、评估方法和手段、评估内容、评估周期节点等几个主要方面，分析评估的实质。

首先，作为一种管理手段，评估的主要目的在于衡量项目的过程效率和效果，监督并确保项目从投入到产出所影响的各个环节的行动进程与计划保持一致。通过分析数据判断项目的执行是否符合既定的标准，评判项目的绩效是否能够实现，找出存在的问题以便积累经验教训，为决策者和参与者提供定期的信息反馈以及早期指示，改进评估对象的影响，确保项目管理更加有效和高效。简单地说，绩效评估的目的是确保项目达到既定目标，并持续良好发展。其次，评估的主要内容是项目的投入产出效率、效果、影响以及可持续性。一般从项目所关注的社会问题的判断以及项目设计的合理性着手，接着分析项目是如何通过一系列投入转化为产出并实现项目目标的。其中除了项目的产出效率、投资效益、实施管理和成效外，还涉及一些对项目优点和价值标准的判断，包括项目履行职责的好坏，项目的状态、时效性、已完成的项目与计划的相关性以及影响项目进展的内外部因素。最后，评估的实现，主要是通过对评估环境以及项目自身所产生的绩效数据、信息资料进行定期追踪、收集和分析，规律性地关注、询问、检查和挖掘有关问题，并最终通过记录、报告和沟通的手段形成有效的反馈。

绩效评估一般是贯穿项目从开始到产生影响后的全过程。如果从评估的时间节点来分，评估可以在项目筹划阶段、项目实施阶段以及项目完成后进行。当项目绩效评估是一种持续活动、需要进行反复测量时，就形成了项目绩效的监测（Rossi 等，2004），即监测是在项目开展期的每一个短周期内进行的信息收集、记录和规律性检查，可以理解为是一种定期的简单快速评估（OED，World Bank，1996），只不过这一活动是持续整个评估过程反复进行的。监测的目的是围绕项目是否按照计划进行，对日常管理报告和一些问题进行调查和分析，向决策者及时提供反馈，并形成定期监测报告，之后对监测报告进行分析，再结合一些深入研究，便构成了项目执行期的绩效评估报告。如果再补充项目前后受益人的社会、经济、福利状况分析，便构成了后评估报告。因此，监测可以看作是评估的一个重要环节和手段。

基于上述分析，本书认为对于扶贫项目绩效的评估，应该是一个既具综合性又有针对性、既有阶段性又有持续性的管理方法或管理环节。它基于一定的评估原则和技术方法，在项目实施的某一节点或结束后考察实施扶贫项目预想取得的目标或效果，是如何通过各种扶贫投入转化为扶贫产出的过程而实现的，以及这种目标或效果实现的程度和后续将产生的影响。对于扶贫项目绩效运作的这一过程进行的持续评估和反馈，则称作绩效监测。评估与监测是在精准背景下对扶贫项目绩效实现更加合理、有效、持续管理的重要手段。

三　基于新公共管理理论的扶贫受益者评估

在前文的分析中已经明确了"扶贫"是由政府作为扶贫主体所提供的"公共产品"，具有典型的公共产品性质。那么政府提供的这种产品或是服务是否合格，作为"消费者"的扶贫对象自然最有发言权（王锡锌，2007）。扶贫对象通过判断政府的扶贫投入和工作在多大程度上满足了自身的需求、其效果与自身预期的感知是否一致来做出评价（倪星，2006）。公众对政府提供产品或服务进行评价的做法最早是受到"行政就是服务，公众就是顾客"的顾客导向思想的影响，是由新公共管理理论所倡导的。随着新公共管理运动的兴起，这种思想开始受到政府绩效管理评估的重视，并逐渐形成了强调满意度等软指标的公众主观评价模式。

20 世纪 80 年代前后，政府服务供给的主观与客观描述以及针对服务对象态度的测量已经为学者所关注。Stipak（1979）首次通过数据分析对公众主观评价的效度进行了研究。他以洛杉矶大都会区的公共服务为研究对象，对包括警察服务、公园服务和垃圾服务等在内的具体公共服务项目的客观绩效与公众主观评价进行了多元线性回归分析，统计分析发现公共服务的特征不能很好地解释公众主观评价的差异。他认为只有当服务质量特别好或特别差时，公众对服务质量的知觉才会产生变化。并且，由于公众对服务的偏好和期望具有复杂性，主观评价与客观绩效之间的单调递增关系往往是不存在的。进入 90 年代后，公众满意度测量技术不断提高，尤其是运用美国公众满意度指数的模型逐步成熟，该模型被众多服务评价机构用来评估公众对政府服务的满意度，从公众参与角度研究绩效评估价值的提升途径，并逐渐投入到实际评估中（齐刚，2011）。Parks（1984）针对斯蒂帕克的观点，提出了新的替代性解释。他认为客观绩效是通过中间变量作用于公众的主观知觉并得出主观评价的。Percy（1986）也针对斯蒂帕克研究得出的主客观评价不一致的结论，给出了新的模型解释。他将响应时间的满意度作为回归因变量，将公众的公众期望与感知因素作为自变量，用于计量回归的分析。分析结果表明，公众满意度受到公众期望和感知因素变量的影响更显著。同时，在其设计的总体满意度回归分析中，以上两个因素也具有很强的解释力。Percy 认为公众具有知觉绩效的能力，他们对公共服务的评价是基于对服务质量的知觉做出的，并且他们对公共服务的评价影响他们对服务机构总体绩效的评价。Swomdell 和 Kelly（2000）通过对多个地区的政府绩效收集和公众满意度调查，研究发现公众满意度与政府服务绩效有关联，公众主观服务评估可以用作评估政府绩效的结果指标（见图 2－2）。

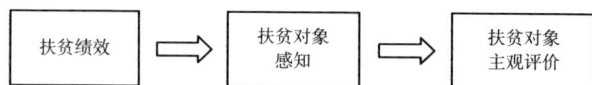

图 2－2　扶贫绩效与扶贫受益者评价

　　根据已有的研究经验，假设扶贫对象的主观评价，是通过某种"扶贫感知"反映扶贫开发的客观绩效。这种感知可以是扶贫对象对自己所参与扶贫项目的效果以及自身贫困状况的较为直接的感观；而扶贫对象所形成的主观满意度，则是扶贫对象主观评判政府的扶贫在多大程度上满足了自身的需求，其效果与自身预期的感知是否一致。那么从实践经验来看，扶贫对象的评价在一定程度上能够提高整体评估的质量，并且使评估人员得出的评估结论更加切合实际，应该受到重视。一方面，扶贫对象的知识基础虽然薄弱但作为扶贫项目的接受载体，他们比起政府更加了解实际的需求和受益情况。另一方面，扶贫对象逐步参与扶贫项目的开展过程，他们的主观认识和评估，可能在一定程度上对扶贫项目的瞄准精度、资源投入和过程管理产生影响。例如，扶贫对象的主观评估，能够通过向实施部门反映自身发展需求来影响管理者的决策，调整实施策略，进而提高扶贫项目的分类需求瞄准精度。因此，在构建扶贫项目绩效评估体系时，可以尝试通过设置扶贫对象的主观评估指标，挖掘出扶贫精准绩效存在的问题。

第三节　基于管理生态学的扶贫项目绩效评估研究框架

一　管理生态学的应用

管理生态学是管理学与生态系统学融合形成的交叉学科。它将整个管理系统看作生态系统或有机体，然后用生态学的观点来探讨整个系统内外各方面关系。这个系统包含了众多的相互关联的生命体或子系统以及生命体外部环境和内部环境，它们之间由各种关系连接起来。把特定的管理对象视作生命体和生态系统，视管理环境为生态环境。通过生态学理论和方法，分析管理系统当中的不同层次与功能、管理环境等以及各要素间的交互（魏光兴，2005）。

应用管理生态学的目的是，通过分析各种管理生态环境与组织之间既复杂又动态的关系，揭示管理发展内部的特有机制和规则，找出能够改善管理生态环境的方法，力求实现整个管理系统的最优化和管理功能的最佳发挥（孔冬，2002）。管理生态学强调整个管理系统的整体性和内外部环境的和谐性相统一。管理生态学能够得以发展和应用，是由于人主导着管理活动，并且各种管理生态环境构成一个管理生态系统且这个系统内部的各种活动都符合一定程度的生态规律。

本书将精准扶贫背景下的扶贫项目绩效评估体系看作是一个管理生态系统的原因在于以下两点。第一，管理生态系统具有很强的实践指导性，是适应现代科技经济社会发展的产物，它的存在是由于主导管理活动的人和管理环境所构成的整体系统具有一定的类生态规律。它通过学科间的交叉融合，有效地解决管理实践中的综合性问题，并用整体研究方法，把管理方法和管理理论放入有机的整体内进行研究分析，并为管理实践提供重要的指导借鉴意义。在精准扶贫这样一个大的外部环境下，由扶贫活动产生到绩效发挥再到评估实现的过程中，社会人的主导以及物质自身发展的规律，使整体评估体系具有了类似生态系统的可能性。进行评估研究的目的，就在于从整体的角度把握规律，分析评估系统各相关子系统间的交互关系，解决评估的实践问题。

第二，扶贫项目绩效评估具有管理生态学研究对象的复杂性。管理生态学的研究对象包括众多的子系统和生命体，而各子系统和生命体之间又具有相互交错的联系和制约作用，并由此产生系统的影响，使得整体具有一定的复杂性。将扶贫项目的绩效评估看作一个整体系统，它包括既定的经济、政策制度等形成的外部环境，以及评估和绩效两个子系统，它们之间通过信息流（数据的传递和反馈等）以及人（或政府）的主导行为形成交互关系。在评估子系统内部，则由评估制度、评估主客体、评估方法、评估手段、评估目标等各相关要素组成内部关系网和内部环境；绩效子系统内部，由瞄准方式、资源配置、管理制度、主体参与等彼此影响构成关系网，而每一个要素又都是一个微型的系统。因此，整个评估体系形成了一个复杂的系统网络，并按照自身运转规律，通过交互流和网络连接促进系统的整体平衡和有序地向前发展。

因此，本书借鉴管理生态学的研究思想来搭建研究框架，立足于精准扶贫的大背景环境，从经济学、管理学的角度分析扶贫项目绩效和评估两者间的内在系统性和交互关系，把握绩效发展和评估实践的规律，探索精准扶贫背景下的扶贫项目绩效评估体系的构建，为实际工作提供指导和参考。

二　精准视角下扶贫项目绩效评估的分析框架

在扶贫项目绩效的子系统中，第一，我们明确了在市场经济不断发展的背景下政府依然是扶贫这项公共产品的供给主体。政府作为"扶贫"的主导者，其作用是解决由于公共产品特殊性所导致的市场失灵，但同时又要避免机制缺陷乃至寻租行为所造成的效率低下和扶贫资源投放偏离。

第二，政府作为实施主体，在推进扶贫开发项目的过程中，怎样处理好区域发展和个体发展的关系是必然要面临的问题。只重视地区经济增长和政绩提升、以单纯 GDP 增长为导向的发展目标，必将导致部分贫困个体脱贫被忽视。扶贫项目的开展如何在瞄准贫困个体的前提下，通过推动区域发展带动个体发展起来，从而实现精准扶贫，是我们在评估过程中应该关注的要点。

第三，市场机制和政府主导都具有两面性，即市场引导资源配置，但由于盲目性和滞后性导致资源供需失衡；尽管政府作为扶贫资源的配置主体，但往往由于政府主导与市场经济运转规律的摩擦，导致扶贫资源配置效率的低下，无法实现资源对扶贫对象的准确瞄准。因此，怎样在发挥政府主导作用的基础上，借助市场经济手段，提高扶贫资源的配置和使用效率，也是在扶贫项目绩效评估中要重视的。

第四，由于扶贫各主体间存在信息不对称现象，导致作为"经济人"的各主体出现道德风险和逆向选择的问题。这也是产生扶贫管理绩效低下的原因之一。必要的监督和激励，则是避免扶贫过程中寻租行为、解决信息不对称的重要手段，并且，扶贫对象参与扶贫项目的重要前提是，政府扶贫资源的投放能够符合扶贫对象的意愿和需求。同时要保证扶贫项目绩效管理的公平性和透明度，让扶贫对象了解并参与到扶贫项目开展的各个环节，看到扶贫项目的可行性，以解决政府和扶贫对象之间的信息不对称问题。具体详见图 2 - 3。

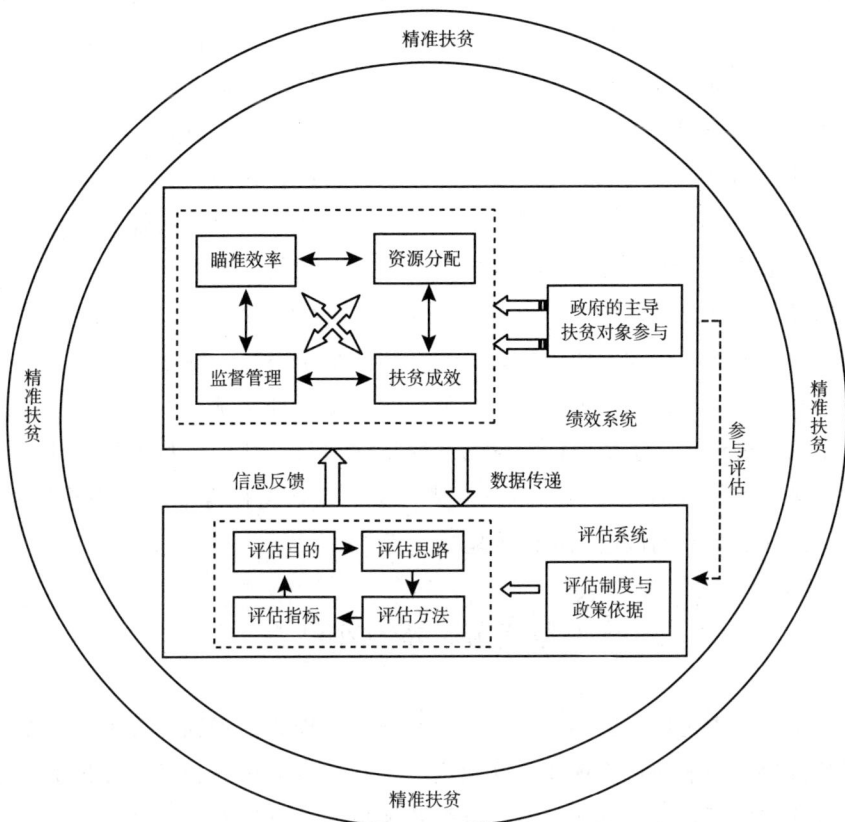

图 2 - 3　精准扶贫背景下扶贫项目绩效评估的研究框架

扶贫受益者即扶贫对象，作为主体之一，其有效的参与和监督评价对于解决双方的信息不对称问题也有一定的帮助。扶贫对象作为扶贫的消费者，他们的主观评价对扶贫客观绩效的发挥有着一定的影响，应该受到政府部门的重视，而这种影响一般是通过他们对扶贫的感知起作用的。扶贫对象的参与，有助于提高扶贫项目对贫困人口和贫困需求的瞄准精度，以采取有针对性的扶贫手段，也是实现精准帮扶提升扶贫成效的基础。

本书在以上与绩效相关的理论分析基础上，把握扶贫项目绩效评估的关键，并以此构建扶贫项目的绩效评估子系统。即按照既定的评估目的和评估思路，突出要点，选取适用的评估方法以及评估指标。具体来讲，就是基于精准扶贫的评估目标和评估思路，借助适用的评估手段、技术方法以及选定的指标，在扶贫项目开展的前期、中期或结束后，通过定期收集和分析监测数据，考察扶贫项目预计的减贫目标或经济社会效果，以及如何通过"瞄准合理的扶贫对象，按照规划方式投放扶贫资源，最终转化为扶贫产出，并在扶贫对象身上发挥应有作用"这样一个过程，实现并且考察这种目标或效果实现的程度和后续影响，找出存在的问题，并以此形成信息反馈，为项目发展提供改进建议。同时，从扶贫项目实施主体和扶贫受益对象两个角度，对扶贫项目绩效进行主客观的综合评估，重视扶贫对象的参与，提升评估结果的真实性、全面性和实践指导性。

而扶贫项目绩效评估的绩效子系统和评估子系统，则通过相应的数据传递和信息反馈，形成了一个相互关联的整体管理系统。本书按照这种系统结构，最终建立了精准扶贫背景下的扶贫项目评估的分析框架，并以此构建包括评估目标、评估思路、评估方法、评估指标等在内的操作体系，然后选择实证案例做进一步的检验。

第四节　本章小结

本章首先运用了公共产品理论、区域发展理论、资源配置理论、委托代理理论、一般项目管理理论等理论，以及比较分析法、系统分析法等分析方法明确了扶贫开发新时期项目绩效评估的关键所在，并基于管理生态学思想构建了扶贫项目绩效评估系统研究框架。在精准扶贫背景下的扶贫项目的绩效子系统当中，扶贫的瞄准与资源配置、扶贫实施者的主导、扶贫受益者的参与、有效的监督管理制度等关键因素互相关联、共同作用，从而对扶贫项目的绩效产生影响。绩效评估子系统由特定的评估制度、评估目标、评估思路、评估方法、评估指标等一系列要素组成，且各要素间相互影响。应从以上几个方面着手，结合政策指导意见以及借鉴现有评估体系，构架适用于精准扶贫项目绩效评估的体系。

第三章

精准视角下扶贫项目绩效评估体系的构建

当前我国农村地区的贫困形势仍旧严峻，贫困特征也逐渐变化，扶贫攻坚遭遇瓶颈。精准扶贫工作的开展，为应对这些挑战提供新机遇的同时，也对扶贫项目的开展和绩效评估提出了新的要求。因此，原有的绩效评估思路和评估方式可能存在一定的不适用，需要结合新的精准指导思想，对扶贫项目绩效评估体系做出改进。本章从评估思路、评估流程及评估方法等几个方面总结分析了扶贫绩效评估现状，并尝试构建了精准扶贫背景下的评估体系，选定科学适用的评估指标。

第一节　扶贫项目绩效评估的现状分析

一　现有扶贫绩效评估思路及评述

1. 现有扶贫绩效评估思路

在扶贫领域绩效评估的已有研究中，较多都是采用"投入—过程—产出—影响"的基本思路。这一思路形成的基础，是源于一般项目运行的过程。往往一个项目的开展，都是以既定目标为前提，通过投入必要的资本（包括物质资本、人力资本等）在资本投入到输出的过程中加以适当的管理手段，然后输出服务或建设项目，并对产生地区或对象产生一定的影响。扶贫项目不同于一般的项目，其区别在于所追求的目标以及投入产出间的关系不同，因此扶贫项目绩效评价指标的设计还是有所差异的。根据前人的评估经验，扶贫项目绩效评估大致分为四个方面，即资源投入、管理过程、产出内容以及项目影响。资源投入，即扶贫项目的投入一般包括相关部门或参与者对扶贫项目的开展提供的包括资金、物资、人力等在内的投入；管理过程，包括扶贫项目从规划到完成实施的过程，相关部门的管理方式、管理能力、管理纪律以及相关政策法规等；产出内容，主要是指通过运行和管理活动所产生的所有输出，包括实物的建设、计划指标的达成等；项目影响，则是指项目对扶贫对象、扶贫地区的社会、经济或者其他方面的发展所产生的积极和消极的影响，一般包括预期和非预期的。

周朝阳等（2007）则按照投入、过程、产出、成果的逻辑顺序进行指标设计，从投入、效率和效果三大方面构建评估指标，并通过制定"计划标准、行业标准、历史标准、经验标准"来评估财政扶贫支出的绩效。辛兵海（2007）将可持续性、效率性和效益性三个标准分解为投入指标、过程类指标、产出指标以及效果指标，对社会、经济以及环境效益进行评估。这里的效率，衡量的是产出与投入之间的关系，从经济学专业角度解释，就是"援助用尽可能少的资源消耗达到追求的结果"。另外，还包括一些改进的评估思路。例如，以"多维效益"评估为主、以项目过程为辅的评估思路，即评估的内容首先强调社会效益、经济效益、生态效益等宏观及微观的效果考察，然后兼顾扶贫项目投入、建设实施和目标实现的过程。还有基于政策思路的评估设计。付英（2012）以《中国农村扶贫开发纲要（2011～2020年）》提出的扶贫目标为主，在可持续发展理论以及系统工程理论的基础上，通过致贫原因的分解分析，从政策相关性、扶贫效率、扶贫效果和可持续发展能力四个方面的内容着手，对农村扶贫绩效进行评估。这里的政策相关性指标强调涉农、惠农政策以及经济因素对减贫效果的影响，研究者选取的指标包括农村税收改革对扶贫的影响、农村医疗保障对扶贫的影响、义务教育政策与减贫的关联度等。也有学者提出，政府开展扶贫项目不像单纯的经济投资项目，仅从经济利益出发。对政府扶贫项目的评估，要更全面、有效地考察其管理与运行绩效，必须按照政府开展扶贫项目活动的逻辑顺序和运行过程开展。在对扶贫项目的影响评价中，除了考察经济绩效指标外，也要将社会发展、生态环境等综合指标纳入考察体系，重视项目的可持续发展。具体详见图3-1。

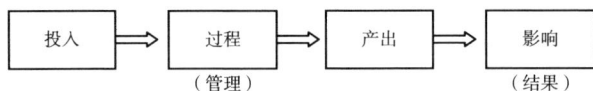

图3-1 传统的扶贫项目绩效评估指标体系构建思路

世界银行同中国政府合作的扶贫项目在国内都取得了较为显著的成效，这离不开世界银行项目体系先进、科学的开展思路和管理程序。世界银行的项目监评指南中提到，一项完整的评估工作需要从回答以下几个问题展开：第一，我们为什么要实施这一项目（目标）；第二，项目将要实现什么（影响）；第三，项目的执行范围即产出需要执行哪些关键的活动；第四，需要哪些资源实现项目的执行（投入）；第五，影响项目成败的有哪些潜在因素（风险）；第六，是基于什么样的假设设计项目的；第七，应该如何检验（数据与方法）项目成败。通过上几个问题的回答，基本能够确定评估工作的开展思路，包括项目会产生的目标、影响、产出、投入、风险以及评估所需的数据和方法。这对实际评估工作有了较为明确的指导。

2. 评估思路的评述

从项目管理和系统论的角度看，现有评估思路具有较强的科学性和实践指导性，紧密结合扶贫项目同一般管理项目的共性及特殊性。通过对扶贫项目中有关投入、过程、产出以及影响的分解，选取反映多维扶贫成效的指标进行评估，能够较为全面合理地剖析项目开展存在的弊端和优势之处。因此，在现有思路在评估实践中，也得到了较为广泛的应用。但是在新的政策背景下，已有评估思路是否适用需要我们做进一步的考察。

首先，结合当前我国农村贫困的特征分析，致贫原因多样化、贫困人口外出务工比例快速扩大、返贫率居高不下等，对现有扶贫项目的选择和开展也提出了更多的要求，这使绩效评估也相应变得复杂起来。尽管现有评估思路在项目管理角度具有相当的科学性，但是面对上述综合多变的贫困特征，要想准确评估扶贫项目是否符合区域实情和百姓需求、开展方式和手段是否切实可行，则较为困难。

其次，前文的研究已经明确了"精准扶贫"的有关内涵，精准扶贫思想在通过扶贫项目的形式实现的过程中，需要在瞄准对象和瞄准需求的前提下，因地制宜、科学合理地分配扶贫资源，采用针对性帮扶手段，确保脱贫成果和扶贫资源的高效利用。在此情况下，强调用精准的手段，突破扶贫瓶颈、提高成效。扶贫项目绩效评估体系的形成，既是实现扶贫数据化建设的必要前提，也是精准扶贫的信息决策基础。那么，按照传统的思路进行评估，能够把握扶贫项目的必要绩效环节，包括基本的扶贫投入、扶贫产出、项目管理和扶贫成效；但是，按照新的精准扶贫指导思想，则缺乏针对性评估环节，无法从"贫困瞄准"角度挖掘影响扶贫项目绩效发挥的深层次原因；并且传统评估思路缺乏对建档立卡数据的有效利用，同扶贫信息体系的融合不够，不能满足扶贫信息化的构建要求。

二　现有扶贫项目绩效评估流程及评述

1. 现有评估流程

出于不同的扶贫绩效评估目标和思路，评估的具体步骤也有所不同。前人提出的有关评估流程大致分为三到七个步骤。例如，霍哲教授认为评估一般包括七个步骤，即"确定待评估项目、评估目标和期望的结果、制定评价指标、设置评估标准、监测和记录、撰写评估报告以及评估结果的应用"。范柏乃（2005）提出绩效评估的制定计划、建立组织、构建指标、收集信息、选择计量方法、撰写报告、结果的反馈和应用七个基本程序。杜润将绩效评估大致分为五个步骤，即选取目标、设置指标、采集信息、分析报告和质量控制。蔡立辉（2002）就政府绩效评估提出，一般的评估流程应划分为五个步骤，即资料数据收集、评估目标敲定、划分评估项目、测定绩效、转化评估结果。同时，蔡立辉等认为，绩效评估管理是一个包括了评估计划拟定、计划实施、绩效评估、结果反馈与绩效改进等环节在内的、完整的螺旋式循环过程。彭国甫等（2008）指出，绩效评估是在学习借鉴前次评估基础上的螺旋式上升的循环进程，由前期准备（确定评估项目、制定评估方案）、评估实施和结果运用三个步骤组成。

世界银行的项目评估体系，认为一个完整的项目评估工作的开展，并不是快刀斩乱麻的活动，也不像搭积木或者用文字处理程序检查拼写错误。相反，评估是一种实践。在设计评估方案时，必须根据特定的项目环境进行调试，在评估实施过程中还要不断地修订和修改。某项评估的特定范围和形式，主要取决于评估的目的和评估结果的受众、被评估项目的性质以及评估实施的政治和行政环境。同世界银行项目评估思路一样，确定评估工作的步骤，可也以通过回答以下几个问题来着手：为什么要进行评估以及评估体系应该怎样起到作用，即确立评估的目的和目标；我们通过哪些内容评估可以帮助项目更好地运行，即弄清绩效问题、所属数据以及指标；如何将所需的数据收集起来并归类，即制定数据收集和整理计划；如何理解收集的数据并利用它们进行项目改进，即制定反馈和通报计划（沟通和反馈）；需要哪些东西才能够确保评估体系正常运行，即筹划评估必需的条件和配套资源。具体详见表 3 - 1。

表 3 - 1　世界银行项目评估步骤

顺序	需要回答的问题	评估步骤
1	为什么要进行评估以及评估体系应该怎样起到作用	确立评估的目的和目标
2	我们通过哪些内容评估可以帮助项目更好地运行	弄清绩效问题、所属数据以及指标
3	如何将所需的数据收集起来并归类	制定数据收集和整理计划
4	如何理解收集的数据并利用它们进行项目改进	制定反馈和通报计划（沟通和反馈）
5	需要哪些东西才能够确保评估体系正常运行	筹划评估必需的条件和配套资源

2. 评估流程的评述

从现有项目绩效评估的流程看，无论评估步骤的差异多大，大致都包含了评估前期准备、评估中过程、评估后的反馈，并强调评估步骤的循环。对多维综合且持续周期较长的扶贫项目来说，螺旋式循环评估步骤能够在一定程度上实现对扶贫项目有效的跟踪管理和对问题的及时反馈，具有相当的科学性和合理性。但"精准扶贫"的全面开展，对扶贫项目的评估有了新的要求。

首先，扶贫项目绩效评估体系要起到良好的监督和支撑作用。实现"精准扶贫"的必要前提是构建扶贫信息网络，形成一套完整的扶贫对象识别、扶贫对象帮扶、扶贫过程监控、扶贫资金项目监管、扶贫成效评估、扶贫对象动态管理的业务流程。扶贫项目评估作为扶贫信息网络的主要构成部分之一，目的是通过跟踪监测扶贫项目，要能够起到事先预警、事中监控、事后评价的作用，以确保扶贫资源安全高效使用，并且要通过统一的评估体系实现扶贫工作的科学化、规范化和公开化。其次，扶贫项目绩效评估要实现与建档立卡的有机结合。建档立卡从经济、社会的多个维度对贫困人口以及贫困地区进行识别、登记和跟踪，建立相关数据信息系统，既有助于评估主体或是决策部门了解贫困地区的贫困状况和致贫原因，帮助建档贫困对象掌握自身脱贫发展情况和政府扶贫的实施效果，也能够为评估工作提供所需基本贫困数据，用来对扶贫项目的瞄准绩效、减贫效果等进行监测，以此作为扶贫项目评估的重要依据。最后，扶贫项目评估应为精准扶贫奠定管理和决策基础。就扶贫项目自身而言，对其实行评估与监测，一方面及时发现项目问题，总结项目经验为后续扶贫工作提供借鉴；另一方面根据评估结果调整项目策略，以期达到最佳的扶贫资源配置，实现最佳的扶贫效果。从整个大扶贫格局而言，各个扶贫项目的监测评估数据是构建扶贫信息系统的基础，可以通过各项目的数据对比分析，了解不同项目类型的扶贫效果和优缺点，掌握项目开展的新问题、新趋势，为国家扶贫决策分析报告提供支持，实现扶贫开发政策制定和决策的科学化。

鉴于上述要求，现有绩效评估的螺旋式循环步骤，有利于对扶贫项目绩效评估进行反馈，为扶贫绩效信息体系的形成奠定基础。但是从建档立卡数据结合的角度来看，还需增加必要的数据应用和收集步骤。能够为贫困对象选择、贫困需求瞄准等方面的绩效评估，提供数据基础。除此，已有的评估步骤对于绩效监测的设计不足，例如基于科学评估的监测内容的设定和区分、监测数据收集和监测报告在评估中的应用等，不利于形成持续有效的决策基础。

第二节　精准视角下扶贫项目绩效评估的思路与流程

一　扶贫项目绩效评估的总体目标

就扶贫项目而言，评估的本质就是按照既定的目标，通过对扶贫项目从开始实施到后续影响的过程进行监测，为决策者和管理者持续提供项目进程与目标实现情况的数据，然后通过评估来监督扶贫项目在提供的资源和规定的时间内是否能有效地实现项目的宗旨。因此，在构建扶贫项目绩效评估的思路、流程、方法和指标之前，需要明确开展评估工作的目标。

1. 发现扶贫项目资金和管理中存在的漏洞

首先，开展扶贫项目是希望通过扶贫资源的投入帮助贫困地区发展，帮助贫困人口解决生产生活困难，提高自身创收能力进而实现脱贫致富。扶贫资源的大量投入，必定导致资源浪费、资源挪用等一系列问题，使得扶贫效果大打折扣，无法实现预期目标。通过对扶贫项目有效地跟踪监测和评估，及时掌握扶贫资源的总量、投放方式和去向，发现其中问题。从而预防扶贫资源被浪费、被挪用的现象发生，提高扶贫资源的利用效率。其次，扶贫项目的评估过程既包括对工作数据、调查数据的量化分析，也包括对管理机制、管理程序的定性分析。评估是要通过现场考察、文案查阅、访谈交流等方式，掌握项目管理的各个环节，以国家有关的政策指导和管理要求为依据，发现管理漏洞和违规之处，找出可能导致管理效率低下的因素，及时纠正，为项目的后续开展提供保障。

2. 分析扶贫效果及其持续性

扶贫项目实施的最终目的是达到预期的规划目标和减贫效果。对扶贫项目进行监测评估，能帮助评估主体在前期合理设计的基础上，进行具有针对性、持续性的数据搜集，为成效分析提供有力支撑。通过相关数据的分析，及时掌握扶贫项目的阶段性效果，评估项目目标的实现情况。并且通过科学方法预测项目的后续影响及可持续性，与后续跟踪监测进行比对。

3. 了解贫困人口发展需求

通过对扶贫项目的评估与监测，评估主体或决策者从收集的有关贫困人口的基本信息中，分析他们的个人基本特征、家庭结构、贫困状况、生产生活条件、收入结构及变化趋势等，掌握贫困人口的贫困特点和发展需要，然后采取有针对性的帮扶措施。并且，通过定期开展的满意度调查，了解贫困人口对政府扶贫工作的主观评价结果、意见以及他们的根本需求，帮助扶贫项目的后续改进。就范围区域而言，则是通过地区监测数据把握贫困地区整体的经济社会发展状况及扶贫政策的渗透力度，为扶贫决策和政策措施的出台提供参考。

4. 为决策者提供决策参考

评估所收集的数据和信息是项目管理及项目参与各方确认问题、制定关键策略、改进措施、修正计划、重新分配资源的基础。即使在项目完成后，评估仍然对决策具有重要作用。例如，作为监测功能部分的完工报告可以为后续活动提供建议，项目后的监测则在改进项目的持续性方面具有重要作用。因此，通过对项目、计划层面的一系列评估，以及政策及战略措施层面的评价构成了微观、中观和宏观全方位的决策支持依据，从而对提高决策的合理性、科学性具有重要的作用。

二 扶贫项目绩效评估思路

在前文的研究中，已明确了瞄准贫困对象对扶贫项目整体绩效发挥有所影响。尽管前人的评估思路在实践中得到了较为广泛的应用。但是在新政策背景下，如果仍旧按照原有的思路进行评估，则无法从"贫困瞄准"角度挖掘影响扶贫项目绩效发挥的深层次原因。因此，本书在构建评估体系的过程中，除了借鉴前人思路外，还有进一步的创新和改进，以适应新的评价背景和评价对象。

首先，从可持续发展观角度看，精准扶贫绩效的评估管理具有目标多元性、层次复杂性和过程持续性。根据我国农村扶贫开发实践情况，精准扶贫绩效的评估目标多元化，涉及经济目标以及社会目标，即要从扶贫项目实施地区或对象的经济发展、社会发展、生态环境、生活质量、民主水平等多个角度对其绩效进行考核。基于可持续发展的理论，就是要在以上多元化的基础上，协调各目标使其相互配合，实现对精准扶贫绩效的科学、客观、综合评估。此外，绩效评估必须根据具体情况，合理设置绩效评估指标。由于我国地域广阔，各地农村经济发展水平不均衡，自然条件环境差异很大，社会发展各不相同，在建设过程中，只能按照各地的具体情况，根据可持续发展的原则和要求，合理设置资金绩效管理目标，减少管理目标之间的矛盾冲突，同时减少实践中的不确定性。

其次，要根据精准扶贫工作机制的指导思想，结合扶贫项目开展地区的实际情况进行评估设计。要强调扶贫瞄准的关键性，并以地区和人口的贫困特征为重要依据，能够在评估中反映项目各环节尤其是瞄准方面存在的问题。同时，还要与建档立卡数据有所衔接，即能够利用建档立卡数据从扶贫项目开展对覆盖地区贫困状况、贫困特征的契合、对贫困人口需求的呼应以及项目开展有效性和可行性等方面，对项目的瞄准绩效、资金使用绩效、管理绩效、减贫成效等进行更为全面、深入的评估。

按照以上准则，可进一步细化为具体的操作步骤，并构建起一套尽可能客观、可行的精准扶贫项目绩效评估指标体系，如图3-2。该体系以贫困瞄准为核心，在对扶贫资金投入、使用和项目开展与管理的基础上增加扶贫资金和扶贫项目对贫困对象的瞄准评估，强调扶贫绩效水平的提高是以精确瞄准贫困对象为前提的。

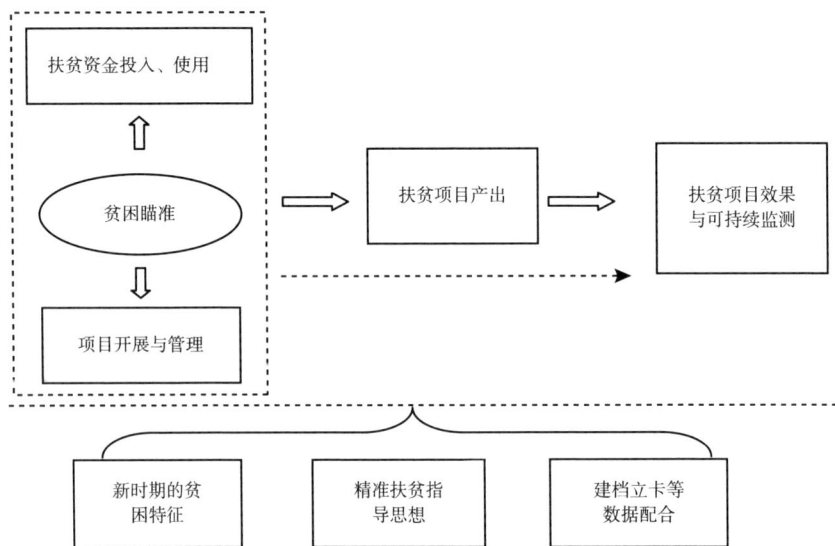

图3-2 精准扶贫背景下扶贫项目绩效评估指标体系

三 扶贫项目绩效评估步骤

在已有成果和案例的基础上，本书结合精准扶贫背景下扶贫项目的特殊性及其评估思路，通过借鉴施托克曼（2012）等学者的研究经验，将扶贫项目绩效评估工作的流程主要划分为三大阶段及五大步骤，三大阶段即评估规划阶段、评估实施阶段以及评估应用阶段，对应的五大步骤即明确评估意图、制订评估方案和进度计划、数据收集准备、数据收集和处理应用、评估结果及建议的反馈和应用。详见图3-3。

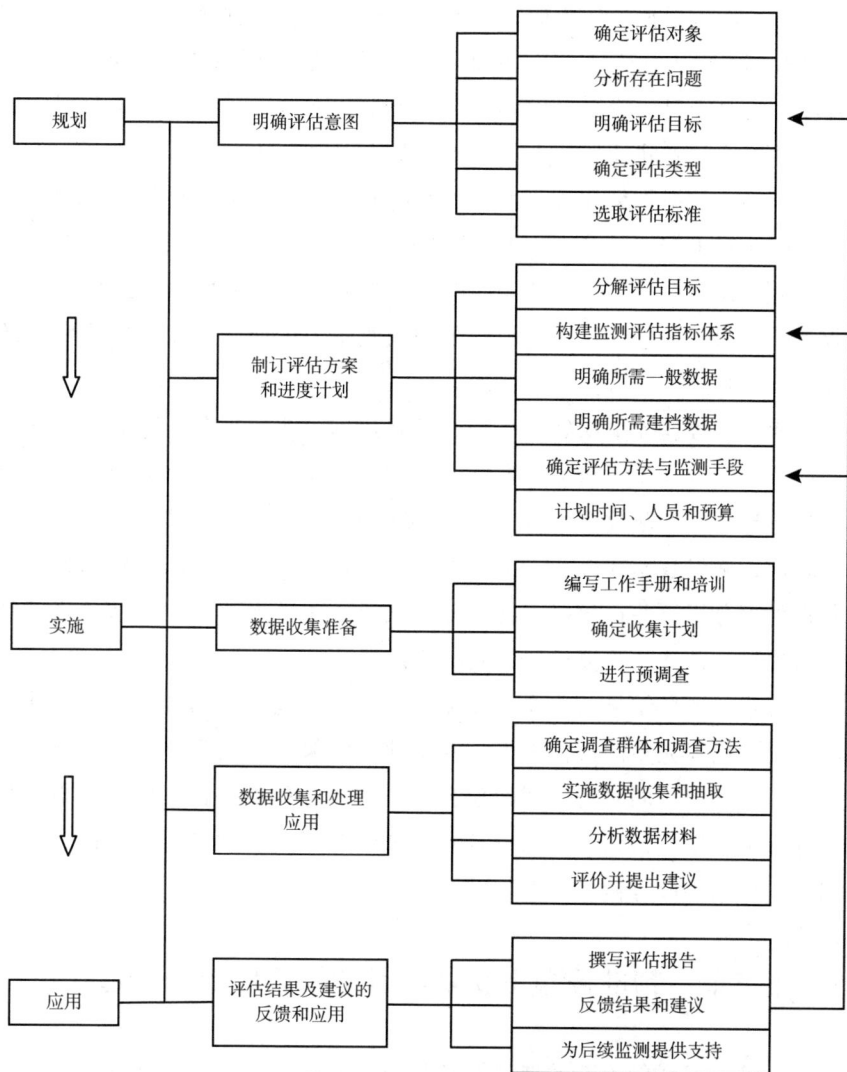

图 3 - 3　扶贫项目绩效评估工作的开展步骤

第一步，明确评估意图。首先要确定评估的对象是什么，对评估对象进行初步诊断，找出可能存在的问题。然后明确评估目标，并根据目标和评估对象，确定各部分评估的类型和评估标准。

第二步，制定评估方案和进度计划。首先将评估目标分解为具体的评估内容，并以此为基础选定评估指标，构成评估指标体系。并且确保指标易于监测。然后根据评估指标，确定所需的数据和文件资料，以及收集这些数据和资料的方法、方式、范围等。之后，根据评估指标和数据类型，以及项目实际情况，确定采用哪种评估方法。在此基础上，制定数据收集以及评估工作的时间计划和人员安排以及所需预算等。

第三步，数据收集准备。由于数据的质量关乎评估结果的合理性与准确性，因此对于数据收集的过程一定要严格把关。首先，要编写工作手册，对数据收集人员进行培训，让他们掌握必要的收集技术。然后确定数据收集的计划，并进行必要的预调研和预收集，以便及早发现可能存在的问题。

第四步，数据收集和处理应用。做好数据收集的准备工作后，就要正式开展工作了。首先，瞄准调查群体后实施数据收集。收集完成后，要对数据进行整理，判断数据的质量，如有问题进行必要的反馈、补充和重收集。其次，确保数据齐全后，按照事先制定好的评估方法和评估指标，进行数据处理分析，并在数据、材料分析结果的基础上，对项目绩效进行评估，得出评估结论，并提出针对性的建议。

第五步，评估结果及建议的反馈和应用。在完成评估结论和提出建议的基础上，撰写完整的评估报告，并将评估结果和评估建议反馈给项目实施者或主管部门。同时为后续的项目监测和评估提供支持，调查分析评估建议在多大程度上得到了应用以及它是如何对项目实践产生影响的，对评估目标、评估手段等做出调整。

第三节　精准视角下扶贫项目绩效评估的方法选择

随着评估实践的不断发展以及各学科的互通融合，绩效评估方法也逐步多样化。针对不同的绩效评估，有不同的评估模型。按照不同的划分标准，绩效评估方法分类也各有不同。一是根据评价依据的不同，可以分为主观评估法和客观评估法。主观评估主要是以评估者的主观判断为依据做出评估结论，客观评估则是以客观事实为依据做出评估结论。一般都是主观与客观评估结合应用。二是根据评估过程所采用手段的不同，可以将评估方法划分为定性评估和定量评估。定性评估主要针对的是难以用数量关系进行描述和评估的内容，例如，判断扶贫项目的执行是否符合相关政策规定、操作规范或是相关的法律法规等。但是单纯的定性评估应用较少，往往是同定量评估结合应用。定量评估方法，则是通过数据分析和数量关系对比，判断评估对象的绩效优劣程度，进而做出评估结论。定量分析的优点在于，能够简单地按照清晰的决策规则对结果进行解释，这种解释能够被他人所理解，并且易于比较。本书主要选择适用的综合评估方法以及扶贫瞄准精度评估方法，并结合现有研究数据进行评述。

一　扶贫项目绩效综合评估方法

1. 评估指标体系法

评估指标体系是指由能够反映评价对象特性以及相互联系的多个指标所构成的具有内在结构的有机整体。评估指标体系是根据不同的评估目的和评估对象，选择能够全面反映其特征和关联性的数量关系，即指标。评估指标的选取往往要遵循科学性、代表性、简洁性、可比性等原则，且按照制定的评估思路进行构建，例如表 3-2。评估指标体系主要是一种定量评估法，即使是定性评估内容，也需要将其转化为定量指标进行分析。通过这种定量分析，能够发现评估对象各主要构成部分的特征和状况，找到其内在本质规律。将评估指标赋值后，可以根据各指标分值排序，比较绩效的优劣。例如，杨照江（2006）从定性与定量两个方面，确定我国扶贫资金绩效评估的指标，这些指标包括制度绩效、经济发展、社会进步以及生态环境等四个方面的具体内容，并形成了一个基本指标与修正指标的有机循环。姜爱华（2008）通过构建分类指标，对我国政府开发式扶贫资金的使用绩效进行了评估。此外，评估指标体系往往是进行专家打分、层次分析、数据包络分析、回归分析等综合评估的基础。

表 3-2　扶贫项目绩效评估的一般指标

指标类别	具体指标
扶贫项目投入	扶贫资金投入数量、扶贫资金到位情况、扶贫资金利用率、扶贫资金投向等
扶贫项目管理	项目招投标、资金项目报账率、项目公示公告、项目违规违纪等
扶贫项目产出	项目建设内容完成率、项目计划内容完成率等
扶贫项目效果	经济效果：贫困人口减少率、恩格尔系数、收入增长率等 社会效果：学龄前儿童入学率、失学率、新农合参合率、通水通电比率等 环境效果：退耕还林还草率、森林覆盖率、自然灾害发生率、植树造林率等

2. 计量回归方法

计量回归方法主要是通过构建一元或多元回归模型，一般以项目成效作为因变量、项目投入作为自变量。然后根据得出的回归结果分析项目投入对项目成效的影响。在扶贫项目绩效评估中，往往是将减贫率、收入增长率或基本保障事业改善情况等作为因变量，将扶贫资金投入作为自变量，以分析扶贫项目投入对扶贫效果的影响。例如，刘冬梅（2001）采用计量模型的分析方法，通过建立中央扶贫投资效果指标体系，分别从扶贫资金投向和扶贫资金的构成来评估扶贫资金投入对贫困地区发展效应所产生的影响。朱乾宇（2004）通过计量回归分析方法，评估了财政扶贫资金的投入额及具体投向，在提高农业生产总值和农民纯收入、降低农村贫困人口数量及比例方面的贡献，发现扶贫资金投入增加对提高农业生产总值和农民纯收入、降低农村贫困人口数和贫困比例都具有非常明显的绩效。

例如，以 2002~2010 年我国扶贫重点县的相关数据，通过线性回归的方法对该时期我国扶贫资金投入的减贫效果进行分析。首先，在回归分析中以 2002~2009 年我国扶贫重点县扶贫资金投入总额作为因变量 y。自变量 x 则包括贫困发生率、人均纯收入增长率、五等分组人均纯收入增长率。构建的一元线性回归模型如下：

$$y = \alpha + \beta x + \varepsilon \qquad\qquad (3-1)$$

其中，α 为模型截距，β 为回归系数，ε 为随机误差。

由于扶贫资金投入的成效具有时间滞后性，往往当年的资金投入在下一年才会产生影响。为了避免时间滞后效应，这里采用较为简便的处理方法，自变量取值选取对应后一个时期的数据，即 2004~2010 年。选定各变量后，分别进行一元线性回归，回归结果如表 3-3。结果显示，扶贫重点县扶贫资金总投入对于选取的各自变量的影响都是显著的。自变量贫困发生率的回归系数为负，通过显著性水平 $P < 0.01$ 的检验表明随着扶贫资金投入增长，贫困发生率是下降的，解释率为 68.5%。人均收入增长率通过了显著性水平为 $P < 0.001$ 的检验，且系数为正，扶贫资金的影响较为显著（$R^2 = 0.8768$）。我们将扶贫资金总额与低收入组、次低收入组、中等收入组、次高收入组以及高收入组分别进行回归，结果显示收入五等分组的人均收入增长率都通过了显著性水平为 $P < 0.001$ 的检验。其中，从回

归系数来看，扶贫资金对于低收入组的人均收入增长的影响程度是最大的，并按照收入组别由低到高逐步递减。这说明，扶贫资金的投入对于贫困人口增收尤其是低收入人群的增收是有效果的。

表 3 - 3　国家扶贫重点县扶贫资金绩效回归分析结果

变量		投入总资金		
		R^2	系数	显著性
贫困发生率		0.6854	- 13.2545	**
人均收入增长率		0.8768	0.0949	***
五等分组收入增长率	低收入组	0.8676	0.3358	***
	次低收入组	0.8849	0.1918	***
	中等收入组	0.8859	0.1387	***
	次高收入组	0.8895	0.1010	***
	高收入组	0.8800	0.0577	***

注：显著性水平 $P < 0.05^*$，$P < 0.01^{**}$，$P < 0.001^{***}$。

除此，计量模型中的多元线性回归、Logistic 回归模型等也较为常用。例如在扶贫项目瞄准绩效的评估中，扶贫资金投放对需求瞄准的评估，可借助扩展的 C - D 生产函数构建多元回归模型。例如可以通过考察扶贫资金的贡献率，看各类资金投入对减贫的作用大小是否符合贫困地区的发展和贫困农户的需求。资金的投向大致包括种养殖业等生产行业投入（x_1）、基础水利设施投入（x_2）、教育培训投入（x_3）、道路设施投入（x_4）以及卫生设施投入（x_5）。因此改造后的生产函数为：

$$y = A\, x_1^\alpha\, x_2^\beta\, x_3^\gamma\, x_4^\delta\, x_5^\theta \tag{3 - 2}$$

其中 x_i 分别表示五类用途资金的投入额，y 是贫困发生率，α、β、γ、δ、θ 分别是五类扶贫资金投入的产出弹性系数。将生产函数两边取对数，得到：

$$\ln y = \ln A + \alpha\ln x_1 + \beta\ln x_2 + \gamma\ln x_3 + \delta\ln x_4 + \theta\ln x_5 \tag{3 - 3}$$

通过最小二乘法，得到回归系数，由于 y 是贫困发生率，所以取各弹性系数绝对值并排序，来判断五类资金的投入对减贫的贡献率。然后同扶贫各类投向资金额大小进行对比，看是否符合地区发展需求。

在回归的过程中还会存在多重共线性、异方差等问题需要用相关技术进行处理。总的来说，计量回归方法能够较为直观地观察扶贫投入等要素对项目成效的影响程度，且更多是数量关系的体现。但是这种方法较难把握扶贫项目绩效发挥的过程和存在的管理问题。

3. 数据包络分析

数据包络分析法（Data Envelopment Analysis，DEA）在目前的绩效评估实践中应用也较为广泛，它是由 Charnes 和 Copper 等人创建的一种评价方法。这种方法通过数学规划模型，计算、比较决策单元（DMU）之间的相对效率，然后评价研究对象。该方法最大的特点在于，无须事先设定各指标的权重参数，它以方案的各输入输出指标的权重为变量，避免了主观因素的较大影响，从而减少误差，提高评估可靠性。各种 DEA 模型的研究应用较为广泛。DEA 在研究"多投入、多产出"的生产函数方面的应用，由于不需要预先估计参数，可以避免主观因素、简化算法和减少误差，提高评价的可靠性。DEA 的基本模型为 CCR 模型，当 CCR 模型放松了规模报酬不变的假设，可以得到 BCC 模型。

设有 n 个决策单位，每个 DMU 有 m 种投入和 s 种产出，x_{ij} 是第 j 个 DMU 对第 i 种投入量；y_{rj} 是第 j 个 DMU 对第 r 种的产出量（其中 $1 \leqslant i \leqslant m$，$1 \leqslant r \leqslant s$）。则 DEU_k 输入的 CCR 模型如下。

$$\min \theta$$
$$s.t. \begin{cases} \sum_{j=1}^{n} \lambda_j x_j \leqslant \theta x_k \\ \sum_{j=1}^{n} \lambda_j y_j \geqslant y_k \\ \lambda_j \geqslant 0, j = 1, 2, \cdots h \end{cases} \tag{3-4}$$

上式中 θ 是第 k 个决策单元的效率值，当 $\theta = 1$ 时，表示该决策单元相对是有效的，当 $\theta < 1$ 时，表示该决策单元是 DEA 无效。这里以扶贫资金投入效率考察为例，投入指标选取的是 2002～2010 年我国扶贫重点县不同来源的扶贫资金，包括中央扶贫贴息贷款累计发放额、中央财政扶贫资金、以工代赈、省级财政安排的扶贫资金、利用外资、其他资金。产出则是 2002～2010 年我国扶贫重点县贫困发生率的减少量。通过标准化处理和模型计算后，从得到的输出结果可以看出 2002～2008年我国的扶贫资金效率都为 1，是 DEA 有效的。2009 年和 2010 年的效

率值小于 1，说明这两个年份效率是 DEA 无效的，存在扶贫资源浪费的情况。但是利用上述 DEA 的 CCR 模型无法对其他 DEA 相对有效单元的效率进行排序以做评价。鉴于此，需要借助超效率 DEA 模型（Super-efficiency DEA）进行分析。

超效率 DEA 模型的基本思想是在对第 j 个决策单元效率进行评价时，其他所有决策单元的投入和产出的线性组合替代该决策单元的投入和产出，并不包括第 j 个决策单元。一个有效的决策单元可以在效率保持不变的前提下按照一定比例增加投入，超效率值则是其投入增加的比率，具有较大超效率的决策单元更为有效。在超效率 DEA 模型中，无效率决策单元得到的效率值与 CCR 模型一致，但相对有效的决策单元的效率值则有可能大于 1，与 CCR 模型不同，这样就可以进行排序并以此作为决策基础。基于上文的研究数据，进一步采用超效率 DEA 对扶贫资金效率进行计算，得出的排序结果如表 3－4 所示。根据排序后的超效率值，就可以对历年扶贫资金的效率做出评价。

表 3－4 我国扶贫瞄准绩效的 DEA 超效率分析

年份	超效率值	排名
2002	1.6476	1
2003	1.0528	7
2004	1.0692	6
2005	1.1834	4
2006	1.1471	5
2007	1.2036	2
2008	1.1896	3
2009	0.9514	9
2010	0.9918	8

4. 层次分析法

层次分析法（Analytic Hierarchy Process，AHP）主要适用于多目标、多准则、决策结构复杂的决策问题。该方法是 20 世纪 70 年代中期由美国运筹学家 T. L. Saaty 提出的。它将有关元素分解成目标、准则、方案等层次，通过两两比较的方式确定层次中诸因素的相对重要性，进行单一准则下相对权重计算和一致性检验，然后综合人的判断以决定诸因素相对重要性的总排序。它体现了决策思维的系统性、综合性与简便性的基本特征。层次分析法大致包括明确问题、建立层级结构、构造判断矩阵、层次单排序及一致性检验、层次总排序、做出决策等六个步骤。这一方法在复杂决策过程中引入定量分析，并充分利用决策者在两两比较中给出的偏好信息进行分析与决策支持。

首先，在广泛征求专家意见的基础上，按照 1~9 标度及其倒数的标度方法建立指标相对重要度的判断矩阵 A，计算判断矩阵的每一行元素的乘积 $\prod = [W_1, W_2, \cdots, W_n]$、所对应的特征向量 λ_{max} 及最大特征值 $W = [W_1, W_2, \cdots, W_n]^T$，即各指标的权重：

$$\lambda_{max} = \sum_{i=1}^{n} \frac{(AW)_i}{n W_i} \qquad (3-5)$$

$$W_i = \frac{\bar{W_i}}{\sum_{i=1}^{n} \bar{W_i}} = \frac{\left(\prod_{j=1}^{n} a_{ij}\right)^{\frac{1}{n}}}{\sum_{k=1}^{n} \left(\prod_{j=1}^{n} a_{ij}\right)^{\frac{1}{n}}} \qquad (3-6)$$

其次，对判断矩阵进行一致性检验，检验指标为随机一致性比率 $CR = \frac{CI}{RI}$，其中：

$$CI = \frac{\lambda_{max} - n}{n-1} \qquad (3-7)$$

RI 参照同阶平均随机一致性指标值。当 $CR < 0.10$ 时，则认为判断矩阵的一致性较好。通过一致性检验后得到相关指标的权重值。

应用层次分析法解决扶贫绩效评价这类复杂的、多目标的决策问题时，只需要利用较少的定量信息就能使决策的思维过程数学化，避免了多目标、多准则、无结构特性的复杂决策问题的主观决策误差。但是值得指出的是。AHP 法也有其缺陷与限制条件：其一，判断矩阵偏好等许多主观因素的影响；其二，判断矩阵有时难以保持判断的传递性；其三，评价方案集中方案数的增减有时会影响方法的保序性；其四，由于政府绩效指标之间存在很强的相关性，层次分析法无法处理指标之间的相关性；其五，综合评价函数采用线性加权和式，因而有属性的线性及独立性的限制，不能盲目应用。

5. TOPSIS 法

TOPSIS（Technique for Order Preference by Similarity to an Ideal Solution）又称为优劣解距离法，是多目标决策分析中一种常用的有效方法，1981 年由 C. L. Hwang 和 K. Yoon 首次提出。它的基本思想是：基于归一化后的原始数据矩阵，找出有限方案中的最优解和最劣解，然后分别计算各评价对象与最优解、最劣解的距离，获得各评价对象与最优解的相对接近程度，并进行排序，以此作为评价优劣的依据。简要的 TOPSIS 法评估步骤如下：首先在以确定的指标权重基础上，建立决策矩阵得到 $X = [x_{ij}]$，x_{ij} 为第 i 个备选方案的第 j 个因素值。将决策矩阵进行无量纲化处理得到标准化矩阵 $Z = [z_{ij}]$，其中：

$$z_{ij} = \frac{x_{ij}}{\sqrt{\sum_{i=1}^{m} x_{ij}^2}}, (i = 1, 2, \cdots, m; j = 1, 2, \cdots, n) \tag{3-8}$$

根据决策者提供的权重向量 W，建立加权标准化决策矩阵：

$$V = (v_{ij})_{m \times n}, v_{ij} = w_j r_{ij} \tag{3-9}$$

接着，确定有限方案的最优方案 B^+ 和最劣方案 B^-，最优方案为 $B^+ = (B_1^+, B_2^+, \cdots, B_m^+)$，最劣方案为 $B^- = (B_1^-, B_2^-, \cdots, B_m^-)$。据此计算各项目与最优方案和最劣方案间的距离 D_i^+、D_i^-：

$$D_i^+ = \sqrt{\sum_{j=1}^{n} (v_{ij} - v_j^+)^2} \tag{3-10}$$

$$D_i^- = \sqrt{\sum_{j=1}^{n} (v_{ij} - v_j^-)^2}, (i = 1, 2, \cdots, m; j = 1, 2, \cdots, n) \tag{3-11}$$

最后计算各评价对象与最优方案的相对接近程度：

$$C_i = \frac{D_i^-}{D_i^+ + D_i^-}, (i = 1, 2, \cdots, m), 0 \leq C_i \leq 1 \tag{3-12}$$

然后根据各评价对象 C_i 值的大小进行排序，C_i 值越大，绩效水平越高。

TOPSIS 法的优点在于可以向决策者提供直接明了的可供参考的决策信息。其缺点是在多因素分析情况下，确定指标的权重较为困难，需要借助其他方法。赋权方法一般分为主观法和客观法，主观法例如钱吴永等（2009）利用灰色关联度确定指标权重，构建加权 TOPSIS 模型；

魏娟等（2005）利用 AHP 层次分析法对指标进行赋权；客观赋权法，例如陈鑫等（2009）运用主成分分析法将多个指标化成几个综合指标，然后根据主成分和各自方差贡献率来确定评价对象权重，蒋辉（2010）利用属性测度对 TOPSIS 模型评价的对象进行客观赋权，以克服主观赋权的影响。

6. 因子分析法

因子分析（Factor Analysis）由心理学家斯皮尔曼提出，是研究从变量群中提取共性因子的统计技术。基本原理是分类观测变量，将联系比较密切以及关联性高的归为同一种类。每一种类的变量被看作一个公因子，代表着一个互相之间关联性较低的基本结构。进行因子分析的目的是通过少数因子，去表达众多指标或因素之间的关联关系，即将每个包含几个联系比较紧密的变量的类变量作为一个因子，然后通过这几个少数的具有代表性的类因子去传达原始资料当中的多数信息量。

因子分析模型的最终目标不单是找到主要因子，更主要是为了知道每个主要因子的实际意义，以便分析实际问题的本质。当求出的主要因子解得到的各主因子的代表变量不是很突出时，需要借助适用的因子旋转得出较为满意的主因子解。最常用的因子旋转是通过最大方差正交旋转法。因子分析模型建立后，通过应用该模型评价整体当中的每个样本作用和地位，做出综合性的评价。因子分析常有以下四个基本步骤：第一，检测分析对象的原变量是否适合进行因子分析；第二，构建因子变量；第三，利用旋转法使原本不显著的因子更具可解释性；第四，计算因子的得分然后排名评估。

具体的过程，首先，采用 KMO 值以及 Bartlett's 球形检验，分析该数据能不能进行因子分析。其次，由于各类指标的统计量单位有差异，将指标数据进行标准化处理后用于因子分析。再次，对选取的指标进行主成分提取，即确定因子。之后通过正交旋转法提取了公因子。最后，根据旋转后获得的公因子的方差贡献率以及因子得分，计算客观绩效的总分值。各因子旋转后得到的方差贡献率作为权重值，指标函数即为各因子的线性组合。即：

$$F = \frac{(W_1 F_1 + W_2 F_2 + \cdots + W_m F_m)}{(W_1 + W_2 + \cdots + W_m)} \tag{3-13}$$

其中 W_i 为旋转前或旋转后因子的方差贡献率。

7. 方法总结

通过以上几种评估方法的介绍，可以看出每种方法都不是完美无缺的，都是既有优点，同时也存在一定的缺陷。出于这样一种实际问题，人们开始研究尝试两种方法的综合应用，从而实现取长补短、优势并存的效果，做出更加科学合理的评估结论。在实际的扶贫绩效评估工作中，也多是不同方法综合应用。比如扶贫评价指标法，与结合主观赋权和定量分析的 AHP 层次分析法、TOPSIS 法等的配合使用；指标法与以客观数据为基础进行定量分析的模型方法如数据包络分析法（DEA）、计量回归模型等的结合。可用于评估扶贫资金的使用效率以及减贫成效。综合评估方法的应用较为广泛，它既可以从定性的角度把握扶贫项目是否合乎规定、制度，也可以通过大量的数据统计和模型分析评估项目绩效，令评估结果更具说服力。

二 扶贫瞄准绩效的评估方法

1. 指标评估法

目前对于扶贫瞄准的评估方法主要包括评估指标法以及利用计量模型进行估算的评估方法。评估指标法，主要采用的评估指标包括瞄准贫困户比例等。在相关的绩效评估实践中，指标法的应用较为简单方便，能够直接通过指标数据反映客观事实，指标法的数据来源一般是扶贫实施部门提供的工作数据，包括建档立卡数据、扶贫名单等。

2. 计量模型评估法

在缺乏相关工作数据的情况下，可以借助农户贫困调研数据，通过计量回归模拟来分析贫困户的瞄准情况。具体来讲，计量回归模型主要是通过估算样本农户的收入贫困情况与实际调研结果进行对比，然后计算出瞄准准确率和瞄准漏出率等，以评估扶贫项目的瞄准绩效。例如，汪三贵等（2007）曾利用国家统计局农村贫困监测数据和计量经济模型来识别农户贫困和准确度。并且讨论了 Ward 等（2001）的"为瞄准贫困家庭和个体，可以利用住户调查资料和现代计量经济分析方法来建立贫困识别模型"观点和方法。叶初升等（2012）利用贵州贫困地区农户的调研数据，通过代理测试法对农户是否贫困进行估计并分析瞄准精度，即构建多元回归模型、逻辑回归模型等并运用能够反映居民收入或消费的相关变量估算出农户的生活水平，并计算瞄准精度来衡量贫困瞄准绩效。

本书以多元回归模型和 Logistic 回归模型为例。多元回归模型主要是基于农户的个人、家庭等特征来估计农户的贫困情况，并分析瞄准精度。Logistic 回归模型，则是基于以上变量预测住户为贫困户的概率并分析瞄准情况。多元线性回归模型（最小二乘法多元回归）方程为：

$$y_i = \alpha + \beta_i x_{ik} + \varepsilon_i \tag{3-14}$$

其中，y_i 为因变量，x_{ik} 为自变量，α 为模型截距，β_i 为回归系数，ε_i 为随机误差。Logistic 回归模型方程如下：

$$\log it\ (y) = \ln\left(\frac{p_i}{1-p_i}\right) = \alpha + \beta_i x_{ik} \tag{3-15}$$

其中，$p_i = p\ (y = 1 \mid x_{ik})$ 是自变量为 x_{ik} 情况下事件发生概率，y 是取值为 1 和 0 的二分变量，x_{ik} 是影响 y 的自变量。

多元回归中的因变量一般为贫困地区农户的年度家庭人均消费支出，并取对数。原因主要有二：其一是个人更偏好于从时间上平滑其消费趋势，支出年度波动小于收入的年度波动，因此相对于收入，支出可以更好地衡量当期和长远的福利水平；其二是样本住户的生产成本如果高于产出，收入就为负值。然而对于负值，无法实现对数转换（汪三贵等，2007）。Logistic 回归的因变量是贫困地区农户年度家庭人均消费支出按照当年贫困线进行划分，来确定二分因变量的。小于贫困线为贫困，变量取值为 1，大于贫困线为非贫困，变量取值为 0。多元回归与 Logistic 回归的自变量选取都是能够反映农户家庭福利和贫困状况并易于收集的变量。主要包括农户家庭特征、基本生活条件、资产情况、经济活动参与情况、社会服务获得等。并且，因变量家庭人均消费支出和自变量家庭人口总数取对数处理。

在回归结果的基础上，对多元线性回归进行异方差检验中，通过非标准化残差序列的绝对值与解释变量的 Spearman 相关系数，判断是否存在异方差，如果存在则采用加权最小二乘法进行修正。再根据所有变量的 VIF 值判断是否存在多重共线性问题，以 Durin - Waston 检验判断是否存在序列相关。在 Logistic 回归中，则采用 Hosmer – Lemeshow（H – L）指标判断模型的拟合优度以及模型的 χ^2、$d.f.$ 值判断自变量对因变量的解释度是否良好。

瞄准精度分析，则是在回归结果的基础上，通过计算瞄准漏出率（即将贫困人口瞄准为非贫困人口的比例）、溢出率（即将非贫困人口瞄准为贫困人口的比例）来说明地区扶贫策略对贫困人口的瞄准情况，是否存在严重的漏出和溢出现象。

3. 方法总结

以上计量模型方法与评估指标法的不同在于，单一评估指标法计算较为简单，例如通过借助某一类扶贫项目覆盖的项目户（村）名单，结合建档立卡数据，计算出项目户（村）中贫困户（村）所占比例。这种方法是基于肯定国家对贫困识别准确的前提下，且借助于项目覆盖的名单，主要适用于单个扶贫项目的瞄准评估。综合扶贫由于包含多个项目，其整体贫困瞄准就比较难以计算。而计量模型评估方法，则不存在这样的问题。计量模型基于调研数据，通过回归影响农户贫困状况的变量数据，模拟计算出瞄准精度。但弊端是该方法的结果是通过模型估计所得，受样本数据质量、回归技术等影响，会存在一定的偏差。

第四节　精准视角下扶贫项目绩效评估的指标体系

完善的扶贫项目绩效评估体系，除了包含必要的评估目标、评估流程、评估方法外，还需要构建一套科学合理又实用的评估指标体系。在精准扶贫的背景下，对扶贫项目的绩效评估既要以扶贫瞄准为核心，也要综合考虑扶贫项目的投入及其发挥作用的过程，并结合扶贫目标的实现程度对整体绩效做出客观的评估。本部分在明确评估目标的基础上，按照前文确定的评估思路，采用经验选取评估指标、数量模型筛选评估指标等步骤，构建简洁实用、定性定量相结合的评估指标体系。

一　扶贫项目绩效评估指标的构建流程

扶贫项目绩效评估的指标构建是一个系统流程，一般的步骤是在有关项目绩效监测评估的因素或特殊性分析的基础上，明确评估目标，进一步对目标进行分解，确定需要监测评估的主要内容，初步选取指标，然后进行指标筛选，最后确定指标的权重。

1. 绩效评估目标分解

扶贫项目绩效评估指标构建的基本途径是分解目标，即通过分解绩效评估目标来形成指标体系。在分解目标时，要保持两个一致，一是指标与评估目标相一致，二是分解目标与实际情况相一致。扶贫项目绩效监测评价体系具有一定的复杂性，资金来源、使用途径、管理方式等分类较多，产生的绩效也多元化，因此评估目标分解不可能一次达到要求。这需要通过逐层分解来实现指标的可测性、符合指标原则，一般细分到三至四层。另外，目标分解后得到的指标还要有一定的灵活性，以满足不同地区扶贫项目的绩效评估工作，因此也不能过于细化，使评估应用时遇到测量困难。

2. 确定评估指标内容和初选指标

在分解扶贫项目绩效评估目标后，按照既定的指标构建原则和构建思路，初步确定监测评估指标的主要内容或分类。然后根据内容来进行资料搜索和针对性研究，找出扶贫项目绩效评估指标的要素，从而选出适用的指标。这其中的研究方法主要包括专家问卷调查，同扶贫项目管理单位、扶贫项目相关的受益者以及管理者的访谈，实地观察和文献查阅等四种。文献法是对相关的报告、工作总结、论文等资料进行检索、收集、鉴别和研究，找出评估指标的普遍性与特殊性。访谈法，是通过面对面的交谈、询问和讨论，收集相关信息和资料，并做出相应的处理分析，得出指标要素的信息资料。这种方法有利于监测评估主体和被访问者之间双向沟通、相互影响，有更多的信息沟通和反馈，信息更加全面、真实和直接。

3. 评估指标的筛选

扶贫项目绩效评估的指标构建原则中较为重要的一条是，指标要避免烦琐但又要照顾到全面性和特殊性。因此，我们要根据我国精准扶贫背景下扶贫项目绩效评估的特点和实际情况的需要，对指标进行筛选。对评估指标的筛选主要包括问卷调查或专家调查、隶属度分析、指标信度和效度分析等几个主要科学研究步骤，另外还有必要同扶贫相关部门或地方管理部门进行反馈讨论，然后加以修改。他们一般都工作在扶贫第一线，具有丰富的实地经验，对选取的指标是否可监测、可获取比较清楚，他们的意见需要重视。通过以上几个环节，最终将较为重要且具有代表性的指标挑选出来，作为衡量扶贫项目绩效的依据。

4. 确定评估指标的权重

扶贫项目绩效评估工作自身也具有较强的目的性和特殊性，指标不可能每个权重都一样，这样无法得出科学合理且能够反映出实际问题的评估结果。所以在兼顾指标全面性的基础上，要进一步区分各指标重要程度的不同。根据重要性及代表性的不同，赋予各项指标不同的权重，令指标体系更为合理。由于不同类型扶贫项目实施的具体情况存在差异，本书的指标权重确定将放在实证部分，依据不同项目特性、采用主观或客观方法进行分析。

二 扶贫项目绩效评估指标的构建原则

亚洲开发银行的项目评估手册中提到，"作为衡量绩效的工具，绩效指标给出了判断项目目标是否成功实现的依据。指标是对衡量对象的说明，要能够加以衡量，也就能够加以管理。所有的指标都必须能够定性、定量或者通过时间单位来加以衡量"，并给出了"SMART"（Specific 明确、Measurable 可衡量、Achievable 可实现、Relevant 相关性、Time-bound 时限）和"CREAM"（Clear 清楚、Relevant 相关、Economic 经济、Adequate 充分、Monitorable 可监测）两个指标构建原则，强调指标的实用性和明确性。在能够对项目进行监测和足以评估的基础上，要衡量重要事宜，尽量避免指标体系过于复杂和累赘。国内学者对于绩效评估指标选取原则的研究也较多，多数出发点与以上内容相同，强调指标选取的科学性、可行性、综合性等。

在前人研究的基础上，本书在确定监评指标构建原则时，一是要结合我国扶贫项目开展的共性和特殊性，二是要在精准扶贫的背景下，突出对扶贫项目"精准度"监评的重要性，即选取的指标要能够准确、客观地表现出项目在瞄准方面的绩效水平。详见图 3－4。本书扶贫项目绩效评估指标的构建原则主要包括以下几点。

1. 目标导向原则

在前文的研究中提到，扶贫项目绩效评估的本质是通过对扶贫项目从开始实施到后续影响的过程进行监测，为决策者和管理者持续提供项目进

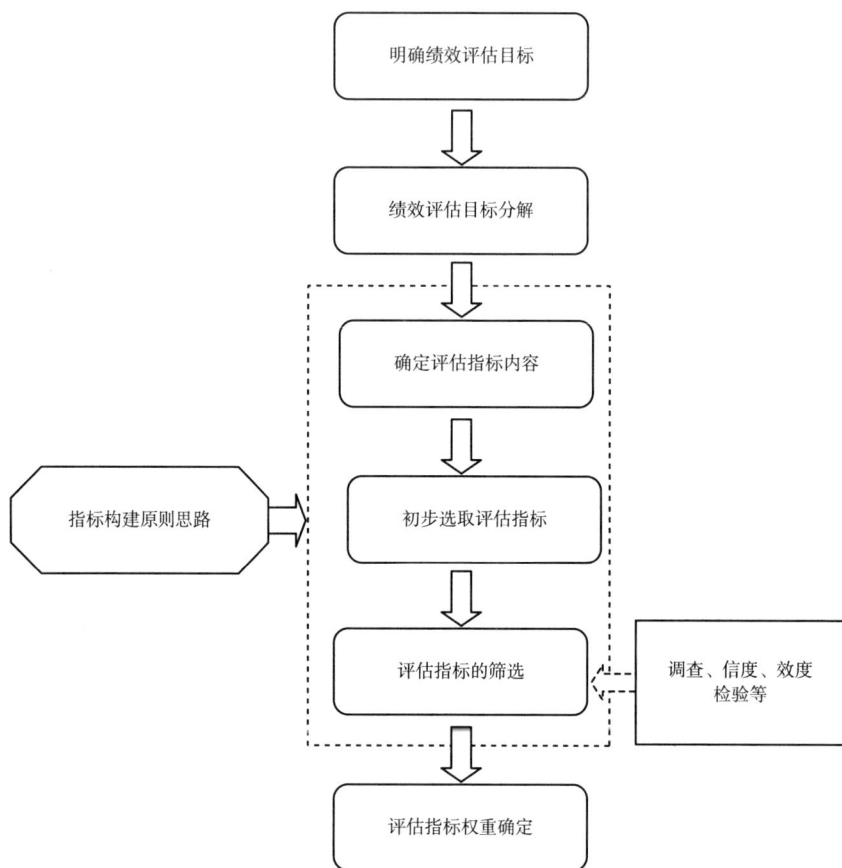

图 3 - 4 扶贫项目绩效评估指标体系的构建流程

程与目标实现情况的数据，然后通过评估来监督扶贫项目在提供的资源和规定的时间内是否能有效地实现规划中的目标或追求的目标。扶贫项目绩效监测评估的目标是通过有效的监评，提高扶贫资源的利用效率，发现扶贫项目管理漏洞，分析扶贫效果及其持续性，了解贫困人口发展需求，为决策者提供决策参考，进而推进扶贫评估体系的发展。因此，评估指标的构建要始终围绕评估目标进行，在该目标的指导下，能够反映出扶贫项目对资源的利用效率和效果的持续性，帮助我们找出管理漏洞，并通过指标数据的直观呈现，让决策者能够快速采纳用以参考。除此，本指标体系的构建作为一种探索研究，要能够为我国扶贫项目评估体系的构建提供借鉴。

2. 过程与结果相结合原则

任何事项都是按照既定的过程轨迹发生的，在关注事情结果的影响的同时，应该重视事情发展的过程设计。事情发生的过程是一个各序列时间点上存在内容差异的轨迹，各要素按照时间顺序依次发生，这一过程是按照时间顺序表明事项本身所产生的结果和效应，并在事情结束时，实现过程和结果的和谐统一。研究实际当中事情的发展过程和结果的目的是分析各状态之间的相互关系和作用。参与式扶贫绩效的评价不仅包括扶贫取得的最终成效，更重要的是对其扶贫过程绩效的监测评估，由于很多扶贫行动绩效的显现具有时间滞后性，所以对扶贫开发过程的科学性和有效性的关注，就变得更加重要（张海霞、庄天慧，2010）。

3. 针对性或特殊性原则

在构建扶贫项目绩效评估指标体系时，要注意扶贫工作开展的政策背景和贫困地区发展的实际情况，以凸显精准扶贫背景下扶贫项目评估的重点，如扶贫项目对于贫困对象的瞄准情况、对于项目贫困户的选择等。如果没有抓住重点，使一些主要指标缺失，就会影响评估体系和评估方法的科学性、合理性。同时，指标设计既要突出重点，也要能够涵盖扶贫项目绩效评估的一般方面。重要领域的关键指标固然重要，但是指标体系的系统性、整体优化，也是绩效指标体系的一个重要环节。依据精准扶贫的指导思想和实践本质，不漏掉每一个能够反映扶贫本质的指标，也要精简指标数量避免太多繁复现象，优化扶贫绩效评估指标体系的组织结构。要在理清指标内部逻辑关系的基础上合理为指标赋权。构建的指标既要有独立性也要有较强的统一性，既重点突出又能够表达均衡，强化指标体系构建的功能（胡钟平，2012）。

4. 可操作的原则

实现对扶贫项目绩效的评估，要保证指标的可操作性，即指标可以进行监测追踪并进行评估的原则，这一原则其实包含两个方面。一是指标要能够度量。评估指标体系是通过一系列数量来反映事物的特征和状况的一种评估方式。可度量性是评估指标体系的本质特征，如果不能度量，就不能转化为数量来反映事物特征。可操作性就是把一种规范、理念、思想等付诸实践的可能性和现实性。在扶贫项目绩效评估指标体系的设计中，从实际出发，指标体系简单可行，数据易于收集，操作方便，又能够反映事物的本质规律。二是要能够实现持续监测。指标间要避免相互包含关系和隐含关系。扶贫开发工作是需要政府长期重视和坚持的，评价指标所反映的各项工作也应当是长期的、持续的。以往对扶贫绩效评估的研究，基本停留在对某一时点上的判断，动态研究很少。但实际上从动态发展角度去研究，有助于把握反贫困效果，及时调整扶贫策略。在扶贫项目绩效评估过程中不能忽视可持续性原则的作用。

5. 可比较的原则

可比较性，是按照某种标准在扶贫项目绩效评估中，区分、对比扶贫项目绩效评估内容，把握扶贫项目绩效的特点，预测扶贫项目的变化形势。从指标性质上来讲，一般包括定性方面的对比与定量方面的对比，定性比较是通过分析描述评估对象的特征来表达扶贫的绩效评估。定量对比是通过数量关系的比较分析对扶贫项目的绩效进行评估。从对比的方式来讲，指标的对比则分为横向对比和纵向对比。横向比较即在同一时间段内，不同样本间的差异性比较，纵向比较则是同一样本在不同时间段内的差异性比较。如果缺乏可比性，扶贫项目绩效评估就失去了价值和意义。

三　精准视角下扶贫项目绩效评估指标构建的要点

在精准扶贫思路下，要切实提高扶贫项目的精准成效，不仅仅是"名单上瞄准"贫困对象，还包括扶贫项目在资金使用与管理、项目瞄准与定位、动态监测评估等方面通过创新和改革来实现对贫困对象的精准管理和帮扶。因此，在选取和构建评估指标之前，需要明确既定目标和评估背景下的扶贫项目绩效评估要点。

1. 针对贫困特征和发展需求的分类瞄准评估

在前文的理论分析中，已经明确了扶贫资金基于不同致贫原因、不同贫困属性、不同发展需求的分类瞄准，是提高扶贫成效的前提。首先，扶贫项目的设定应该符合地区的贫困特征和发展需求。因此，在评估的开始阶段，从项目地区整体贫困和发展背景对项目可行性和适用性进行评估是必要的。其次，由于实际当中一些扶贫项目在选取项目户时类似"大锅烩"的做法，只要是项目实施地区的贫困农户，不考虑致贫原因、劳动力结构、生产条件等是否合理，都纳入项目帮扶范围内。缺乏对贫困户项目发展能力的考察。一些没有项目发展能力的贫困户也被纳入项目中来，其减贫成效必然不显著。应区分不同属性的贫困对象，将有发展能力和劳动能力的贫困对象纳入扶持范围，将没有发展能力的救济人口纳入社保范围。在对扶贫项目瞄准绩效进行评估时，可以设立与贫困属性、贫困需求瞄准以及项目发展评估相关的指标，与建档立卡相结合，考察扶贫项目瞄准扶持贫困户时是否科学合理。

2. 重视对扶贫项目贫困户参与程度的评估

贫困户参与扶贫项目的监督和评估，是当前扶贫工作实施与管理的主体趋势。贫困村以及贫困户根据扶贫项目开展的真实情况和效果，结合切身感受，对扶贫项目在规划、资金使用、管理、成效方面做出评价，有助于从受益者角度对扶贫项目做出更为直观、全面的评估，并且，能够帮助项目责任者了解贫困对象的真正需求和扶贫工作存在的问题，及时调整和改进扶贫措施；也有助于调动贫困对象的积极性，充分发挥其主动脱贫的能动性，增强扶贫的有效性和精准性。同时，贫困对象的参与评估也有利于扶贫管理和评估工作的公正性和透明度。因此，精准扶贫背景下扶贫项目的评估应注重贫困对象的参与性，设立相应的贫困对象评价指标，科学全面地评估扶贫绩效。

3. 强调扶贫项目创新机制的评估

中共中央办公厅、国务院办公厅印发的《关于创新机制扎实推进农村扶贫开发工作的意见》明确了"扶贫开发工作要进一步解放思想，开拓思路，深化改革，创新机制"的工作改革思路。其中，包括改革扶贫考核机制、建立精准扶贫机制、健全干部驻村帮扶机制、改革财政专项扶贫资金管理机制等方面的创新改革。精准扶贫机制的建立和帮扶机制的进一步完善，有助于扶贫对象的瞄准精度和扶贫资源使用效率的提高。对于扶贫资金的管理方式创新，则对扶贫精准绩效的提高起间接促进的作用。在构建指标时，对扶贫资金的分配和使用进行科学评估，注重资金针对性和实效性的考察；了解项目资金到村到户情况、是否切实用于扶贫对象；评估资金分配方式的有效性与创新性，是否尝试以奖代补等竞争性分配方式。这些措施在一定程度上有助于发现扶贫项目资金使用机制存在的问题，帮助绩效的改进和提高。

4. 实现扶贫项目绩效的动态跟踪监测

当前我国农村的贫困识别机制还不完善，造成了扶贫资源的贫困瞄准出现偏差。通过划定贫困县、贫困村的区域识别方式，导致贫困县、贫困村长期不变，一些实际已经脱贫的地区始终不肯"摘帽"，挤占了贫困资源，使真正的贫困地区或贫困人口未能得到扶持。这种现象在一定程度上，是由于缺乏动态的扶贫绩效监测机制，不能及时评估贫困对象的贫困程度及脱贫状况。因此，在构建扶贫项目绩效评估指标体系时，评估指标的设置必须能够实现定期的动态跟踪监测，对扶贫对象和扶贫效果进行全面监测和评价，帮助扶贫项目构建动态的进入与退出机制，解决"戴上帽不想摘，又不努力实现脱贫的惰性问题"，同时将真正需要扶贫的对象纳入扶持范围，提高扶贫成效。

四　扶贫项目绩效评估指标的经验选取

在明确了扶贫项目绩效评估的目标和思路的基础上，为了选取适用的评估指标，本书将评估目标逐层分解，确定评估指标的大类。然后将指标的大类进一步细化，获取详细的指标，包括定性和定量两种指标，用于扶贫项目绩效的评估。

一般而言，在选取评估指标时，常用方法主要包括主观选择法以及客观选择法。主观选择法，就是根据相关领域专家的经验，结合实际情况建立相应的指标体系；客观选择法，则需要通过问卷调查等方式在获取高质量数据的基础上，采用统计分析建立指标维度。这两种方法各有利弊。单纯主观选择法能够较好地与实际情况相结合，选出的指标更易操作，但是受研究者的知识层面、研究经验和学历、生活环境等因素的影响，产生的选择结果会存在一定的偏差。运用客观选择法构建指标体系，构建的质量完全取决于所采集数据的质量，当获取的数据质量较高时获得的结果是科学的，但是在社会科学研究领域，数据的质量又是很难保证和控制的，并且所获得的结果往往和实际存在部分偏差（王鹏，2012）。

当前，"精准扶贫"政策的提出和建档立卡工作的开展都处于初期阶段，对于新背景下扶贫项目绩效的评估具有一定探索性和尝试性。

因此，本书在评估指标初步选取时，主要采用的是主观法。即通过借鉴相关文献的研究、咨询专家的意见以及笔者多次参与扶贫绩效评估项目实践的经验，来搭建指标框架。接着，在客观数据的基础上，对这些体系进行验证和优化，最终选出最佳的指标体系来进行评估，发现其中的问题。

按照精准扶贫背景下的评估目标和思路的指导，结合已有的研究成果和实际评估需要，本书主要从扶贫项目的瞄准、扶贫资金投入与使用、扶贫项目管理以及扶贫项目成效四个大的方面选取扶贫项目绩效评估的指标。

（一）扶贫项目的瞄准

基于前文的研究内容和评估思路，扶贫项目的"瞄准"既包含瞄准的结果，也包含瞄准的过程。因此，在现有研究基础和实际情况的结合下，本书对项目瞄准的评估主要从以下几个方面着手：首先是考察扶贫项目对象的选择方式是否合理，其次是进一步考察项目在村级对象和户级对象上的选择结果是否合理，重点考察项目户中贫困户的瞄准情况。具体指标内容如下。

1. 扶持对象瞄准方式

一般而言，科学合理的项目对象选择方式，应该是通过认真的规划和筛选选出适合参与该项目、具有项目发展能力的项目参与者。项目对象的选择包括一般项目户（村）的选择以及其中贫困项目户（村）的选择。其流程主要是先由有意参与者自行提出申请，接着相关组织部门结合申请者的实际情况进行评估筛选，然后公示，最后敲定适宜的人选。要避免一刀切、末尾排序等不科学的方式。该指标属定性指标，主要从以下几个方面进行评估：项目对象选择是否有详细实施方案；项目对象的选择流程是否公开公正；项目选择的具体方式是否有效。

2. 项目贫困村级瞄准

项目村级推进的主要原因在于村范围覆盖的贫困人口一般都具有相同的贫困特征和发展需求，这一点在前文的理论分析中已经明确了。因此，在村级层面设立扶贫项目需求瞄准的指标，一方面能够实现对扶贫项目定位和瞄准的评估，另一方面在评估所需的数据收集上也是可行的。该类指标设置的目的在于考察扶贫项目瞄准的村能否通过项目开展取得发展实现脱贫致富的目标。该指标主要从以下几个方面进行评估："项目村覆盖贫困人口比例"，即首先判断选择出的项目村对于贫困人口的覆盖情况，这是扶贫项目瞄准贫困群体的必要前提；"项目村中贫困村比例"，即项目村中贫困村的比例；"项目村发展能力"，这一指标的具体内容可在实际操作中根据具体的项目类别或主题来确定，例如畜牧产业扶贫项目，村级项目发展能力包括外出务工比例、现有劳动力年龄结构、健康状况等人力资源条件，以及草场面积、耕地面积、生产生活用水用电等基础设施条件。

3. 项目贫困人口瞄准

这里的贫困对象包括贫困村和贫困户两个层级。贫困对象瞄准评估，主要是指瞄准结果的评估，即扶贫项目通过一定的选择和瞄准机制，确定是否重点将贫困对象纳入项目中来，确定是否准确地将具有项目发展能力的贫困对象纳入到项目中来。该指标可以细化为以下几个方面："低保救济户比例"，即项目户中低保户和五保户的比例，考察扶贫项目在瞄准贫困户时，是否准确区分、将具有发展能力和劳动能力的贫困人口作为扶持对象，而非将应纳入社会保障体系的救济人口也大比例纳入项目扶持范围；"项目户中贫困户比例"，即通过计算项目户中贫困户的比例，来考察扶贫项目对贫困对象的重点瞄准。

（二）扶贫资金投入与使用

该类指标用于考察扶贫项目在资金的整合、投向、使用方式等方面，主要反映的是相关政府部门在传递和使用资金时的效率以及各个环节是否符合相关的管理规定。一般而言，扶贫项目投入的资金来源不同，涉及多个部门，因此应以具体的管理细则作为参照，确保评估指标的适用性，但是应结合具体的项目背景和现实情况。例如，财政扶贫资金的评估可以依据《财政扶贫资金绩效考评试行办法》，但并不完全依照其细则。结合当前扶贫工作的实际，该部分的评估指标内容具体包括以下三点。

1. 资金结构

扶贫项目的资金来源一般包括财政扶贫资金、行业部门资金、信贷资金、群众自筹资金等几种主要来源。该指标设置的目的，是考察扶贫项目组织部门是否按计划、按规定筹集足够的资金以确保扶贫项目的顺利实施，并且是否较好地通过有限的财政扶贫资金整合其他来源的资金。基于这一目的，可以将指标的内容进一步细化为以下三个方面：通过计算扶贫项目各来源资金的比例，考察资金的整个结构是否合理；通过对比各来源资金的实际筹资额与规划筹资额，评估扶贫项目的资金筹集是否按计划实现；通过计算财政扶贫资金与其他各来源资金的比值，考察财政扶贫资金的杠杆作用，尤其是对金融资金的撬动作用。根据以上三个方面的界定，资金结构的具体指标包括"各来源资金的比例""财政资金的金融资本放大系数""各来源资金的投入金额与规划金额比"。

2. 资金投向与使用方式

在精准扶贫背景下，扶贫项目的资金用途更加强调其"精准性"，即扶贫项目资金尤其是财政扶贫资金直接用于贫困对象的情况。除此，还要重点考察各来源资金的使用途径和方式是否合乎规定，例如财政扶贫资金是否被另作他用影响了扶贫绩效的发挥。该指标主要通过计算财政扶贫资金用于扶贫对象的比例以及具体投向，来考察其用途是否合理，是否高效瞄准贫困对象，是否符合扶贫对象的需求。具体包括以下三个方面："财政扶贫资金的到村比例""财政扶贫资金的到户比例""资金创新型使用方式"。其中，"财政扶贫资金到村到户比例"主要考察财政扶贫资金对于贫困对象的瞄准和侧重比例。"资金创新型使用方式"从定性角度评估扶贫资金在以奖代补、先奖后补等激励性使用方式上的探索。

3. 资金投入时效

根据已有研究结论和实际工作经验，扶贫资金的到位时间和使用进度对扶贫项目的绩效有较强的影响。通过对扶贫资金投入的时效性考察，一般包括资金的到位时效和资金的使用时效，从这两个方面能够反映出扶贫项目在开展过程中资金的到位和使用是否存在效率低下、拖延滞留等问题。将指标进一步细化为："各来源资金到位时效"，即各来源资金年度实际到位金额与规划投入金额的比例、各来源资金年度实际到位时间和规划时间的对比；"资金完成投资时效"，即总体资金和各来源资金年度实际完成投资额与实际到位资金的比例。

（三）扶贫项目管理

在确保了扶贫对象瞄准和扶贫资金投入后，如何开展项目的管理工作是至关重要的，高效的管理能够进一步提升扶贫项目的整体绩效，是扶贫项目能否取得成功的必要条件。对于扶贫项目的管理评估，目的在于找出管理过程中存在的弊端和缺陷，然后反馈给相关部门，做出及时调整。对扶贫项目管理的评估既包含定量指标，也包括大部分的定性指标，即要在实地考察和文件审阅的基础上，由专家就管理流程、方式、具体做法进行合规性评估。另外，既有基于数据资料的客观评估，也有扶贫对象的主观评估，即从受益者角度对扶贫项目的管理情况和扶贫项目是否符合自身所需做出满意度评价。扶贫项目管理指标主要包括以下几个方面。

1. 项目验收与报账管理

这类指标的评估主要从以下三个方面进行："项目竣工验收情况"，即通过查阅部门提供的每一个建设项目的竣工验收报告，考察建设项目是否按规定完成、竣工验收程序是否完整，文件查阅是主要对照项目名称与周期、实施单位、审计时间与结论及文号、竣工验收时间与单位、竣工验收结论及相关文号等；"资金报账率"，即通过计算项目资金实际报账金额同应报账金额的比例，考察项目报账是否符合规定，以及通过参照实际建设项目的报账时间与该项目资金到位年份，考察项目是否按时开展竣工验收并及时报账。虽然现行的财政资金管理规定并未严格要求当年到账资金必须当年报账完毕，但是基层相关部门尽快开展项目施工、竣工验收并完成报账，对提高项目的绩效有一定促进作用。

2. 项目进展

这类指标主要从扶贫项目的具体建设内容的产出情况和进展情况进行评估，评估项目是否在有效的管理下按时按量完成建设内容。具体包括："年度项目建设进展"，即本年度建设项目完成数量占计划完成数量的比例；"周期项目建设进展"，即本年度建设项目完成数量占总项目周期计划完成数量的比例。

3. 项目帮扶情况

项目的帮扶情况主要是在扶贫瞄准的基础上，对瞄准对象开展具有针对性的帮扶。这类指标的考察，目的在于评估项目是否积极响应精准扶贫的政策在提高减贫成效方面下力气采取有效措施。针对性的帮扶在一定程度上有助于提高项目的瞄准成效，实现"漫灌"向"滴灌"的转变。该指标主要包括"贫困村帮扶情况"，即考察已建立帮扶的贫困村的实际贫困状况与采取的帮扶措施是否对应；"贫困户帮扶建立"，即考察贫困户已建立帮扶的比例以及帮扶措施是否合适。

4. 扶贫对象满意度评价

扶贫项目实施中存在的管理问题，除了通过客观的数据和资料评估发掘以外，扶贫项目的受益者能够从自身角度出发，较为直接地反映存在的问题和满意程度，例如项目对自身需求能否满足，项目是否公平、公正等，这些能够为扶贫项目的开展提供有效的参考意见。此外，通过前文的研究可知，扶贫对象的参与和主观评价在一定程度上对扶贫绩效有影响。满意度评价指标是一个综合性的指标，涉及面较多，一般通过问卷调查的形式获取数据。该指标主要包括"项目对自身需求满足程度"、"项目公开公平性"、"项目对象参与程度"、"项目效果满意度"以及"总体满意度"等几个方面。

（四）扶贫项目成效

扶贫项目的成效是扶贫整体绩效最为直观的反映，这类指标的评估主要从"减贫成效"和"专项成效"两个方面进行，既考察项目在减贫方面的直接效果，包括减贫比率、收入增长等，也考察项目的专项成效，例如产业扶贫项目的产业产值增长、产业规模扩大等产业发展成效。该类指标的评估主要包括以下几个方面。

1. 减贫成效

这一指标用于考察扶贫项目的实施所带来的贫困人口脱贫和收入增长成效，主要包括项目地区的"贫困人口减少率"，即项目实施以来的贫困人口减少数量、较上年减少比率；"项目贫困收入增长率"，包括项目贫困户上年的收入增长幅度和增长率，并同非项目贫困户、项目非贫困户进行对比；以上指标同县级以及省级层面减贫水平的比较；"项目专项收入贡献率"，在增长的收入中项目专项收入增长额所占比例。

2. 专项成效

由于项目的类型各有不同，因此在具体评估时，可以根据实际情况进行选取，并对综合性指标进行评估。指标的选取要基于能够直观反映成效且易获取的原则。例如，产业扶贫项目的产业发展成效，一般包括产业规模、组织化程度、集约化水平、可持续发展等方面；科技扶贫的专项成效，一般包括科学技术水平提升、技术产业转化率提升等；劳务扶贫项目，则包括劳务输出能力、劳务技能培训情况等。

五　扶贫项目绩效评估指标的筛选

1. 基于因子分析的指标筛选过程

为了考察初选指标对扶贫项目绩效评估的重要程度并对指标进行优化和筛选，本书在相关文献和实际评估经验的基础上，设计了扶贫项目绩效评价指标调查问卷，并向扶贫领域的专家学者以及工作人员进行发放。问卷主要包括 4 大类 12 个小项，并采用李克特量表的形式，针对每个指标的重要程度，划分为 5 个等级，其重要程度由低到高分别为极小 1、较小 2、一般 3、较大 4、很大 5。在此基础上，采用因子分析的方法对调查表中的指标进行分析并结合实际经验找出较为重要的评估指标。

在采用因子分析法之前，需要检验调查数据是否适合采用因子分析法，一般通过 KMO 和 Bartlett's 球形检验进行判断。当 KMO 值越大，表明变量之间的共同因素越多。根据 Kaiser（1972）的观点，KMO < 0.5 时，是不适宜采用因子分析的。当 Bartlett's 球形检验的卡方统计值显著性为 0 时，可以认为相关系数矩阵与单位矩阵有显著差异。本书的 KMO 和 Bartlett's 球形检验结果如表 3 - 5 所示。

表 3 - 5　KMO 与 Bartlett's 球形检验结果

KMO 抽样适度测定值		0.713
Bartlett's 球形检验	卡方检验	237.003
	自由度	66
	显著性	0.000

根据分析结果看，KMO 值为 0.713，大于 0.5，且 Bartlett's 球形检验的卡方统计显著性为 0.000，表明原数据适合进行因子分析。本书采用 SPSS 18.0 软件，提取因子的方法是主成分分析法（Principal Components）。抽取特征值大于 1 的共同因素，通过正交旋转法 Varimax 对统计数进行正交旋转。得到旋转后的负载矩阵如表 3 - 6 所示。

表 3 - 6　评估指标的因子负荷矩阵

评估指标	因子荷重						Cronbach's alpha
	1	2	3	4	5	6	
项目验收与报账	0.801						0.7053
项目进展	0.751						
扶贫对象满意度	0.680						
贫困对象帮扶情况	0.503						
资金用途与方式		0.793					0.7323
资金使用时效		0.783					

续表

评估指标	因子荷重						Cronbach's alpha
	1	2	3	4	5	6	
贫困人口瞄准			0.816				0.7681
资金结构			0.739				
减贫成效				0.890			0.7124
专项成效				0.558			
项目贫困村级瞄准					0.869		0.7231
项目对象选择方式						0.935	0.7112
特征根	2.157	1.618	1.441	1.361	1.125	1.124	0.7913
方差贡献率（%）	17.971	13.482	12.007	11.341	9.377	9.370	
累计方差贡献率（%）	17.971	31.453	43.460	54.801	64.178	73.548	

从表3-6中结果看，因子分析共提取了六个公因子，如下所示。

第一类因子，包括项目验收与报账、项目进展、扶贫对象满意度、贫困对象帮扶情况，主要反映扶贫项目的管理过程和管理水平，这类指标归为"扶贫项目管理"指标。第二类因子，包括资金用途与方式、资金使用时效，主要反映扶贫项目的使用情况，可归为"扶贫资金使用"指标。第三类因子，包括贫困人口瞄准、资金结构，主要反映扶贫项目的各来源资金的构成和对贫困对象的瞄准精度。这一类因子普遍存在分类差异，一方面是由于统计数据的误差造成的，另一方面，根据实际经验，扶贫资金的构成在一定程度上可能会对贫困人口的瞄准产生影响，尤其是财政专项扶贫资金比例。第四类因子，包括减贫成效、专项成效，主要反映扶贫项目在贫困人口减少以及其他对应领域取得的成效，归为"扶贫项目成效"指标。第五类因子，项目贫困村级瞄准，包括项目对象发展能力、项目贫困村比例等，在一定程度上能够反映扶贫项目在选择项目村时的合理程度。第六类因子，项目对象选择方式，反映扶贫项目在项目贫困对象选择时的手段是否得当。

六类因子累计方差贡献率为73.548%，可以解释扶贫项目绩效评估指标的大部分变差。此外，通过内在信度检验常用的 Cronbach's alpha 系数对 6 类因子所包含的信息项和总量表进行信度分析。6 类因子的 α 系数分别为 0.7053、0.7323、0.7681、0.7124、0.7231、0.7112，量表的整体信度为 0.7913，均大于 0.7，表明上述结果的信度是可以接受。每个因素的负荷值都大于 0.5，其中"贫困对象帮扶情况"这一因素的负荷值较低，仅为 0.503，可以在之后的筛选中结合实际获取情况以及专家建议进行取舍。

本书采用因子分析方法，所获得的结果是基于数据变化的，它往往同实际工作有一定的差异。因此，为了便于评估工作的开展，并且保障评估结论合理直观，本书将因子分析结果作为指标筛选的辅助手段，而指标的分类和取舍还要通过进一步的经验分析和专家咨询来完成。

2. 指标的选定

扶贫项目绩效评估指标的确定需要经过一个筛选和修订的过程。鉴于精准扶贫项目较强的政策性，其评估指标既要具有扶贫项目评估的一般性，也要有"精准"的特殊性（见表 3-7）。

表 3-7 扶贫项目绩效评估指标体系

具体指标		指标内容	指标性质	数据来源
扶贫项目对象选择方式		是否有详细实施方案、选择流程是否公开公正、选择方式是否有效	定性	相关部门文件资料
扶贫项目贫困村级瞄准		村级贫困人口覆盖率、项目村中贫困村比例、项目村发展能力	定量 + 定性	建档立卡数据、项目村名单
扶贫资金投入	贫困人口瞄准	低保救济户比例、项目户中贫困户比例	定量	建档立卡数据、项目户名单
	资金结构	各来源资金比例、财政资金金融放大系数、各来源资金占计划投入额比例	定量	部门工作数据
扶贫资金使用	资金投向与使用方式	财政扶贫资金到村比例、财政扶贫资金到户比例、资金的创新使用方式	定量 + 定性	工作数据、文件资料
	资金使用时效	各来源资金到位时效、各来源资金投资时效	定量	相关部门工作数据

具体指标		指标内容	指标性质	数据来源
扶贫项目管理	项目验收与报账	项目竣工验收情况、资金报账率、资金报账时效	定量＋定性	工作数据、验收审计报告
	项目进展	年度项目建设进展、总周期项目建设进展	定量	部门工作数据
	扶贫对象满意度	项目满足自身需求评价、项目公开公平性评价、项目效果满意度评价	定量	调研数据
扶贫项目成效	减贫成效	贫困人口减少率及对比、项目贫困收入增长率及项目户项目专项收入	定量	统计数据、调研数据
	专项成效	视具体项目类型而定	定量	工作数据、调研数据

为了使精准扶贫背景下扶贫项目的绩效评估指标体系更加符合指标选取的原则，应在大量文献研究和数据分析的基础上，与扶贫领域的专家和基层扶贫工作人员进行反复沟通，征求他们的意见。然后做进一步的修改和补充，以确保指标体系的科学性、合理性、可测性、独立性和完整性。并且要明确每个指标的内涵，做到外延清晰、便于理解。

经过讨论和筛选，本书在上述研究的基础上对指标重新分类，并确定具体内容，如表3－7所示。其中，"扶贫对象帮扶"从指标体系中删除，主要是考虑到该指标对应数据的获取较为困难，且实际工作中对扶贫对象的帮扶是在建档立卡的基础上，由对口单位开展实施。对贫困对象帮扶内容类型较多，有的与要进行评估的项目并没有什么关联，因此统计数据反映的实际意义并不大。另外，还可通过案例分析，进行探索性的评估应用尝试，找出实际操作中存在的问题，再做出针对性的改进方案。

第五节　本章小结

本章首先对现有的扶贫绩效评估现状进行了评述。并在对已有研究借鉴和改进的基础上，提出了本书的评估体系，包括精准扶贫背景下项目绩效评估的目标，以扶贫瞄准为核心的评估思路、评估步骤，综合评估方法以及扶贫瞄准评估方法等。其次，基于目标导向、针对性、可比较、可持续等指标构建原则，分析了该背景下绩效评估的要点，包括基于贫困特征和发展需求的扶贫分类瞄准评估、重视对扶贫项目贫困户参与程度的评估、强调扶贫项目创新机制的评估等。在此基础上，通过结合实践评估工作，从扶贫瞄准、扶贫投入与使用、项目管理及项目成效等方面初步选择出评估指标。然后采用因子分析的方法并根据实际需求对初选的指标进行筛选和确定。

第四章
精准视角下专项扶贫项目绩效评估分析

在前文的研究中通过相关经济学和管理学理论分析，形成了精准扶贫背景下项目绩效评估系统框架，明确了绩效系统与评估系统各自的内部关联和两者的外部交互，并通过相关的经验评述和数据分析，构建了扶贫项目的绩效评估体系。本章以甘肃省羊产业扶贫项目为例，检验绩效评估系统的适用性和合理性，摸索专项扶贫项目基期绩效的评估模式、评估思路以及应用设计等，以为绩效评估实践起到一定示范作用。

第一节　甘肃羊产业扶贫项目绩效评估背景及设计

一　甘肃羊产业扶贫项目绩效评估背景

1. 项目类型及特殊性

甘肃羊产业扶贫项目属于专项扶贫项目，是"精准扶贫"政策及建档立卡工作全面推行后的第一批试点，是摸索精准扶贫开展方式、密切结合建档立卡工作的重要契机。该项目由中央拨付专项扶贫资金，并配套地方资金，于2013年年底开始实施，目前处在项目实施的基期阶段。

2. 项目地区贫困特征

甘肃省临夏州东乡族自治县是东乡族的发祥地和主要聚集区，是全国唯一的以东乡族为主体的少数民族自治县，属于国家扶贫开发重点县。全县总人口29.16万人，其中东乡族就占到87.04%。2012年年底，全县农民人均纯收入2413元。全县贫困户2.63万户，贫困人口13.97万人，贫困面达49.77%。全县24个乡镇贫困人口人均纯收入均在1800元以下，最低仅为855元。甘肃省积石山保安族东乡族撒拉族自治县，是多民族自治县，也是国家扶贫重点县。全县总人口25.99万人，其中少数民族人口占到了53.91%。2012年，全县农民人均纯收入2690元。全县贫困户2.62万户，贫困人口13.32万人，贫困面57.63%，贫困人口人均纯收入仅为826.17元。全县17个乡镇中贫困人口人均纯收入低于1300元的乡镇达到16个，贫困程度深、贫困面广。

东乡县、积石山县的贫困人口多居住在山陡沟深、地形劈碎的黄土高原沟壑地貌之中，自然环境极为恶劣，水资源严重缺乏，土地保肥力较差，土质贫瘠。交通、水利等基础设施条件差，人畜饮水问题没有得到完全解决，生活环境艰苦。详见表4-1。

表4-1 甘肃省东乡、积石山两县基本贫困状况

基本情况	东乡县	积石山县
全县GDP(亿元)	12.12	9.98
农民人均纯收入(元)	2413.00	2690.00
贫困户(万户)	2.63	2.62
贫困人口(万人)	13.97	13.32
各乡镇最低贫困人口人均纯收入(元)	855.00	826.17
贫困面(%)	49.77	57.63

由于地区经济发展落后，产业化水平低，农民生产结构单一，收入来源少，作为农民生活支柱的第一产业发展受资源有限和生产方式落后的严重制约，导致种植结构单一、生产率低下、脱贫致富困难。遇到灾害抗风险能力低下，返贫突出。受经济发展水平的制约，社会事业发展较为落后，农民文化素质低下，自我发展能力有限。

二 甘肃羊产业扶贫项目绩效评估设计

1. 评估目的

2013年是甘肃省羊产业扶贫项目开展的第一年，以"精准扶贫"

的视角对该产业扶贫项目进行基期示范性评估的目的：一是从起始把握，对项目规划的定位、目标、实施方案等进行考察，评估项目能否得以顺利开展；二是记录项目基期的相关数据和具体情况，为后续每一阶段的评估和改进提供参照依据；三是在新背景下从"瞄准"角度对项目进行针对性评估，并尝试与建档立卡工作相结合，探索新评估思路的可行性。

2. 基于精准扶贫背景的评估体系

在基于管理生态学所构建的评估框架中，本书将精准背景下的扶贫项目绩效评估视作一个有机的宏观系统。在这个宏观系统当中，包含扶贫项目评估和绩效两个相互关联的子体。评估与绩效之间，则是通过信息流或更复杂的网络来交换并维持彼此的稳定和演替，达到整体系统的有机统一。这种链的形成或网的形成可能是自发的，也可能是人为规范的（魏光兴，2005）。然而这两个子体又各成一个系统，系统内各要素或组织通过链和交织的网络形成内部的微观环境。详见图4－1。

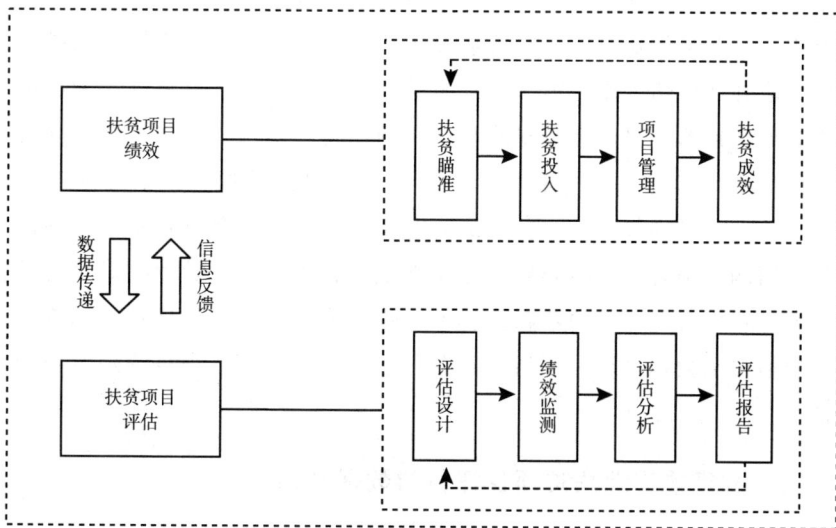

图4－1　精准扶贫背景下项目基期绩效评估框架

在绩效子系统当中，扶贫瞄准通过机制或政策的信息传递引导扶贫资源的配置，接着由人为主导构建起的控制网络和信息网络形成有效的管理，并最终通过不断的演替发展实现扶贫成效，之后又可能形成下一个循环。在评估分析时，由于基期扶贫项目还尚未产生规划的收益或成效。因此，可以尝试通过逆向评估的方式，先设定预期效益或按照规划目标，进行收益或目标的可行性判断评估。

连接绩效子系统和评估子系统的一个关键要素，就是数据信息链。通过有效的监测和分析绩效系统所传递的数据，能够获得合理的评估结论，并进一步形成有效反馈，进而促进两个系统的交互和不断发展。以甘肃羊产业扶贫项目为例，它是精准扶贫机制落实后的第一批试点项目，在项目开展的同时，配套的建档立卡工作也顺利开展。由建档立卡所形成的众多数据信息，包括瞄准信息、贫困情况、发展情况等在内的多种类别。对于从精准角度评估羊产业扶贫绩效并形成决策反馈，起到良好的支撑作用。

3. 评估方法

由于羊产业扶贫项目是基期评估，项目的投入产出还尚未形成有效的数据参考，并且缺乏年度对比数据，因此本部分按照评估主体指标，在实地调研、相关文件材料和数据的基础上，采用定性与定量相结合的描述性评估手段开展评估工作。第一，按照逆向评估方式，结合建档立卡数据和工作数据，判断项目目标实现的可行性和项目合理性。第二，结合项目开展地区的实际情况，分析羊产业扶贫项目的瞄准情况，包括贫困对象瞄准、项目地区瞄准等。第三，对扶贫项目对象的瞄准和选择是否合理进行评估。第四，结合有关指导精神和文件规定，以及工作数据，对扶贫项目的开展过程中可能存在的不到位、不合规的地方进行定性评估。第五，根据调研情况和数据分析，评估项目在资金投入和使用、项目管理方面的具体情况。

三 甘肃羊产业扶贫项目评估的数据来源

数据的作用在于"描述"、"解释"和"预测"（凯斯里等，1991）。对评估对象或过程的描述是为了记录所发生事情、陈述事实、表达特性（或差异）。解释则是通过对数据的分析和推理，来判断事实的好坏、彼此之间的关系以及产生的原因。之后，在描述和解释的基础上，对未来可能产生的成果进行预测，从而起到评估的指导和决策作用。因此，数据的应用是实现评估目的的重要因素。

1. 工作数据

工作数据主要由甘肃省扶贫部门、东乡、积石山两县扶贫部门及相关单位提供。采集的方式主要是设计数据收集表，并由对口部门项目负责人分级填报，然后进行收集、反馈、校对、修正及再反馈。另外，工作数据还包括笔者在实地调研过程中记录和索取的扶贫工作有关数据资料。

2. 建档立卡数据

贫困人口瞄准最重要的优势在于，能够惠及非贫困地区的贫困人口。瞄准贫困人口，意味着他们能够一定程度地自主使用扶贫资金和资源，意味着贫困人口参与扶贫的可能性和必要性增加。建档立卡工作的开展，为扶贫项目能够建立有效的贫困对象识别机制和项目选择机制奠定了基础。其目标在于通过建档立卡，对贫困户和贫困村进行精准识别，了解贫困状况，分析致贫原因，摸清帮扶需求，明确帮扶主体，落实帮扶措施，开展考核问效，实施动态管理，并进一步建立扶贫信息化体系，从而实现精准扶贫、科学扶贫。

建档立卡的庞大数据库包括了贫困人口、贫困村、贫困县、连片区等不同层面的详细基本信息和贫困数据，能够为开展扶贫项目的评估工作尤其是瞄准绩效评估，提供有力的数据支撑。在精准扶贫思想的指导下，基于建档立卡工作的配合，可以逐步探索建档立卡数据在扶贫项目绩效评估中的合理应用方式，为扶贫工作的开展提供真实有效的决策依据。根据建档立卡的实际内容，以及扶贫项目开展的实际情况，建档数据在评估实践中的应用可以体现在以下几个方面。

（1）项目贫困对象的选择

扶贫项目的开展，要有一个科学合理、具有特殊性的项目对象选择机制，尤其是贫困对象的选择。在面临项目贫困户、项目贫困村或是贫困县的选择时，要充分结合选择对象的项目发展能力来进行评估。除了进行必要的实地调研和数据收集外，建档立卡数据能够为评估工作提供更为方便、快捷的评估信息。

首先，项目贫困村的选择。贫困村建档立卡数据中的基本信息，主要包括贫困、低保、五保等几个主要类型的户数和人口数，劳动力人数和外出务工人数，耕地、林地、牧草地面积等内容。发展现状，主要包括农户人均收入、水、电、路、卫生设施、医疗设施、社会保障、农民合作社、互助社等内容。

在羊产业扶贫项目当中，对项目贫困村的选择，要充分考虑选择对象的畜牧产业项目的发展能力，主要从项目对象的自然资源、人力资源、产业环境等方面进行考察。自然资源方面，结合建档立卡数据中的有效耕地面积、牧草面积数据以及部门统计数据，可以评估贫困县（村）的饲料供应能力和载畜量等指标，评估畜牧产业发展目标的实现可能性。人力资源方面，结合建档立卡数据中的贫困县（村）的不同类型贫困人口比例、贫困人口的年龄构成、健康状况分布、劳动力构成、外出务工比例等信息，评估畜牧产业扶贫项目开展的人力储备是否合适。例如，贫困村的低保、五保人口比例很大时，由于这些人群是缺乏发展能力的，主要依靠国家救济生活，如果开展产业项目很可能收不到成效，导致扶贫资源的浪费。产业环境方面，可以结合建档立卡数据中县（村）级的通水通电、小额信贷、互助金等数据，评估产业项目开展的经济生产和发展条件。

其次，项目贫困户的选择。贫困户建档立卡数据的基本信息主要包括贫困户属性、致贫原因、家庭人口年龄、文化程度、健康状况、劳动力、务工等情况。生产生活条件主要包括耕地、林地、牧草地面积，饮水、通电、住房、卫生设施等以及家庭人口收入、经济组织参与情况等。同样以畜牧产业扶贫项目为例，项目贫困户的选择，可以结合贫困户的上述信息，分别从人力资源、项目生产条件两个方面进行评估。人力资源方面，重点考察贫困户是否为低保、五保户，家中劳动力是否长期外出务工，人口年龄、健康状况是否适合等。生产条件方面，主要看贫困户的牧草面积、种植面积等发展基础是否具备。

（2）贫困对象的瞄准绩效

建档立卡的贫困户和贫困村都是按照一定贫困标准进行瞄准的。在建档立卡数据准确的前提下，入档的贫困对象信息对于评估扶贫项目的瞄准绩效有较大的辅助作用。针对扶贫项目瞄准评估，一般从项目对象中贫困户（村）所占比例、扶贫资金用于贫困户（村）的比例等几个方面着手。

　　扶贫项目贫困村瞄准评估，同贫困户瞄准评估的应用思路相同，即抽取建档立卡的贫困村数据，与项目选择的村进行对比并分析，评估扶贫项目以及资金对贫困村的瞄准情况。扶贫项目贫困户瞄准评估，首先，可以通过收集项目覆盖户的名单，并将建档立卡数据进行抽取，计算项目户中贫困户的数量和所占比例，分析瞄准贫困户的贫困属性是否适宜。其次，通过计算扶贫资金的户均投入和贫困户数的乘积，算出扶贫资金对贫困户的覆盖比例，分析扶贫资金的瞄准绩效。详见表4－2。

表4－2　建档立卡数据在评估实践中的应用

评估类别	建档立卡数据	评估应用
项目贫困对象的选择	基本信息——贫困数量及属性、家庭构成、自然条件、经济生产情况 发展现状——基础设施、社会发展等	评估项目贫困户、贫困村或是贫困县的项目发展能力，是否适宜参与扶贫项目
贫困对象的瞄准绩效	贫困户统计数据与项目户名单的对照 贫困村统计数据与项目村的名单对照	评估项目对贫困户、贫困村的覆盖比例，扶贫资金对贫困户、贫困村的覆盖比例
扶贫项目的增收绩效	贫困户人均收入、各类型收入 贫困村、贫困县的贫困人均收入	评估贫困地区收入的总体水平，以及贫困人口的收入构成和增收来源

　　（3）扶贫项目的增收绩效

　　扶贫项目帮助贫困人口、贫困地区增收是评估扶贫成效最为直观的一项内容。在建档立卡数据中，包括了贫困户家庭人均收入、务工收入、生产经营性收入、补贴收入以及贫困村（县）人均收入等信息。首先，根据贫困村、贫困县的人均收入数据，可以从总体上把握贫困群体收入的平均水平。其次，通过结合相应的收入分层标准，可以考察贫困村（县）域内，贫困户的收入分布情况，并且，按照不同的收入类别统计数据，分析贫困农户的收入构成。最后，在此基础上，通过统计各类型收入占比较大的贫困户数，分析地区贫困户增收的主要来源是什么，并结合实际调研数据，评估扶贫项目带动贫困人口和贫困地区增收的效益如何。

第二节 甘肃羊产业扶贫项目基期绩效评估分析

一 基于建档立卡数据的扶贫目标可行性评估

1. 项目减贫目标的测算

羊产业扶贫项目规划中，设定的目标除了羊产业规模和产业水平不断扩大发展、带动贫困地区脱贫致富奔小康的整体目标外，最基本的目标是用三年的时间，实现扶持贫困户的脱贫，即由项目前期 2012 年的 2185 元增加到 2015 年的 4035 元（相当于 2010 年的 2300 元）以上。

根据 2013 年市场上的基本价格和母羊繁殖的一般标准进行测算。以单户为例，农户在项目初期需投入 1100 元购买 1 只基础母羊，按照 1 只母羊年产羔 3 只，卖羔收入约 1650 元外加 1 只成羊 1100 元，扣除单只年饲养成本，饲养一只基础母羊的年纯收入是 1650 元。如果每户饲养 4 只基础母羊且年平均出栏率为 1/3，到 2015 年农户的养殖规模发展到 20 ~ 25 只的话，则可实现户均收入 1.16 万元，按照 4 ~ 5 口之家计算的话，人均养羊收入可达到 2578 元（高于 2013 年的 2376 元贫困线）。如果实际能够按照以上基本情况发展，规划三年帮助贫困户脱贫的目标是可行的。

从以上分析可以看出，项目规划目标如果按照理想情况是可以实现的，但是实际操作中必须按照目标对项目模式进行科学、合理的设计并开展，才能确保周期内项目减贫目标的实现。

2. 项目目标实现的基本条件评估

（1）自然资源条件

两县特殊的地理位置尽管为当地百姓的生活带来了不便，但却为羊产业的发展提供了优越环境。两县境内分布着多座大小山脉，沟壑纵横分布，丘陵起伏，属大陆性高原干燥气候，无霜期短、日照丰富，非常适合小尾寒羊的生长习性，发展养羊产业具有得天独厚的区位优势。从羊产业发展所必需的饲料供给情况看，东乡县贫困户的户均有效灌溉面积和户均牧草地面积均高于甘肃省平均水平和全国平均水平，发展羊产业具有一定的优势。其中，东乡县 2013 年瞄准的项目贫困村中，有

64%的贫困村户均牧草地面积超过全县平均水平。积石山县户均牧草地面积水平略低，户均有效灌溉面积接近全省和全国平均水平。同时积石山县2013年户均牧草地面积高于县户均牧草地面积的项目贫困村比例为69%。在一定程度上，两县选择的项目贫困村在自然资源条件方面具有发展羊产业的潜力。详见表4-3。

表4-3　2013年甘肃省东乡县、积石山县羊产业发展情况

范围	户均牲畜存栏头数（头）	户均有效灌溉面积（公顷）	户均牧草地面积（公顷）	高于县户均牧草地面积的项目贫困村比例(%)
东乡县	1.87	0.15	1.31	64
积石山县	0.95	0.13	0.65	69
甘肃省	0.97	0.13	1.10	—
全国	1.05	0.14	0.92	—

（2）传统优势条件

东乡、积石山地区群众历来有养羊的传统习俗，"家家种草、户户养畜"，经过长期不断的实践积累，养殖经验丰富，两县超过60%的农户从事养羊业。在发展羊产业上具备一定的饲养优势。同时，东乡、积石山两县信仰伊斯兰教的少数民族人口占总人口的比例分别达到90.09%、53.9%，在发展清真羊产品拓展市场方面具有明显的民族优势，并且，当地的羊产业发展也初具规模，形成了良好的发展环境。配套的加工、冷储能力不断提升，产业链雏形已初步形成。近年来，羊产业凭借其投资少、见效快、资源利用率高、技术易掌握等优势，已成为当地农户增收致富的重要途径。

（3）人力资源条件

根据建档立卡数据的统计显示，两县贫困人口中有劳动能力的比例分别为65.03%、68.17%，超过全国平均水平。两县贫困人口健康的比例分别为95.15%和96.73%，明显高出全省和全国平均水平，而贫困人口中健康劳动力比例分别为64.28%和67.43%，在一定程度上能够满足羊产业发展的基本人力需求。详见表4-4、表4-5。

表 4 - 4　2013 年甘肃省东乡县、积石山县贫困人口健康状况统计

单位：%

范围	健康	非健康
东乡县	95.15	4.85
积石山县	96.73	3.27
甘肃省	89.70	10.30
全国	77.34	22.66

表 4 - 5　2013 年甘肃省东乡县、积石山县贫困人口健康劳动力统计

单位：%

县名	健康有劳动能力	丧失或无劳动能力
东乡县	64.28	35.72
积石山县	67.43	32.57

从表 4 - 6 中的数据可以看出，2013 年两县贫困人口本地剩余劳动力比例分别为 71.90% 和 63.12%。外出务工的贫困人口比例分别为 28.1% 和 36.88%，但其中短期务工的比例较高，且多为 3 个月以下，那么劳动力需求高峰就可以通过市场调节或者劳动力季节性返乡来解决。在发展羊产业上具有丰富的人力资源优势。

表 4 - 6　2013 年甘肃省东乡县、积石山县贫困人口外出务工统计

单位：%

范围	务工比例				非务工比例
	3 个月以下	3 个月~6 个月	6 个月~12 个月	1 年以上	
东乡县	11.62	9.82	4.15	2.50	71.90
积石山县	12.89	13.11	7.88	3.01	63.12
甘肃省	5.11	7.66	6.95	4.97	75.31

（4）产业发展条件

从产业组织条件看，东乡县 37% 的贫困村以及积石山县 21% 的贫困村有农民专业合作社，这一比例略低于甘肃省和全国平均水平，有待进一步提高；从贫困人口参与产业组织情况看，东乡县有 17% 的贫困户参加了产

业专业合作社，积石山县有7%的贫困户参加，均高出全省和全国平均水平。这表明，两县贫困户产业组织参与程度相对较高，基本具备发展羊产业的组织条件，但仍需要继续增加专业合作社个数，提高贫困户参与专业合作社的比例。详见表4－7。

表4－7　2013年甘肃省东乡县、积石山县贫困地区产业组织情况

单位：%

范围	有专业合作社贫困村比例	参加产业专业合作社贫困户比例
东乡县	37.4	17
积石山县	20.8	7
甘肃省	66.6	3.17
全国	63.3	3.86

（5）项目村级覆盖情况

2013年东乡县贫困人口比例为37.22%，贫困户比例为41.45%，贫困村比例为50.22%，项目村覆盖贫困人口的比例为42.33%。积石山县贫困人口比例为32.96%，贫困村比例为49.66%，项目贫困村覆盖贫困人口的比例为48.14%。两县贫困人口主要集中于贫困村。一定程度上，规划实行的村级推进羊产业扶贫项目是可行的，有利于村级脱贫的实现。详见表4－8。

表4－8　2013年甘肃省东乡县、积石山县村级贫困人口覆盖情况

单位：%

县名	贫困人口比例	贫困村比例	项目村覆盖贫困人口比例
东乡县	37.22	50.22	42.33
积石山县	32.96	49.66	48.14

（6）贫困户属性分布

2013年东乡、积石山两县的困难群体人口属性中贫困人口比例最大，主要以扶贫户和扶贫低保户为主。两县低保人口比例均低于贫困人口比例，且五保户的比例较小。适合开展以扶贫开发为主的产业扶贫项目。详见表4－9。

表 4-9   2013 年甘肃省东乡县、积石山县人口构成情况

单位：%

县名	贫困人口	低保人口	五保人口
东乡县	37.22	35.04	1.18
积石山县	32.97	30.10	0.84

综合以上分析，两县的羊产业扶贫项目定位是合理的，在一定程度上为项目减贫目标和总体发展目标提供了有力保障。首先，羊产业扶贫项目的开展能够较好地利用自然条件，将环境劣势转变为发展优势，能够大力发展羊产业并形成规模，促进地区经济发展，并创造出更多的发展契机，为当地提供就业岗位解决当地农民的就业问题。其次，能够充分利用传统优势，选择具有发展潜力的贫困村，调动贫困户养羊以及通过养羊脱贫的积极性，培养贫困户的创收能力和发展能力，帮助他们增收致富。

二   项目贫困瞄准评估

1. 项目对象的选择方式

甘肃羊产业扶贫项目的扶持对象主要包括两类，第一类也是主要的是贫困户，旨在扶持脱贫。第二类是有规模发展潜力的养殖户和大户，旨在带动发展。被扶持农户，要符合四个条件：一是自愿申请；二是要有一定的养羊经验；三是针对贫困户，自我脱贫意识强；四是贫困户应是建档立卡户。

扶持对象的选择主要是由农户以家庭为单位，向所在村委会自愿提出，经过乡、村两级入户审查后，并在所确定的羊产业扶持项目村中进行公示，公示时间不少于 7 天，公示无异议后，报县羊产业试点工作领导小组，组织专人再次入户核实，经审查核实信息准确后，按有关程序实施项目。这种选择程序在一定程度上，符合扶贫项目实施和资金使用的管理规定。以产业互助金建设项目，要先由有贷款需求的贫困户进行申请，然后由乡、村两级对申请贴息补助的对象审核，并完成本村公告公示后，县里再次对确定项目户的养羊规模、真实性进行入户核实，符合条件的落实相关补助政策。

但也存在个别不符合扶持标准的情况，例如在调研过程中发现，参与扶持的一个贫困户，家中大小全都外出务工，将发放的基础母羊通过

联户养殖方式委托给大户养殖，每年仅领取几百元收益。这种情况的农户在通过羊养殖脱贫方面，必然成效不显著，不符合羊产业扶贫项目扶持对象的标准。其在入选时可能存在一定的程序漏洞。

2. 项目贫困村级瞄准

根据羊产业项目 2013 年度统计数据，东乡县计划完成实施的村共计 38 个，其中国定建档贫困村 21 个，占比 55.3%。据县扶贫工作人员提供的相关资料，剩余的 17 个非贫困村是原 2002 年确定的贫困村。积石山县 2013 年计划完成实施的 50 个村中，国定建档贫困村 28 个，占比为 56%。两县 2013 年实施的项目村中贫困村均超过一般水平。

3. 项目贫困户瞄准

2013 年两县开始实施针对贫困户养羊的帮扶项目，项目对象是建档立卡贫困户。目前，东乡县已完成向 240 户贫困户发放良种羊 1800 只以及标准暖棚圈舍的建造和畜牧养殖培训的目标。在羊产业互助金的投建中，截至 2013 年年底已完成 1397 户养殖户的养殖借贷，其中国定建档贫困户 568 户，占比 40.7%；非贫困户 829 户，占比 59.3%。从该数据看，互助金对建档贫困户的覆盖比率低于非贫困户，在一定程度上可能是由于贫困户在借贷抵押方面无法达到要求，导致借款困难的问题。这需要相关部门的关注，重视扶贫资金、金融资本对贫困户的覆盖，解决借款难题，防止发展资金对非贫困户的过度倾斜。

三　项目资金投入与使用评估

1. 项目资金的结构

根据两县实际的资金整合数据看，东乡县 2013 年计划总投资 14566 万元，总体专项资金整合地方财政配套资金的系数约为 3.83，信贷资金整合系数 1.75，群众自筹整合系数 0.71。积石山县 2013 年计划总投资 15780 万元，地方财政配套资金整合系数 2.79，行业扶贫资金整合系数 1.36，信贷资金整合系数 1.5，群众自筹整合系数 1.25。从上述数据看，两县羊产业专项资金的整合效果良好。

2. 项目资金的使用

（1）资金投向

由于评估期内其他来源资金还未全部到位，这里以本年度已全部到位的"羊产业扶贫专项资金"为例进行评估。2013 年年底，东乡、积石山两县各到位中央下拨的羊产业扶贫专项资金 2000 万元。两县的资金用途主要有两种：一是注入村级互助金，二是用于试点村养殖小区的建设。两县分别投入 1000 万元扶贫专项资金，注入 20 个村级互助金，每村 50 万元。另外的各 1000 万元扶贫专项资金，东乡县安排 171 万元用于向 6 个试点村养殖小区贫困户发放基础母羊，剩余 829 万元用于向推广村的 1420 户贫困户发放基础母羊。积石山县投资专项资金 270 万元（加上其他来源共 430 万元）用于试点村养殖小区的建设，其余 730 万元用于关家川乡芦家村以及柳沟乡阳山村的两个联户养殖小区建设。

根据上述资金使用情况，两县已完成投资的专项资金用途单一，并且缺乏合理性。两县的资金一半作为互助金直接投入，其余大部分都用作试点村养殖小区建设。例如积石山县将本年度全部 1000 万元资金仅用于 3 个试点村的联户养殖小区建设，在其他来源资金尚未到位的情况下，这一使用途径缺乏合理性，无法保障本年度规划的其他 47 个项目村的开展。

从扶贫专项资金用于贫困对象的情况看，通过将部门上报的本年度投资项目村名单与建档贫困村名单进行对照，计算东乡县的 2000 万元资金用于贫困村的比例为 100%、用于贫困户的比例约为 50%。积石山县的 2000 万元专项资金用于贫困村的比例为 100%。两县的扶贫专项资金在覆盖贫困对象方面的效果还是较好的。从羊产业扶贫项目规划的资金用途方面进行比较，实际中的用途则有较大差异。规划两县羊产业扶贫专项资金全部用于扶持贫困户购入基础母羊，但实际是各县分别将年度专项资金的一半用于互助金建设。

（2）资金使用方式

目前已完成投资的资金中，一方面，项目按照规划实行"先试后推"的方式，将部分资金先用于试点村羊产业项目建设，之后再进行推广。另一方面，两县各投入 20 个村级互助金的 1000 万元，采用平均分配的方式进行投放，即每村 50 万元。剩余资金用于贫困户购羊的部分，同样采用每村每户统一标准进行发放，没有认真考虑各个村、户不同的经济状况、贫困状况和具体需求，缺少针对性，使用方式较为单一。同时，也没有很好地将资金分配同扶贫工作考核和成效评价结果相结合，缺乏在以奖代补等竞争性分配办法方面的探索。评估思路详见图 4-2。

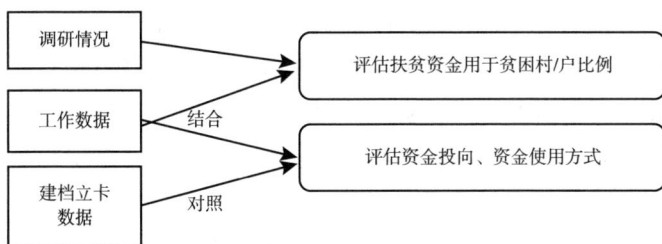

图 4－2　羊产业扶贫项目基期资金绩效评估思路

四　项目管理情况评估

1. 项目管理责任分工

该项目以乡村两级作为羊产业项目的实施与管理的责任主体，除了负责项目实施外，还要负责项目的后续管理工作。一是试点项目档案管理。将试点项目申报、实施等会议记录、代表签字、合同协议、扶持贫困户名单、公开公示材料等做好整理，归入试点项目档案做好留存。二是试点到户项目的管理。到户经营项目由贫困户自己管理，村两委班子要监督贫困户把扶持的羊产业项目经营好、发展好并成为稳定的增收来源，防止贫困户将扶持的羊只进行变卖。三是合作社或扶贫龙头企业的试点项目管理。乡村两级作为责任主体，负有监管责任，对合作社、龙头企业的跟踪监管，防止合作社或龙头企业将扶贫资金、物资进行变卖，切实督促合作社、龙头企业严格按照协议要求兑现承诺、履行义务，确保将建档立卡贫困户的经济利益落到实处，促进建档立卡贫困户早日脱贫致富。

2. 资金报账与验收

从扶贫资金报账管理规定看，两县羊产业试点项目实行财政扶贫资金县级报账制。对于县扶贫办统一实施的项目资金由县扶贫办负责报账制，并且报账时需按照财政扶贫资金县级报账制的有关规定，提供相关凭证，以上报账程序符合财政扶贫资金的管理规定。根据两县提供的工作数据看，2013 年东乡县、积石山县的报账率均为 100%。完成报账金额总计2340.5 万元，相比投入资金额，比例较低。其原因主要是由于 2013 年项目起步较晚，造成了资金使用与报账出现延迟的情况。

在试点资金项目验收方面，两县制定的有关资金项目管理规定，明确了验收周期和验收内容。坚持年度检查验收，先由乡镇自查自验，县羊产业试点工作领导小组办公室复验，并写出书面报告，申请省州验收。检查验收的内容主要包括当年试点任务完成情况，其中包括贫困户扶贫羊只管理、扶持对象是否准确、带动贫困户受益情况、贴息资金扶持户羊只存栏、村立碑、户挂牌管理情况。建立羊产业试点资金专项审计制度。县审计局要对全县羊产业试点资金进行一次全面审计。

3. 项目的监管与公示情况

羊产业试点项目实行公示制度，即坚持"公开、公正、公平"的原则，面向社会和群众张榜公示扶持对象、养殖规模、享受羊产业补助资金数额，广泛接受社会各界的监督。同时，县纪委、监察局全程参与扶贫资金的使用管理。羊产业项目的申报审批，按照群众自愿申请、村组评议所确定的羊产业扶持项目和扶持贫困户名单要在村里进行公示，公示时间不少于7天。公示无异议后，村委会将扶贫项目申报表报乡、镇，经乡、镇审核加盖公章后报县扶贫办。在一定程度上，确保了项目开展的透明度和公平性。

五　甘肃羊产业扶贫项目绩效评估结论

1. 扶贫项目的开展机制缺乏创新性，仍须进一步改进

按照中央"25号文件"提出的扶贫工作机制改革与创新思路，对规划目标、规划方案和对策措施进行一定修改和调整。首先，目标的设置应考虑试点所承载的探索新时期产业扶贫的新模式、新机制的责任和任务。其次，方案的制定要体现精准扶贫，要考虑依靠市场配置扶贫资金，尝试扶贫资金使用与管理机制的创新相结合。

2. 金融资本参与不够，资金分配方式单一

在资金筹措上，应注意对金融资本和其他社会资金的利用。可考虑加大对金融资金参与扶贫的机制探索创新，如财政扶贫资金作为贷款风险准备金等方式发挥财政扶贫资金的杠杆和引导作用，尽可能地放大财政扶贫资金的杠杆效应，提升整合效果。在资金分配上，村级资金的管理分配缺乏"特殊性"。资金分配到村后，各村都是按照县里的统一规定执行，而不是根据各村的实际情况制定发展模式、发展目标和具体做法，在整个项目管理过程中缺少精准性，在一定程度上难以保障财政扶贫资金的使用效果。对按贫困村和贫困户平均分配试点资金的办法进行改进，引入竞争机制和市场手段，探索资金分配同贫困对象需求分析、村级实施方案评审、贫困农户养羊模式效益评估等相结合的资金分配方法和机制。

3. 贫困对象瞄准和选择方式较为简单，需提高科学精准性

在选择养羊贫困户时，要分析每个贫困户的具体情况，建立更加科学的瞄准制度和选择方式，选出那些有需求、有能力养羊的贫困户进行帮扶，以实现项目制定的脱贫目标。在羊产业扶贫项目的开展方面，要按照精准扶贫的要求，对帮扶贫困户进行全程跟踪服务，并且，要设立对饲养效果按计划的专门评估和验收机制，确保精准扶持的效果。

4. 扶贫项目管理责任分工不明，管理制度有待进一步优化

羊产业扶贫项目的管理程序基本符合扶贫资金项目开展的有关规定，但也存在不足之处。结合调研的情况发现，尽管项目明确了乡村两级的责任分工，但是具体到项目涉及的有关部门，分工则不清晰。从资金拨付到使用、项目户与项目村选择、项目开展各环节都应有专门负责的单位或部门，以及明确又详细的管理规定，该项目缺少这方面的设计。在管理办法与执行方面，要依据规划目标与进度设计进一步完善项目操作制度。明确分工，列出各项具体工作的任务内容、先后顺序、具体要求、负责单位或个人、具体操作单位或个人、检查验收人等。在分工明确的基础上，综合考虑项目开展过程中不同部门的交叉，设计有效的协调方案，避免低效拖沓现象的出现，提高工作效率、缩减问题解决的程序和时间。

5. 评估数据欠缺，良好的信息数据监测环境尚未形成

要加强羊产业项目推进工作的信息监测，依据项目管理和绩效评估的要求，建立系统的监测指标体系，并按照指标的数据需求，从项目执行的基期开始，收集积累相应的数据资料，定期进行数据资料分析，提交项目实施进程的监测报告，以作为试点推进管理、方案调整以及效果评估的依据。

第三节　精准视角下扶贫项目后续绩效监测设计

数据信息在评估过程中起到了至关重要的支撑作用。对于数据信息的

利用分为两种，一种是作为手段的信息利用，另一种是作为概念的信息利用（凯斯里等，1991）。作为手段的信息利用，就是决策者或管理者依据提供的数据信息，针对出现的问题立刻做出调整和修正；作为概念的信息利用，则是指即使决策者没有依据数据信息做出管理行动或干预，但这些信息传递也会使决策者对某个问题的思考和解决策略形成知识和思维上的影响。

而数据信息获取、使用和管理最主要的途径就是监测。一项完整的扶贫绩效评估工作，是围绕评估目标展开的持续过程，包括项目开展前、项目开展中以及项目完成后的多阶段、多维度的评估。在这个持续的过程中，当需要长时间进行数据的反复测量和收集时，就是项目绩效的监测。一个扶贫项目从开始到持续产生影响的过程，包括扶贫一系列投入转化为产出，从而实现项目减贫的目标，并进一步产生更大的影响，影响贫困人口生活或具体地说改善生存环境、健康状况，提升发展能力等。这一过程中有众多起作用或产生影响的要素，并由此产生一系列的数据信息，因此有必要对整个扶贫项目开展过程进行有效的监测。实际上监测是另一种形式的评估，它通过专门的信息系统按照计划和既定的标准，对扶贫项目的实时绩效进行追踪，监测扶贫项目的资金从投入到产生影响的各个环节并收集数据，进行分析判断，及时发现问题并做出调整。

为了确保对扶贫项目的绩效做出科学、合理、完整的评估，要明确配套的绩效数据的监测和评估内容。根据本书的评估目标和思路，在精准扶贫背景下扶贫项目绩效监测主要围绕以下内容进行：一是通过对项目实施的过程及具体操作管理和建设产出情况进行监测，评估项目是否按照计划的要求开展、是否符合相关规定；二是通过对贫困农户的参与和覆盖情况进行监测，评估项目的瞄准是否能够达到规划的标准；三是通过对贫困情况指标、经济社会指标变化情况的跟踪监测，评估扶贫项目的实施是否达到了预期目标和效果。

一 根据扶贫项目不同开展阶段的划分

按照不同时间阶段，可以将扶贫项目监测分为项目基期监测、项目实施阶段监测和项目完成后监测。各阶段的扶贫项目评估目标不同，因此监测重点也有所不同。

1. 项目基期监测

扶贫项目基期（或项目前）主要是指项目实施地区提出项目规划并获得审批后，准备着手实施的这一时期，同时该阶段的相关数据也作为后续开展效果评价的参照对象。

这一阶段的监测评估工作一般由上级审批单位如国务院扶贫办，委托相关部门或第三方独立机构对提出项目申请的地区开展扶贫项目监测评估，并围绕该项工作进行有关的资料、数据收集，整理和考察工作。该阶段监测在项目正式实施前进行，主要目的一是考察评估项目规划的合理性、可行性，项目预开展的措施配套性，以及项目风险预估及应急措施的设计；二是收集记录项目实施前的相关项目实施数据和扶贫效果数据，作为项目开展后续评价的参照对象。因此，该阶段监测评估的主要内容包括以下几点。①项目规划的合理性与可行性；②项目可能存在的风险；以及规避应急措施是否完善；③项目开展地基期贫困状况；包括贫困人口的人数、收入、贫困类型、家庭情况等；④开展地的基期社会、经济状况；⑤项目资金前期预投入、到位及年度使用计划情况；⑥开展地建档立卡中项目涉及数据的适用性；⑦相关项目管理部门工作配套情况；⑧其他项目成效所需基期数据（针对不同类型的扶贫项目制定）。

2. 项目实施阶段监测

扶贫项目的实施阶段即扶贫项目正式开工到项目完成这一时期，一般是按照规划的时间进行。这一阶段扶贫项目按照规划设计，通过投入资金、人力、物资等资源完成项目计划、实现部分项目目标（扶贫项目的影响一般具有长期性，因此有些目标的实现可能在项目完成后较长时间内）。

该阶段监测的目的是跟踪扶贫项目的开展情况，评估项目是否按照规划实施，各年度的计划完成进度如何；通过对贫困对象的参与监测，评估项目是否按照规划要求瞄准扶贫对象，即精准扶贫是否到位；通过对减贫成效类指标的监测，评估项目实施是否达到了预期目标。这些内容都将由监测评估部门向上级审批部门、项目实施单位进行反馈，以便及时采取纠正措施，确保项目阶段目标的实现。这一阶段的项目监测工作贯穿整个实施过程，绩效评估工作一般是每计划年度年末以及整个规划周期的期中进行，并提交年度监测与评估报告和中期监测与评估报告。

这一阶段的监测内容主要包括以下几点。①年度资金的投入、到位、使用进度、报账等情况；②项目年度实施计划及进展情况；③项目贫困户的瞄准、选择及管理；④贫困户、贫困村致贫原因分析及针对性帮扶到位情况；⑤项目管理情况，包括招投标、竣工验收、公示公告等项目管理程序是否规范、材料是否齐全；⑥项目产出；⑦项目的年度或中期专项成效及扶贫成效；⑧项目的年度或中期目标实现情况；⑨项目贫困户或受益者的反映和评价；⑩项目存在的问题、反馈及改善情况。

3. 项目完成后监测

项目完成后阶段是指扶贫项目按照规划内容全部实施完成之后的时期。这一阶段，扶贫项目的经济效益及扶贫成效得以发挥，并将产生后续影响。项目完工后的监测目的主要是对项目成效进行评价，并对项目后续的贡献和影响进行监测。

这一阶段的监测评估内容主要有以下几点。①项目资金的总体投入、到位、使用、报账情况以及各年度比较；②贫困户的瞄准、选择、进出、管理等情况；③项目计划完成情况；④项目总体管理情况及各年度分析；⑤项目总体产出及各年度产出分析；⑥项目期末扶贫成效或综合成效；⑦项目受益者的主观评价；⑧项目存在的问题和借鉴处；⑨基于建档立卡数据的项目户后续跟踪；⑩项目后续影响。

二 根据扶贫项目对象的不同划分

根据精准扶贫工作的指导精神，当前我国的扶贫对象包括四个层次：贫困户、贫困村、贫困县、连片特殊地区四个层次。建档立卡工作主要分为贫困户、贫困村以及贫困县和片区县三个层级。扶贫项目一般是从以上三个层级出发制定实施计划和实施措施的，因此对应的监测与评估工作重点按照不同的层级划分也各有不同。并且，今后我国扶贫工作的帮扶重点将逐步下移到贫困村、贫困户，贫困"重点县"将逐步退出。

扶贫监测评估体系是一个质量控制和反馈系统，针对贫困户、贫困村的扶贫项目监测评估工作，能够更有效地了解扶贫资金的瞄准情况，改善扶贫资金的使用效率。同时，具有针对性的监测与评估工作也会不断改善扶贫项目的瞄准、计划和实施情况，并及时将项目信息进行公示，增加扶贫项目透明度，提高扶贫工作的服务质量；调动扶贫对象积极性，使他们能够主动参与到扶贫活动中，有信心、有能力实现脱贫和不断发展。所以为了强调和实现"精准扶贫"，项目的整体监测与评估工作更应该重点瞄准贫困户、贫困村这两个层级。

因此，针对不同层级实施对象的扶贫项目监测与评估重点也有所区别。针对不同层级的监测与评估工作与不同阶段的监测与评估重点是相互贯通的，在项目基期和项目完工后都要进行。

针对贫困户的扶贫项目监测重点有以下五点。①项目贫困户基本贫困状况，包括家庭基本信息、贫困户属性、生活基本条件、家庭收入、致贫原因、帮扶信息等；②参与项目情况，包括参与时间、参与方式、资金补贴方式、项目收入、项目产出等；③扶贫成效，包括人均收入变化、是否脱贫等；④项目成效：项目收入、技能提升等；⑤项目参与者的主观评价。

针对贫困村一级的扶贫项目监测重点有以下七点。①村级基本情况，包括总户数、各属性困难户数、劳动力人数、耕地面积等；②发展情况，包括经济收入、基础设施、村民组织等；③村级帮扶情况，包括帮扶单位、驻村工作人员开展帮扶工作情况；④村级落实项目的开展情况，包括参与扶贫项目种类、项目资金的到位和使用、项目成效；⑤村级项目管理情况，包括项目户的选择程序及公示公告、村级项目验收等；⑥村级扶贫成效，包括脱贫户数、脱贫人口数、基本生活条件、公共服务改善情况等；⑦村级项目专项成效，村级互助组、专业合作社建设发展情况等。

贫困县或片区层级的扶贫项目监测重点有以下五点。①县级或片区基本情况，包括社会、经济、贫困状况等；②县级或片区项目规划制定情况，包括资金筹措方案、配套措施、实施计划等；③扶贫项目开展情况，包括资金投入和使用情况，项目管理情况等；④县级或片区扶贫成效，包括农民人均收入、贫困人口收入、贫困人口数等变化情况；⑤县级或片区当地特色产业发展、金融扶贫环境改善情况等。

以上三个层级的监测评估重点和数据的获取可以依托本地建档立卡工作进行。同时，根据扶贫开展地区、实施目标的不同，可以对监测内容和重点进行调整，以适应项目变化和发展趋势。同时，要注重项目绩效监测的管理和利用。

第四节　本章小结

　　本章首先基于甘肃羊产业专项扶贫的项目类型和地区贫困特征，设计了专项扶贫项目基期绩效评估模式，明确了该项目评估的方法及所需的数据获取方式。在分析评估数据的作用和重要性的基础上，总结了建档立卡数据在专项扶贫评估中的应用，并在甘肃评估案例中进行了示范。其次采用描述性评估手段和逆向评估思维，先从甘肃羊产业扶贫目标（成效）预测评估入手，再根据精准扶贫发布政策指导以及扶贫项目的相关管理规定，对项目有关的瞄准、投入和管理等方面的绩效情况进行评估，验证了评估体系的适用性。最后出于评估实践的需要，根据项目周期不同和对象不同，对扶贫项目绩效的监测内容进行了分类概括，为后续评估实践提供借鉴。

第五章

精准视角下综合扶贫项目绩效评估分析

前文以甘肃省羊产业扶贫项目为例，依据相关的建档立卡数据和工作数据，采用逆向评估方式和描述性评估手段，对专项扶贫项目基期绩效评估进行了示范。尽管对本书的精准扶贫评估思路进行了展示，但是鉴于项目自身数据限制，缺少相应的客观数据模型分析，无法深入挖掘扶贫项目绩效的数量关系。因此，本部分以四川大小凉山综合扶贫开发项目中期绩效评估为例，试图在前文理论研究的基础上，通过多种评估方法和评估模型的探索应用，进行更为深入且全面的评估分析，以便同甘肃基期评估模式形成对比，进一步提升本书的实践指导意义。

第一节 四川综合扶贫开发项目绩效评估背景及设计

一 四川综合扶贫开发项目绩效评估背景

1. 项目类型

四川大小凉山综合扶贫开发项目，于 2010 年即精准扶贫政策及建档立卡工作全面推行之前开展。该项目是集住房建设、产业发展、交通发展、水利建设、文化教育、卫生医疗、社会保障、劳动培训等多个专题为一体的大型综合类扶贫开发项目。到 2013 年，该综合扶贫开发项目第一阶段规划已完成中期建设。

2. 项目地区贫困特征

试点所处的大小凉山地区是全国最大的彝族聚居区，是四川省乃至全国典型的特殊类型连片贫困地区。试点覆盖地区土地面积 3.38 万平方公里，包括大小凉山地区的 13 个彝族聚居县（区），即凉山彝族自治州 10 个县与乐山市 3 个县（区），辖行政村共 2668 个。总人口为 63.3 万户，共计 278.38 万人，其中农村人口 54.96 万户，230.32 万人，占总人口的 82.7%；彝族人口 197.8 万人，占总人口的 71.1%。试点地区生产总值为 212.68 亿元，县均 16.36 亿元，城镇居民人均可支配收入 8129 元，农村居民人均纯收入 2942 元。由于历史、自然、社会等诸多因素的综合影响，该试点地区的社会发育程度低，经济发展总体水平滞后，社会公共服务水平低。目前，该地区有 11 个国家扶贫开发工作重点县，集中连片贫困地区面积达 3.53 万平方公里，占地区面积的 45.9%。贫困群众处于不稳定、低层次的温饱状态，与全省、全国小康进程不断加快呈明显反差。该地区的贫困特征如下。

一是贫困高度集中。按照国家统计局测算结果，该试点地区农民人均纯收入低于 1196 元的农村贫困人口共有 46.911 万人，贫困发生率为 20.36%。按 2300 元的新扶贫标准，试点贫困人口达 81.36 万人，占全省贫困人口总数的 15.8%，贫困发生率为 35.4%，其不仅是四川省内极其突出的集中贫困地区，在全国范围内也是十分典型的特殊贫困地区。作为扶贫工作的重点区域，该地区的贫困问题对整个凉山地区乃至四川省整体的协调发展有着重要影响。

二是致贫因素较为复杂。由于该地区自然环境特殊，多为山区，且生态环境较为脆弱，泥石流等自然灾害频发，给人们的居住环境带来了严峻考验。尚有 246 个村不通公路，64.3 万农村人口未解决安全饮水问题，12.13 万户贫困农户未解决入户用电，21.74 万贫困人口居住在生态环境恶劣的高寒山区、干旱缺水地区以及高度分散地区，0.3 万户生活在滑坡、泥石流等自然灾害特别严重的地区，试点地区人畜混居一屋或同处一院现象比较普遍。该地区基础设施建设相对落后，加之隶属少数民族地区、社会文化水平较低等原因，试点的社会、经济发展受到了严重阻碍，贫困问题难以解决，并且因病致贫现象突出。

二　四川综合扶贫开发项目绩效评估设计

1. 评估目的和内容

前文的研究已经明确了精准扶贫背景下，扶贫项目绩效评估作为一个体系的系统性和复杂性，涉及内部相互关联的绩效要素，以及评估作为一种管理手段所包含的各职能要素。基于前文的理论基础，对四川扶贫项目进行综合绩效评估。以扶贫项目瞄准绩效为根本，并参考扶贫对象的主观评价分析，有助于评估者在客观评估依据的基础上，从扶贫受益者的角度对项目绩效进行更为全面的把握，找出扶贫绩效存在的问题和了解扶贫对象的真正需求。

由于该项目属于综合类型的扶贫开发项目，且开展时期尚未推行精准扶贫政策，因此项目的方式和性质与甘肃羊产业扶贫项目有所差异。根据四川综合扶贫开发项目的类型及开展周期，主要采用分部评估的方式，评估内容主要包括以下三个方面（见图 5 - 1），首先是扶贫瞄准评估，重点考察该项目的瞄准精度和成效，其次是扶贫受益者评价，再次是综合项目评估，最后在以上三方面评估分析的基础上，指出扶贫试点项目存在的主要问题，并提出改进建议。

2. 评估方法

按照上述评估目的和评估内容，参照前文的评估指标，结合四川大小凉山综合扶贫开发项目实际开展情况及周期数据类型，各部分选择的评估方法主要以模型评估为主，不同于甘肃项目的描述性评估方法。第一，通过建立回归模型，模拟项目范围内样本贫困户的贫困收入曲线，分析项目的瞄准精度；第二，通过多元回归技术和因子分析等数学模型方法，在入户问卷调研的基础上，分析扶贫对象的主观评价与扶贫绩效之间的影响，并评估受益者对扶贫项目的满意度；第三，通过层次分析法（AHP）、熵权法的主客观赋权法结合以及优劣解距离法（TOPSIS）评估模型方法的综合运用，确立评估指标权重并对各分项目进行绩效计算和排名，分析项目绩效的总体情况；第四，在上述定量评估的基础上，对该扶贫项目的整体开展情况进行定性把握。

3. 评估数据

数据资料的获得主要包括三个渠道：一是由试点区域市州、县等相关

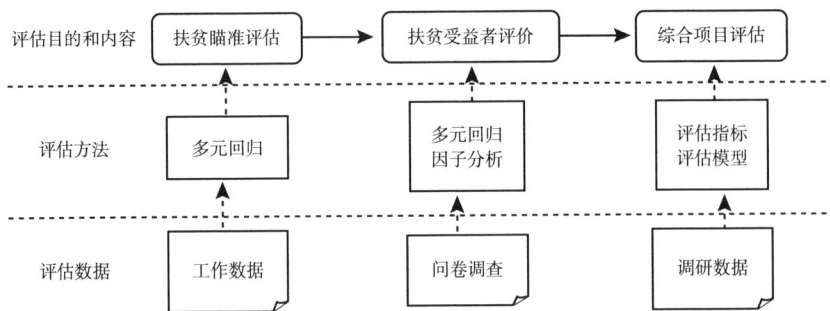

图 5-1 四川大小凉山综合扶贫开发项目绩效评估流程

政府部门提供的工作数据；二是通过入户问卷调查获得的农户数据；三是通过现场调研、座谈形式获得总体情况相关信息。

第二节 四川综合扶贫开发项目绩效评估分析

一 扶贫瞄准绩效评估分析

2010 年起，四川大小凉山综合扶贫开发项目的实施，采用的主要是区域瞄准（县级和村级）为主并辅以个体（贫困家庭）瞄准相结合的方式，但是由于项目的开展机制和投入方式的问题，不可避免地存在覆盖不完全和漏出问题。为了能够较为科学合理地评估和测度四川大小凉山综合扶贫开发项目的瞄准绩效，本书通过借鉴前人的经验，采用计量回归模型进行分析。

1. 数据来源

由于大小凉山项目开展得较早，缺少相关建档立卡数据，且项目规模较大，扶贫瞄准的指标评估法并不适用，因此采用问卷样本调查的方式收集数据以用于计量回归分析。在考虑调研时间及信息可得性的基础上，为了较全面地获取与项目评价相关的农户信息，设计的调研问卷包括农户个人及家庭基本情况、农户生活条件及公共服务获得情况、农户扶贫项目参与情况、农户对扶贫项目的评价情况共四部分内容，每部分内容又包含若干个由调查对象回答的客观和主观问题。为回答问题方便考虑，除家庭基本信息中的人员状况、土地、收入、支出及财产等五类问题外，其他的均采用选择题的方式列出问题。

调查样本选择。在样本选取方面，采用分层判断与随机抽样相结合的方法选取样本。共覆盖大小凉山综合扶贫开发项目区的2个州（市）的13个县31个行政村，抽样的选择包括县、村和农户共三个层次。在县、村层面，采用选择抽样。根据各县项目实施的具体情况，结合当地扶贫主管部门的意见，在乐山市的3个县中选择了马边县，在凉山自治州的10个县中选择了昭觉、美姑和布拖3个县，共4个县作为样本县，在4个县中又选择了具有代表性的31个村作为样本村。在每个样本村的农户层面，采用随机抽样的方式选择1004户作为调查样本。为了保证所使用问卷的有效性，我们对所得到的所有样本问卷进行了审查分析，主要从问卷填写的完整性、数据之间的内在逻辑性及具体数值偏离常值情况进行审查，获得有效农户问卷966个。

2. 计量模型

本书选择多元线性回归模型和 Logistic 回归模型来分析抽样地区的扶贫瞄准情况，模型的构建在第三章已经进行了分析，在此不再赘述。这里对有关数据的具体获取以及瞄准情况进行补充分析。

3. 变量描述

多元线性回归与 Logistic 回归的自变量，都是结合大小凉山地区实际的贫困特征，依据本地扶贫开发瞄准政策的实施情况，选取能够反映农户家庭福利和贫困状况并易于收集的变量（见表 5-1）。其主要包括农户家庭特征、基本生活条件、资产情况、经济活动参与情况、社会服务获得等。因变量家庭人均消费支出和自变量家庭人口总数取对数处理。

表 5-1　回归分析的变量描述

变量	描述	均值	标准差
人均消费支出（元）	2012 年家庭人均消费支出	3179.5931	1931.7937
家庭人口总数（人）	家庭人口总数	4.8050	1.4281
家庭最高学历	文盲 = 1，小学 = 2，初中 = 3，高中 = 4，大专及以上 = 5	2.2683	0.7901
有无外出务工	有 = 1，无 = 0	0.5253	0.7658
参与新农合	是 = 1，否 = 0	0.9133	0.2815
是否经常停电	是 = 1，否 = 0	1.9340	0.2485

变量	描述	均值	标准差
卫生设施情况	室内厕所 = 1, 室外厕所 = 2, 室外公共厕所 = 3, 无厕所 = 4	1. 8803	0. 7887
是否有通信工具	是 = 1, 否 = 0	0. 7069	0. 4554
是否外村迁入	是 = 1, 否 = 0	0. 1022	0. 3030
住房是否危房	是 = 1, 否 = 0	0. 1605	0. 3728

4. 回归结果

在四川大小凉山贫困地区农户调研数据的基础上，首先进行多元线性回归分析。在异方差检验中，通过非标准化残差序列的绝对值与解释变量的 Spearman 相关系数，判断是否存在异方差（见表 5 - 2）。

表 5 - 2　扶贫项目瞄准绩效分析的多元回归结果

变量	系数	标准误差	$P > |t|$
截距项	9. 1190	0. 1770	0
家庭人口总数	− 0. 6120	0. 0520	0
家庭最高学历	0. 0980	0. 0230	0
有无外出务工	0. 1190	0. 0230	0
参与新农合	− 0. 2430	0. 0630	0
是否经常停电	− 0. 2530	0. 0710	0
卫生设施情况	− 0. 1010	0. 0240	0
是否有通信工具	0. 4270	0. 0390	0
是否外村迁入	0. 1040	0. 0580	0. 0730
住房是否危房	− 0. 0520	0. 0510	0. 3070
$F = 190. 441$	—	—	—
$Prob > F = 0$	—	—	—
Adj. R – squared = 0. 688	—	—	—
$D - W = 0. 902$	—	—	—

经过检验，发现"参与新农合"的 Spearman 相关系数的显著性为 $P = 0. 021$，在 0. 05 水平上显著，说明存在异方差。为了处理异方差问题，采用加权最小二乘法进行修正，得到回归结果如表 5 - 2 所示。所有变量的 VIF 值都小于 10，说明不存在多重共线性问题，且 Durin-Waston 检验的值

接近 2，不存在序列相关。

在 Logistic 回归中，首先采用 Hosmer-Lemeshow（H-L）指标对模型的拟合优度进行检验。该检验结果显示 $\chi^2 = 6.584$，显著性水平为 0.582，不能拒绝原假设，模型拟合良好。模型的 χ^2 为 210.986，df 值为 9，自变量较好地解释了因变量，统计显著。

在多元回归和 Logistic 回归结果中，"是否外村迁入""住房是否危房"这两个变量不显著（Sig. > 0.05），说明扶贫开发地区瞄准措施依据的迁入情况、住房条件指标，对准确识别贫困对象帮助不大（见表 5 - 3）。除此之外的其他指标在两种回归模型中都显著，在一定程度上说明这些指标有助于瞄准准确识别和瞄准分析。

表 5 - 3　扶贫项目瞄准绩效分析的 Logistic 回归结果

变量	B	S. E.	Wald	Sig. ($\alpha = 0.05$)	Exp（B）
截距项	− 5.5660	0.8620	41.7330	0	0.0040
家庭人口总数	1.9780	0.2500	62.3910	0	7.2290
家庭最高学历	− 0.2570	0.0980	6.8540	0.0090	0.7740
有无外出务工	− 0.3790	0.1040	13.2150	0	0.6840
参与新农合	1.0550	0.3250	10.5710	0.0010	2.8730
是否经常停电	1.2000	0.3400	12.4570	0	3.3220
卫生设施情况	0.2600	0.1030	6.3380	0.0120	1.2960
是否有通信工具	− 1.3630	0.1680	65.5350	0	0.2560
是否外村迁入	− 0.4500	0.2660	2.8690	0.0900	0.6380
住房是否危房	0.2060	0.2160	0.9100	0.3400	1.2290

5. 瞄准精度分析

根据最小二乘法回归得到的大小凉山地区人均生活消费支出的估计值为 $\hat{y}_i$，对比人均生活消费支出 y_i 及其估计值 $\hat{y}_i$ 的分位数图（叶初升，2012），可以看到处在贫困线 2300 元的实际贫困人口百分比要高于预测贫困人口百分比（见图 5 - 2）。从图中可以看出，样本农户的实际人均生活消费支出在 2300 元以下的比例约为 42.7%，极少数在 6000 元以上。

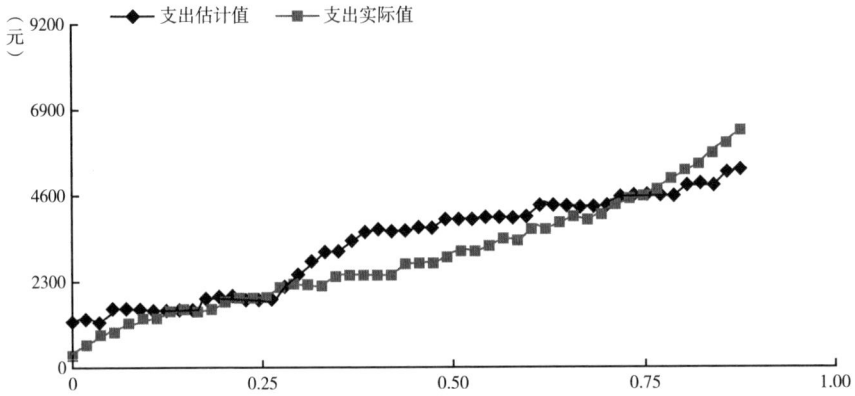

图 5 - 2　样本农户人均消费实际支出与估计值分布

同样从图 5 - 2 可以看出，通过多元回归得到的样本农户人均生活消费支出的估计值与实际值有所差别，在 2300 元以下的人均消费支出估计值比例约为 33.2%，小于实际比例，说明瞄准政策的多元回归模型估计与实际贫困情况存在一定偏差，并且，回归模型估计的高收入人群比例要小于实际情况，在一定程度上没能反映出样本农户的实际贫富差距。

多元回归计算得到的样本地区贫困人口瞄准的漏出率约为 21.8%，说明有 21.8% 的真正贫困人口没有被扶贫瞄准。将非贫困人口瞄准为贫困人口的比例约为 9.6%。Logistic 模型估计的样本农户贫困发生率为 30.5%，与实际贫困发生率也存在一定的偏差。根据该模型回归结果计算得出的瞄准漏出率约为 18.9%，溢出率即将非贫困人口瞄准为贫困人口的错误率约为 9.9%（见表 5 - 4）。

表 5 - 4　多元回归与 Logistic 回归模型的瞄准精度

单位：%

项目	多元回归	Logistic 回归
瞄准漏出率	21.8	18.9
瞄准溢出率	9.6	9.9

通过以上样本分析结果，可以看出综合扶贫开发地区的贫困户瞄准存在一定的漏出和溢出现象，瞄准出错率较高。结合实地考察的情况可知，这主要是由于瞄准方式和措施缺乏一定的科学性和合理性，导致贫困漏出现象存在。以彝族新寨建设为例。根据 2010～2012 年的统计数据，彝家新寨共实施了 1451 个村，仅占试点地区贫困村总数的 68.12%，有近 1/3 的贫困村没有被覆盖。在彝族新寨建设中，由于缺乏前期调研，导致项目开展的基期数据统计不完善，地方部门对本地的贫困农户基本情况掌握不充分。对于选择项目农户，试点地区没有统一规范的选取办法，各村自行操作，差别很大。调研中发现，在已实施彝家新寨项目的村中，由于项目参与具有一定的自筹要求，对于较为贫困农户而言门槛高，一些非贫困户被选入项目帮扶范围，加上规划项目户数有限，村中一定比例的贫困对象没有被项目覆盖。因此，大小凉山综合扶贫开发项目的贫困瞄准方式还有待改善，应结合实际情况制订科学合理的瞄准方案和实施方案。

二　扶贫受益者主观评估分析

（一）扶贫受益者评价反映客观绩效的实证检验

为了对四川大小凉山综合扶贫开发项目绩效进行更加全面、有效的评估，除了收集评估相关的工作数据外，本书通过问卷的方式，针对项目地区贫困农户就综合扶贫开发项目的主观评价进行了调查分析。首先，基于新公共管理理论研究思路，通过实证数据验证扶贫受益者即扶贫对象评价与客观绩效之间可能存在的联系。其次，依据评估对象的评价结果，评估综合扶贫开发项目绩效情况，重点关注"扶贫开发是否真正帮扶到扶贫对象""他们的贫困状况有没有改善"等问题。

前文已对问卷的主要构成进行了阐述，这里仅对"主观评价"内容做进一步的介绍。贫困农户对扶贫项目"主观评价"的内容主要分为三部分，第一部分是农户对自身生活改观、收入改观以及对扶贫人员工作态度的满意度评价，第二部分是农户对各子项目的参与度、知晓度、公平性等方面的满意度评价（用于第三步评估），第三部分是农户对项目总体的满意度评价。调查问卷中的主观评价部分用李克特量表形式，针对农户对收入改善、生活质量改善、工作人员满意度以及总体满意度的程度划分，由不满意（或变差较多）到非常满意（或改善较多）分别取值 1~5。

1. 量表的信度和效度检验

在进行回归分析之前，本书首先对量表部分的数据进行了信度和效度的检验。信度检验同前文一样，也采用 Cronbach's alpha 系数进行分析，得出的整体信度值为 0.795，大于 0.7，表明上述量表的信度可以接受（见表 5-5）。

表 5-5   贫困农户满意度调查量表的信度检验

变量	删除该项后的 α 值	Cronbach's alpha 值
收入改善满意度	0.788	
生活改善满意度	0.732	0.795
工作人员满意度	0.742	
总体满意度	0.656	

在效度检验时，本书通过因子分析的方式得到了各变量的因子载荷量，用以判断量表的收敛效度（Convergent Validity）。通过 SPSS 18.0 软件的计算分析，得到的收入改善满意度、生活改善满意、工作人员满意度、总体满意度的因子载荷分别为 0.713、0.772、0.780、0.881，均大于 0.5，表明本书量表收敛效度在阈值范围内。

2. 主观评价统计描述

在回收的 966 份有效问卷中，经过统计，被调查者中男性占比较大，为 61.7%，女性占 38.3%；年龄最小的 18 岁，最大的 77 岁。教育程度方面，49.6% 的被调查者为小学学历，40.8% 为初中学历，另外高中以及文盲的比例分别为 8.2% 以及 1.4%，由于本次调查针对的是贫困地区，在抽样中大专及以上学历的被调查者比例近乎为 0。被调查者的家庭人口一般为 4 人或 6 人，占比分别为 27.7% 和 21.7%。外村迁入的贫困户占被调查者的 10%。

3. 变量的设置

在前文的研究中，已经明确了"扶贫对象的主观评价"越来越受到政府部门以及第三方绩效评估者的认可和重视，并且众多学者通过实证研究发现，受益者主观评价与客观绩效间存在一定的关联，即他们认为主观评价能够反映扶贫工作的实际绩效，并且做出的评价与实际绩效状况相一致，而这种关联往往是通过某种感知起作用的，在前文的理论分析中已阐述。为了进一步分析贫困农户的主观评价对扶贫项目绩效评估工作的影响，即扶贫项目的实施绩效能否通过农户的主观满意度反映出来，本书在前人研究的基础上，试图通过引入中间变量"扶贫对象感知"，借助因子分析和建立有序 Logistic 回归模型的方式进行分析。这里的"扶贫对象感知"是指扶贫对象对自己所参与扶贫项目的效果以及自身贫困状况有较为直接的感观。具体详见表 5－6。

（1）扶贫对象满意度

扶贫对象满意度主要是指扶贫对象对扶贫工作的整体满意度评价，评价选项包括非常不满意、不满意、一般、满意以及非常满意。

（2）扶贫对象感知

本书主要从三个方面来考察"扶贫对象的感知"：扶贫对象对实施扶贫项目后生活质量改变的感知、扶贫对象对实施扶贫项目后收入改变的感知、扶贫对象对扶贫工作人员态度的感知。

（3）扶贫绩效

结合分析所需数据性质，以及调查地区开展综合扶贫开发项目的实际情况，对前文评价指标体系进行了调整。这里的扶贫绩效主要针对的是地区成效，即以调研地区为单位选择能够反映扶贫项目对贫困农户和地区影响的绩效指标。扶贫绩效选取的测量指标主要包括资金、管理、扶贫效果等三个方面。"资金"类指标主要指扶贫资金的投入，这里采用样本收集所在不同地区对应的扶贫资金投入量的贫困人口均值。"管理"类指标体现扶贫工作的管理情况及管理效率，一般包括资金报账率、资金招投标率以及项目完工率。"效果"类指标主要是指扶贫项目取得的成效，主要包括代表减贫效果的减贫率，代表扶贫地区综合扶贫成效的新农合参合率、义务教育巩固率、低保覆盖率等。扶贫绩效测量所需的数据由调查的四川省大小凉山地区 4 个贫困县的县级扶贫部门和抽取的 31 个贫困村的村级部门提供。

（4）扶贫对象基本特征

本书中扶贫对象的基本特征主要包括性别、年龄、受教育程度、家庭人口数、是否外村迁入等。

表5-6　变量的含义与描述性统计结果

变量名称		变量含义及赋值	均值	标准差
扶贫对象主观评价	总体满意度	非常不满意＝1、不满意＝2、一般＝3、满意＝4、非常满意＝5	4.350	0.670
扶贫对象基本情况	性别	女＝0、男＝1	0.620	0.490
	年龄	调查对象的真实年龄（岁）	41.540	2.910
	教育程度	文盲＝1、小学＝2、初中＝3、高中＝4、大专及以上＝5	3.300	0.680
	家庭人口数	调查对象的家庭人口总数（人）	4.805	1.428
	是否外村迁入	否＝0、是＝1	0.102	0.303
扶贫对象感知	生活改观	变差很多＝1、稍有变差＝2、没有变化＝3、稍有改善＝4、改善很多＝5	4.440	0.640
	收入改观	减少较多＝1、部分减少＝2、没有变化＝3、部分提高＝4、提高很大＝5	4.220	0.660
	工作人员	非常不满意＝1、不满意＝2、一般＝3、满意＝4、非常满意＝5	3.570	0.730

4. 扶贫客观绩效综合评分的获得

采用包括资金投入、项目管理以及扶贫成效等三个方面、八个指标的相关数据。首先，通过KMO值以及Bartlett's球形检验，分析该数据是否适合进行因子分析。借助SPSS 18.0软件，计算得到的KMO值＝0.721＞0.5，Bartlett's球形检验显著P＝0.000，表明可以进行因子分析。其次，由于各类指标的统计单位不同，将指标数据进行标准化处理后用于因子分析。再次，对选取的八个绩效指标进行主成分提取，即确定因子。最后，通过正交旋转法提取了4个公因子，它们共解释了总变量的78.655%，丢失信息较少（见表5-7）。

表5-7　因子分析的特征值及累计贡献率

成分	初始特征值			提取平方和载入			旋转平方和载入		
	合计	方差的%	累计%	合计	方差的%	累计%	合计	方差的%	累计%
1	2.181	27.264	27.264	2.181	27.264	27.264	1.765	22.062	22.062
2	1.579	19.740	47.004	1.579	19.740	47.004	1.680	21.005	43.066
3	1.484	18.556	65.560	1.484	18.556	65.560	1.537	19.213	62.279
4	1.048	13.104	78.665	1.048	13.104	78.665	1.311	16.385	78.665
5	0.661	8.265	86.930	—	—	—	—	—	—
6	0.431	5.392	92.322	—	—	—	—	—	—
7	0.354	4.425	96.747	—	—	—	—	—	—

旋转后获得的4个公因子的方差贡献率以及因子得分（见表5-8）将用于计算客观绩效的总分值。以各因子旋转后的方差贡献率为权，由各因子的线性组合得到综合评价指标函数（见前文公式3-13）。

表5-8 旋转后的负荷量

指标	成分			
	1	2	3	4
报账率	0.902	-0.015	-0.138	-0.136
完工率	0.859	0.095	0.152	0.138
资金投入	-0.125	0.921	-0.038	0.072
招投标率	0.416	0.695	0.317	-0.080
新农合参合率	0.022	-0.067	0.864	0.223
低保覆盖率	0.001	0.177	0.800	-0.356
贫困人口减少率	-0.059	-0.003	0.012	0.863
义务教育巩固率	0.144	0.552	-0.081	0.583

因子的具体得分通过 SPSS 18.0 软件直接生成，并将提取的4个公因子按照其贡献率加总后可得到扶贫绩效的总得分，计算公式如下：

$$绩效总分 = (0.22062 \times F_1 + 0.21005 \times F_2 + 0.19213 \times F_3 + 0.16385 \times F_4)/0.78665$$

5. 扶贫客观绩效对扶贫对象感知的影响分析

按照前文的研究思路，如果扶贫对象的感知是基于扶贫客观绩效做出的，而扶贫对象满意度又是基于自身的感知做出的，那么我们可以认为扶贫绩效对扶贫对象的主观评价是存在一定的影响的。为了分析，我们采用的是有序 Logistic 模型。其概率函数为：

$$p(y_L = j/x_i) = \frac{1}{1 + exp[-(\alpha + \sum_{(i=1)}^{n} \beta_i x_i)]} \tag{5-1}$$

例如，当因变量 y_L 表示扶贫对象对生活质量改变的感知，j（$j=1$，2，3，4，5）为 y_L 的等级，则 $y_L=1$ 表明生活质量变差很多、$y_L=2$ 表明稍有变差、$y_L=3$ 表明没有变化、$y_L=4$ 表明稍有改善、$y_L=5$ 表明改善很多个等级，x_i 表示影响扶贫对象感知的第 i 种因素（$i=1$，2，3，…，n）。

则有序 Logistic 回归可定义为：

$$\text{Log}_{it} = (P_j) = lm\left[\frac{P(y \leq j/x)}{1 - P(y \leq j/x)}\right] = -\alpha_j + \sum_{i=1}^{n}\beta_i x_i \qquad (5-2)$$

其中，P_j 表示扶贫对象对生活质量改变的感知级别为 j（$j=1$，2，3，4，5）的概率，为模型影响因素的系数。当影响因素的系数 β 为正时，表明 x 取值越大，潜在变量 y_L^* 的取值越大，即因变量 y_L 取更高等级的概率越大；β 为负时，则相反。在获得了 α 和 β 的参数估计后，$y = j$ 的概率就可以通过式子 5 - 3 计算出来：

$$p(y \leq j/x) = \frac{exp\left[-\left(\alpha_j + \sum_{i=1}^{n}\beta_i x_i\right)\right]}{1 + exp\left[-\left(\alpha_j + \sum_{i=1}^{n}\beta_i x_i\right)\right]} \qquad (5-3)$$

本书选取了"扶贫对象对实施扶贫项目后生活质量改变的感知""扶贫对象对实施扶贫项目后收入改变的感知""扶贫对象对扶贫工作人员的工作态度的感知"三个方面的感知分别作为因变量，并以因子分析测算获得的扶贫客观绩效总分值作为自变量，建立三个模型进行分析。同时将扶贫对象的基本情况（包括性别、年龄、教育程度、家庭人口数、是否外村迁入），作为自变量分别纳入三个模型中（见表 5 - 9）。

表 5 - 9   样本地区扶贫对象感知的有序 Logistic 回归结果

变量		模型 1	模型 2	模型 3
因变量		对生活质量感知	对收入改变感知	对工作人员态度感知
自变量	扶贫绩效总分	1.758 ***	1.518 ***	3.998 ***
	性别	- 0.055	- 0.291 **	0.015
	年龄	0.004	- 0.094	0.076
	教育程度	- 0.107 *	0.279	- 0.086
	家庭人口数	0.033	- 0.114 **	0.079
	是否外村迁入	- 0.242 **	0.440 **	0.159
Log likelihood		- 908.765	- 1044.511	- 826.662
LR. chi		116.784 ***	51.315 ***	154.476 ***
Pseudo R²		0.060	0.024	0.086
N		966	966	966

注：*、**、*** 分别表示 10%、5%、1% 的统计显著性水平。

客观绩效总分值：通过回归结果看，模型1和模型3中，客观绩效总分的回归系数在$P<0.01$的水平下显著为正，表明随着客观绩效总分的升高，扶贫对象的感知评价级别越高。具体在模型1中，客观绩效得分越高，扶贫对象认为生活质量改善的程度越大。在模型2中，客观绩效得分越高，扶贫对象认为收入提高的程度越大。在模型3中，客观绩效得分越高，扶贫对象对扶贫工作人员的满意度越高。

在模型1和模型3中，教育程度的回归系数在$P<0.1$的水平下显著为负，说明在教育程度对扶贫对象感知生活的改观、感知扶贫工作人员态度方面，还是存在一定影响的。并且，随着教育程度提高，做出的感知评价级别在下降。这可能是因为，受访者受教育程度越高，其做出感知评价时考虑的因素越多，做出很高评价的可能越小。在模型2中，性别的回归系数在$P<0.05$的水平下显著为负，表明男性认为收入改善的程度相比女性要小。本书调查的贫困地区，男性多为家庭收入的主要创造者，从事工作的比例较高，他们对家庭收入的具体数额和改变情况可能更加清楚。这或许是导致该回归结果的原因。在三个模型中，年龄的回归结果均不显著，表明年龄的差异对扶贫对象做出的感知没有影响。

在模型2中，家庭人口数的回归系数在$P<0.05$的水平下显著为负，表明随着家庭人口数的增加，扶贫对象认为收入提高的程度越小以及认为变差的程度越大。在实际中，家庭人口多往往也是贫困家庭的特征之一，因此，家庭人口越多，扶贫对象增收就越困难。在模型1和模型2中，是否外村迁入的回归系数在$P<0.05$的水平下显著，但是正负相反。模型1的结果表明，外村迁入的扶贫对象认为生活改观的程度比非外村迁入（即本村）的扶贫对象认为生活改观的程度要大，可能是因为被调查地区的外村迁入者，均为移民搬迁的实施对象，迁入后的居住地较以往的生存环境有明显改善。模型2的结果表明，非外村迁入扶贫对象认为收入的提高程度比外村扶贫对象认为收入的提高程度要大，这可能是因为，移民搬迁的扶贫对象从外村迁入的时间尚短，生活劳务各方面都还不稳定，以迁入前收入为参照，其现有收入改善的不明显，也不如对生活环境改善的感觉那样直观。

6. 扶贫对象感知对扶贫对象总体满意度的影响分析

在表5-10中，"对生活质量感知""对收入改变感知""对工作人员态度感知"的系数分别在 $P < 0.01$ 的水平下显著为正,表明当扶贫对象感知生活质量改善得越多、感知收入提高得越多、对扶贫工作人员态度越满意时,对扶贫项目的总体满意度就会越高。扶贫对象的性别、年龄、家庭人口数在上述模型中均不显著。"教育程度"在模型 5 和模型 6 中的系数显著为负,表明扶贫对象的受教育程度越高,对扶贫项目的总体满意度越低。"是否外村迁入"在模型 4 中的系数在 $P < 0.1$ 的水平下也是显著的,说明外村迁入的扶贫对象的总体满意度高于非外村迁入的。

表 5 – 10　样本地区扶贫对象满意度的有序 Logistic 回归结果

变量	模型 4	模型 5	模型 6	模型 7
因变量	扶贫对象总体满意度			
性别	0.177	– 0.005	0.044	0.090
年龄	0.002	0.005	0.053	– 0.002
教育程度	– 0.069	– 0.190 **	– 0.270 *	– 0.174 *
家庭人口数	0.008	0.007	– 0.004	– 0.032
是否外村迁入	0.397 *	0.318	– 0.080	0 305
对生活质量感知	2.403 ***	—	—	1.826 ***
对收入改变感知	—	1.084 ***	—	0.550 ***
对工作人员态度感知	—	—	2.414 ***	1.834 ***
Log likelihood	– 723.619	– 877.655	– 726.072	– 609.487
LR. chi	449.482 ***	141.411 ***	444.5761 ***	677.746 ***
Pseudo R^2	0.237	0.075	0.234	0.357
N	966	966	966	966

注: * 、** 、*** 分别表示10% 、5% 、1% 的统计显著性水平。

在模型 7 中,同时将扶贫对象的三种感知加入,它们的系数仍然显著为正。同时,"教育程度"的系数显著为负,表明除了扶贫对象三种感知对扶贫满意度有显著正影响外,扶贫对象的教育程度越高,对扶贫项目的总体满意度越低。以上回归结果表明,扶贫对象生活质量的改善、收入的提高以及对工作人员态度的认可,会使扶贫对象对扶贫的整体满意程度更高;而外村迁入的扶贫对象由于迁入后的生活环境有较大改善,对扶贫的满意度往往较本村居民更为显著。扶贫对象的教育程度则反向影响自身对扶贫项目的总体满意度,这一点同上文的验证结果是类似的,可能是因为高学历者在做出评价时更加地客观理性、综合考虑的因素较多。

综上表明，第一，样本地区扶贫客观绩效对扶贫对象感知的影响是显著的，即扶贫对象的感知是基于扶贫客观绩效做出的。第二，样本地区的扶贫对象感知对扶贫对象对扶贫项目的总体满意度具有显著影响，表明样本地区扶贫对象的主观满意度评价在一定程度上是基于扶贫对象对生活改变、收入改变以及工作人员态度的感知做出的。第三，在样本地区扶贫对象的基本情况当中，性别、教育程度、家庭人口数、是否外村迁入等因素对扶贫对象的感知有影响，教育程度、是否外村迁入对扶贫对象的满意度有影响。

通过以上分析表明，样本地区扶贫对象对扶贫工作的主观评价在一定程度上是基于自身对扶贫效果以及扶贫工作的感知做出的，并且在一定程度上能够反映扶贫客观绩效。同时，扶贫对象的感知也较为直观地反映出扶贫工作给他们的生活、收入都带来怎样的变化。因此，在四川大小凉山地区的扶贫绩效评估实践中，重视扶贫对象的主观评价，有助于找出扶贫工作存在问题、改善绩效管理水平。

（二）基于扶贫受益者角度的绩效评估

根据抽样调查的分析结果，试点地区群众对受益面大、与老百姓生活密切相关的专题参与情况较好，对实施效果和扶贫工作的总体情况比较满意。从样本扶贫对象对大小凉山综合扶贫开发项目的整体评价看，有超过一半（53.8%）的人认为综合扶贫开发项目实施后，他们的收入有部分提高，认为收入没有变化的比例为32.1%，认为有较大提高的农户只占7.2%，而认为收入变差或差较多的比例较小（见表5－11）。

表5－11 大小凉山扶贫开发总体满意度评价情况

单位：%

	改善很多	稍有改善	没有改善	稍有变差	变差很多
收入水平变化	7.2	53.8	32.1	6.2	0.7
生活水平改善	33.8	55.2	10.5	0.29	0.21
	非常满意	满意	一般	不满意	非常不满意
工作满意程度	52.6	42.4	4.6	0.3	0.1
总体满意程度	55.99	39.83	3.71	0.38	0.95

认为综合扶贫开发项目实施后，生活稍有改善和生活有较大改善的被调查农户占据多数，比例分别为 55.2% 和 33.8%。有 52.6% 的被调查农户对政府扶贫工作人员感到"非常满意"，"满意"比例也达到了 42.4%，即 95% 的被调查者对政府扶贫工作人员持肯定态度。有近 56% 的农户对政府的扶贫工作非常满意，而且超过 95% 的农户表示对政府扶贫工作表示认可。

从以上调查数据的统计分析结果不难看出，大小凉山贫困地区的贫困农户对综合扶贫开发有的认可程度是较高的，但对个别专题的建设成效了解及认可程度不高。贫困地区对各个扶贫专题的知晓率普遍比较高，其中"彝家新寨"的农户知晓率达到了 92.40%，其他专题的农户知晓率也都在 65% 以上。农户对各专题建设的参与度整体较高，但产业扶贫、劳务发展、毒品治理等三个专题项目的参与率比较低，均未达到 50%。同时，调查表明 71.39% 的农户表示对专题选择及规划过程还是比较了解的，这说明在专题选择和规划过程中，相关部门的宣传是比较到位的。对于"劳务发展"和"产业发展"两个专题，可能由于专题农户覆盖及投入等方面的原因，分别有 35% 和 49% 的农户，对这两个专题的成效并不清楚。

三 综合扶贫各分类项目绩效评估对比分析

该地区的综合扶贫开发建设主要以彝家新寨（住房）建设为载体，联合产业、交通、水利、教育、卫生、社会保障、劳动培训等多个部门建设共同开展。目前各项目的一阶段规划已实施过半。由于投资规模大、参与部门多，导致了各项目规划是否合理、项目间的配合是否协调、项目管理科学与否，对于决定该综合扶贫开发规划能否顺利进行起到至关重要的作用。为了考察和评估目前扶贫项目的总体开展情况以及存在的问题，并为试点下一阶段的开展提供借鉴，本部分首先运用层次分析法（AHP）、熵权法确定四川大小凉山综合扶贫开发项目绩效评估指标的权重，最后结合优劣解距离法（TOPSIS），对各扶贫分项目的管理绩效比较分析，并做出综合评价。

1. 数据来源

这一部分的评估所需数据主要来源于相关政府部门提供的工作数

据，包括四川省及大小凉山相关市州、县政府部门所提供的工作数据和文件资料。采集的方式主要是通过各级政府相关部门按所设计的数据收集表分级填报获取。同时，评估结果的分析也结合了实地调研时记录的数据情况。

2. 评估指标体系及其权重分析

根据四川大小凉山综合扶贫开发各分项目的实际开展情况和数据获取的可能性，本书在原评估指标体系的基础上，进行了调整。由于扶贫工作的特殊性和评估指标权重的确立，需要与实际情况相结合，并借助本领域专家的知识和经验，同时也要保证指标赋权时的科学性和相对准确性，因此本书采用层次分析法的主观赋权和熵权法的客观赋权加权办法，来确定大小凉山扶贫项目绩效评估的指标权重。

主观赋权：对回收的专家调查结果进行整理后，根据层次分析法计算过程（见第三章），计算得到判断矩阵整体的 $CR = 0.0230 < 0.10$，通过了一致性检验。之后获得的综合扶贫多项目绩效评价指标体系权重，见表 5 – 12。

客观赋权：熵权法是根据各指标的变异程度，利用信息熵计算出各指标的熵权对指标权重进行修正，然后得出较为客观的指标权重。设有 m 个待评估项目和 n 个评价指标，形成的评价矩阵为 $R = (r_{ij})_{m \times n}$（$i = 1, 2, \cdots, m$），第 j 个指标下第 i 个指标值的比重为：

$$p_{ij} = r_{ij} / \sum_{i=1}^{m} r_{ij} \qquad (5-4)$$

则第 j 个指标的信息熵为：

$$e_j = -k \sum_{i=1}^{m} p_{ij} \ln p_{ij}, (k = 1/\ln m) \qquad (5-5)$$

第 j 个指标的熵权为：

$$w_j = (1 - e_j) / \sum_{j=1}^{n} (1 - e_j) \qquad (5-6)$$

根据以上计算公式得到的扶贫项目绩效评估各指标的信息熵，见表 5 – 13。

表 5 - 12　大小凉山扶贫开发项目绩效评估指标的主观权重

一级指标	权重	二级指标	权重	一致性检验
资金管理 B1	0.2098	资金到位时效 C1	0.1132	$CR = 0.0089 < 0.10$
		财政资金放大系数 C2	0.0623	
		资金贫困户覆盖率 C3	0.0343	
项目管理 B2	0.5500	项目规划合理性 C4	0.1861	$CR = 0.0427 < 0.10$
		建设项目完工率 C5	0.0977	
		规划目标进展度 C6	0.0702	
		资金报账率 C7	0.1439	
		项目招投标率 C8	0.0520	
扶贫对象评价 B3	0.2402	项目公开性评价 C9	0.0664	$CR = 0.0053 < 0.10$
		项目参与度评价 C10	0.1430	
		项目满意度评价 C11	0.0308	

表 5 - 13　大小凉山扶贫开发项目绩效评估指标的信息熵

C1	C2	C3	C4	C5	C6	C7	C8	C9	C10	C11
0.3365	0.6976	0.2386	0.8808	0.4789	0.4889	0.5342	0.3119	0.5387	0.5744	0.6543

计算得到的各指标熵权，如表 5 - 14 所示。

表 5 - 14　大小凉山扶贫开发项目绩效评估指标的熵权

C1	C2	C3	C4	C5	C6	C7	C8	C9	C10	C11
0.1294	0.0589	0.1480	0.0212	0.0993	0.0967	0.0870	0.1326	0.0855	0.0784	0.0630

在得出大小凉山扶贫开发项目绩效评估指标的主观权重和客观权重后，根据扶贫项目评估的特性，按照主观权重 0.7 和客观权重 0.3 的加权值，计算指标的综合权重值，计算结果见表 5 - 15。

表 5 - 15　大小凉山扶贫开发项目绩效评估指标的综合权重

C1	C2	C3	C4	C5	C6	C7	C8	C9	C10	C11
0.1181	0.0613	0.0684	0.1366	0.0982	0.0781	0.1268	0.0762	0.0721	0.1236	0.0405

3. 综合项目绩效评估与比较分析

基于 TOPSIS 法的评估步骤如下。首先，根据计算得到的综合权重值及各项目对应指标值，建立加权标准化决策矩阵 $V = (v_{ij})_{m \times n}$ 如下：

0.0311	0.0068	0.0253	0.0603	0.0328	0.0293	0.0437	0.0052	0.0290	0.0534	0.0163
0.0390	0.0024	0.0332	0.0362	0.0301	0.0237	0.0463	0.0102	0.0169	0.0232	0.0096
0.0417	0.0234	0.0185	0.0482	0.0325	0.0235	0.0341	0.0459	0.0281	0.0479	0.0176
0.0431	0.0507	0.0291	0.0482	0.0367	0.0235	0.0328	0.0288	0.0249	0.0406	0.0104
0.0546	0.0028	0.0185	0.0362	0.0245	0.0293	0.0305	0.0052	0.026	0.0447	0.0152
0.0247	0.0128	0.0222	0.0422	0.0341	0.0235	0.0464	0.0402	0.0228	0.0370	0.0126
0.0501	0.0039	0.0148	0.0482	0.0341	0.0264	0.0479	0.0003	0.0134	0.0256	0.0066
0.0306	0.0200	0.0185	0.0482	0.0342	0.0264	0.0471	0.0330	0.0229	0.0406	0.0103
0.0289	0	0.0185	0.0362	0.0341	0.0278	0.0468	0	0.0277	0.0477	0.0181

其次，获取最优方案向量：

B^+ = (0.0546 0.0507 0.0332 0.0603 0.0367 0.0293 0.0479 0.0459 0.029 0.0534 0.0181)

最劣方案向量：

B^- = (0.0247 0.0148 0.0362 0.0245 0.0235 0.0305 0 0.0134 0.0232 0.0066)

之后，按照公式计算得到各项目的绩效与最优、最劣方案的距离 D_i^+、D_i^-，以及相对接近程度 $C_i = \dfrac{D_i^-}{D_i^+ + D_i^-}$，计算结果如表 5 - 16 所示。

表 5 - 16 大小凉山扶贫开发项目各子项目绩效评估排名

项目	与最优方案间的距离 D_i^+	与最劣方案间的距离 D_i^-	相对接近程度 C_i	排名
新寨 Y1	0.0650	0.0483	0.4261	5
产业 Y2	0.0750	0.0309	0.2917	9
公路 Y3	0.0393	0.0642	0.6205	2
水利 Y4	0.0329	0.0685	0.6754	1
卫生 Y5	0.0727	0.0409	0.3597	6
教育 Y6	0.0565	0.0503	0.4712	4
劳务 Y7	0.0770	0.0349	0.3117	8
文明 Y8	0.0482	0.0496	0.5075	3
社保 Y9	0.0786	0.0367	0.3182	7

从计算结果看，各项目的相对接近程度排序为 $Y_4 > Y_3 > Y_8 > Y_6 > Y_1 > Y_5 > Y_9 > Y_7 > Y_2$。项目的相对接近程度值越大，表明该项目的整体评估绩效越优，反之越差。在9个项目当中，水利建设项目的整体绩效是最优的，其次是公路交通建设项目，彝家新寨建设与社会文明建设项目较为接近，而产业发展项目的整体绩效则最差。

以上评估结果同研究者实地考察的情况也较为相符。水利建设项目的建设效果显著，获得了扶贫对象的较高认可，并且该专题的资金到位和报账及时、项目完工率高并达到年度规划目标，使得整体绩效最优。相比较而言，产业发展项目由于前期规划制定得不够完善，导致后续的实施情况和效果都不尽理想。扶贫对象对于产业发展项目的参与不够，多数贫困户不了解当地开展的产业项目有哪些，并且由于参与户的收益不理想，对产业项目满意度也较低。另外，彝家新寨专题，也同样存在规划不够合理之处，造成项目建设存在一定问题，主要表现在对项目贫困户缺乏规范的选择机制，部分住房困难的贫困户未能覆盖到，而对于入选的项目户，没有规范的选取办法，各村自行操作，效果差异较大。劳务发展项目的宣传普及工作不到位，扶贫对象知晓率、参与率不高，缺乏扶贫对象的普遍认可，因此整体满意度也较低。社会保障专项的资金主要来源是财政补贴，并且缺少相应招投标。卫生医疗专项的完工率和项目资金报账率都是9个项目当中最低的，所以整体排名比较靠后。

四 总体的评估结论

从整体而言，各项目的资金整合效果明显、资金到位总体情况良好。项目资金及管理绩效良好，在实地考察当中也发现相应的管理组织机构健全，主要的资金和项目管理规定齐备、资金管理总体规范、项目实施管理基本有序。扶贫对象的参与率、知晓率整体较高，对项目的实施效果也给予了高度认可。

（1）规划合理性

规划在各个专题之间的配合协调还有不足。由于采用一个总体规划加10个专题的方法，加上各个专题由不同部门牵头组织实施，总体规划的刚性和统筹作用不强，导致不同专题、不同部门在试点的组织实施过程中沟通不好，协调不够。在实地调研中发现，不同专题建设步骤不协调不同步，出现彝家新寨建设基本完成，但相关公共服务如卫生室、重要生活设施如安全饮用水等建设项目没有及时到位，影响了试点整体效益的发挥；还存在通村道路尚未建设，但彝家新寨建设已经启动的情况，由于交通问题加大了整个试点项目的投入成本。

（2）扶贫瞄准

大小凉山地区整体的瞄准情况良好，但现行的瞄准政策存在一定的漏出和溢出现象，并且，边远高海拔贫困村相比一般贫困村贫困程度更深，帮扶需求最迫切但难度却更大。由于现有试点规划以整体发展为先，对这部分特别困难群体的计划不够，加上扶贫投入与实际需求差距较大，无法做到全覆盖。彝族地区人民多数居住在贫困山区，常年遭受自然灾害的威胁，加上文化、健康等自身发展能力的限制，这部分特别困难群体数量不可忽视。因此，他们的贫困收入状况未能得到根本改善，在一定程度上对整体的扶贫效果有所影响。

（3）扶贫资金投入

试点建设投入的财政扶贫资金整合效应显著，并且试点实施以来用于11个片区县和重点县的资金总量占试点总投资的98.97%，资金使用重点突出。但存在社会投入尤其是金融资金投入不足，较多地依靠财政资金投入以及资金的分配合理性需要改进等应注意的问题。试点资金投入在很大程度上还依靠财政资金投入，财政资金投入资金占了总投资的66%，社会资金仅占34%，社会扶贫投入特别是银行信贷资金投入不足。

（4）扶贫项目管理

管理组织机构健全，但管理情况不平衡，不同的项目管理水平有差别，有些乡村的基层管理文档不健全、一些民办公助项目的实施缺乏规范的操作办法。项目管理有差异，在一定程度上代表着项目综合管理水平的项目完工率在不同专题及不同县之间的差别较大，水利建设专题的完工率均超过100%，而卫生专题2012年仅完成规划任务的60%左右。根据实地考察发现，有相当一部分乡村项目管理文档不健全，缺乏详细的项目推进文档资料及资金管理详细账目。

（5）项目减贫成效

这一点通过统计数据得到了印证：项目实施3年来，新寨建设中共有60998户受助农户住上了新居，有60285户开展了环境绿化，居住条件得到根本改变；区域内的基础设施建设成就明显，公共设施有了很大改善。片区县、重点县农民人均纯收入增幅较项目实施前明显提高，2009年试点地区农民人均纯收入的中位数为2774元，实施三年后的2012年为4112元，较实施前增长了48.23%。但仍然存在一些问题需要改进，比如由于产业发展较为滞后，产业项目的建设不到位，贫困地区农民收入虽然增加，但同四川全省平均农民收入水平相比差距无明显缩小。

第三节　本章小结

本章以四川大小凉山扶贫开发项目中期绩效的评估案例为例，分别从扶贫瞄准绩效、扶贫主观评价绩效、扶贫分别项目绩效等几个方面进行综合性评估。首先，通过多元线性回归和逻辑回归模型，估算了项目地区扶贫瞄准情况。其次，基于问卷调研数据和有序逻辑回归模型分析，发现扶贫受益者的主观评价在一定程度上能够反映扶贫客观绩效，应受到评估方和项目实施者的重视。再次，运用层次分析法和熵权法，通过主观赋权与客观赋权的加权处理确定评估指标的权重。最后，通过TOPSIS法对综合扶贫开发各子项目的绩效进行对比评估，检验了基于精准扶贫视角所构建的扶贫项目绩效评估思路、评估方法、评估指标及其权重的适用性。

第六章

精准视角下扶贫项目绩效
评估改进的对策建议

精准扶贫的实施，对当前扶贫项目的开展以及扶贫项目绩效的评估提出了新要求和新标准。基于精准视角的扶贫项目绩效评估体系构建的一个重要意义在于，为评估工作提供实践指导。通过对甘肃、四川两省扶贫项目的实证分析，检验绩效评估的模式、评估手段和方法、评估指标、评估数据收集等实际操作方面是否适用，指出仍须改进之处，并进一步提出扶贫绩效评估的改进建议，既有利于评估实践工作的开展，也能够为扶贫项目和扶贫事业提供决策支撑。

第一节　精准视角下扶贫项目绩效评估的实践总结

一　评估模式和方法方面

1. 精准扶贫视角下的绩效评估框架

本书在经济学和管理学理论分析的基础上，基于管理生态学的系统思想构建了精准扶贫大环境下的扶贫项目绩效评估框架。将扶贫项目绩效评估看作是一个包含绩效和评估两个子系统在内的有机体，而绩效系统和评估系统，又分别通过网络链接各相关要素，形成各自的内部环境和组织结构。这两个子系统之间又通过数据传递和信息反馈，以及人为主导的管理行为，形成交互关系，不可分割。并且在绩效评估整体系统当中数据信息的有效监测和反馈，是维系系统不断运转演替的重要因素。因此，本书在这一研究框架下，进一步展开评估体系设计、方法研究、指标选择、数据应用分析等工作。通过甘肃以及四川两个案例的实证分析，检验了评估系统思想和评估体系的适用性，即有利于在实践中从分类瞄准、资源配置、监督管理、实施效果等互相关联的几个方面，对扶贫项目的精准绩效做出科学、系统的评估，挖掘扶贫项目存在的问题。

2. 甘肃省羊产业扶贫项目的描述性评估

在对甘肃省羊产业扶贫项目基期绩效的评估中，鉴于项目的特殊性，采用的是逆向的描述性评估方式，即在项目尚未取得成效的基期，通过对项目目标（效果）预测的方式来分析其可行性，之后再从瞄准、投入和管理的角度展开评估。具体的操作，首先是对实地调研数据、部门上报工作数据和工作文件材料、建档立卡数据进行整理、比对和分析，然后根据制定的评估指标，以定性评估和定量评估的方法，用文字、列表的描述形式进行评估分析。这种评估手段，更多的是对项目开展过程的呈现，能够在一定程度上对该扶贫项目的基期开展情况有一个整体把握。通过定性与定量的描述评估，可以较为直观地呈现项目在瞄准、资金投入和管理方面的主要做法、方式以及所对应的数量情况，反映出扶贫项目在精准扶贫方面的执行情况。结合相关的政策法规以及评估者的经验判断，找出扶贫项目开展存在的问题，然后做出总结评估，能够为扶贫项目后续开展提供参考意见。

但是通过甘肃案例评估实践，发现描述性评估的应用还存在一定的弊端。描述性的评估方法无法实现更加深入的数量分析，例如对于扶贫资金投入产出效率的分析，根据相关数据的描述性评估可以了解扶贫资金从投入开始的数量到实现产出的结果，但是对于投入到产出的变化过程中有哪些影响投入产出效率的数量因素，则无法获取，不利于对扶贫项目进行更为深入的定量分析。除此，当需要对不同类别的扶贫项目进行效率评估时，由于各项目投入产出的性质不同，是无法从数量大小上直接对比的，需要通过必要的标准处理后借助模型等进行量化分析，这是描述性评估无法实现的。

3. 大小凉山综合扶贫开发绩效的模型评估

大小凉山扶贫项目是综合扶贫开发项目，分别包括了住房、教育、医疗、社保、交通、水利、产业等多个分类项目，实施规模较大，实施周期长。针对大小凉山扶贫开发项目的上述特性，本书采用了以计量、运筹模型为主的评估手段和方法，并针对必要的评估内容和评估指标，进行了分类评估。

首先是扶贫项目的瞄准评估，由于该项目的实施规模较大且各类分项目的性质不同，采用指标法依据工作数据计算贫困瞄准比例比较难以实现。例如有些区域建设项目，如交通、水利等是以整体设施条件改善为首要目标，对于贫困对象个体瞄准性不是很强，因此无法通过计算贫困覆盖比例进行评估，并且由于项目性质和目标差异，即使计算出瞄准比例也因缺乏标准无法进行对比。所以尝试从综合扶贫开发项目的整体瞄准评估着手，结合贫困相关的收入、基本生活条件等相关的规模调研数据，采取模拟回归的方式，估计扶贫开发项目对地区贫困人口的瞄准精度。这种方法，能够通过样本数据的模拟结果，从一定程度上反映项目整体的一个瞄准情况，但是由于样本数量有限，经过回归得到的估计值也可能受到回归技术的影响，存在一定的偏差。

其次是有关扶贫项目对象主观评价分析。通过前文的理论分析得出，扶贫项目受益者的参与和主观评价，在一定程度上对扶贫项目绩效的发挥产生影响。笔者结合入户调研数据和绩效工作数据，通过因子分析方法和构建有序逻辑回归模型，验证了扶贫对象主观评价在一定程度上能够反映客观绩效。然后在此基础上，从参与度、公开公正性等方面对各项目进行了满意度调查分析。这种以扶贫对象主观评价为依据的评估手段，在评估实践中也开始被广泛应用。它能够避免官方工作数据虚报造成的评估错误。但是，受益者主观评价受到多方面因素的影响，对于评价数据的收集和分析方法要求较高，需要做进一步的深入分析和实践检验。

最后是扶贫开发各分项目的综合对比评估。采用的是层次分析法（AHP）、熵权法、优劣解距离法（TOPSIS）的结合应用。第一，根据调整的评估指标体系，收集对应项目的工作数据和调研数据。第二，按照预期的评估目的，采用层次分析法主观赋权和熵权法客观赋权并加权结合的方法，确定评估指标的权重。根据扶贫项目的特殊性，以专家主观意见为主，指标的客观熵值为辅。得到的评估结果与实际调查的经验判断较为接近，说明这种赋权方法在实践中具有一定的合理性和适用性。第三，通过TOPSIS方法，将每一个分项目作为评估方案或对象，对各分项目的效率值进行排名，得出评估结果。这种运筹模型分析方法，能够实现对各分项目的对比评估，然后结合实地调研情况进行分析，为实施管理者提供更为直接的数量决策依据。但是通过这种方法获取的评估结果仍会受到数据等主客观因素的影响，并且，这种方法对项目开展过程存在的定性问题如政策规定执行是否合乎规定等，无法实现评估，还需要借助其他的定性评估手段等。

二　评估指标的使用方面

通过甘肃和四川大小凉山两个不同类型扶贫项目的评估实践，检验了构建的评估指标体系。整体上，所选的评估指标能够按照精准扶贫背景下的评估思路和目的，实现对扶贫项目瞄准绩效、资金投入绩效、产出绩效、减贫成效等方面的综合反映，帮助评估者发现在扶贫项目开展各环节中可能存在的问题以及这些问题是如何影响了扶贫项目绩效的发挥。

首先，在扶贫项目瞄准绩效评估方面。这一类评估指标结合当前多样化的贫困特征和精准的指导思想，从贫困对象瞄准、适宜发展的项目对象瞄准、贫困需求瞄准、瞄准方式、是否较好地结合本地实际情况等进行了评估。除了得出瞄准数量结果外，还能找出影响项目瞄准性的因素在哪一个环节，为决策者提供改进依据。其次，在扶贫项目资金投入与使用方面的评估。评估指标除了进行常规的资金整合评估、资金时效评估等，还根据精准扶贫的思想以及理论研究的基础，重点突出了资金使用方式创新的评估，即判断扶贫资金在以奖代补等激励型使用方式上的尝试，是否能够提高扶贫资金的使用效率。再次，在扶贫项目管理方面的评估。对扶贫项目管理的评估，主要通过定性定量结合的指标，依据实地考察、文件审阅和工作数据，就管理流程、方式、具体做法进行评估。除了以上扶贫实施者角度的客观评估指标外，还包括扶贫对象的主观评估指标，即从扶贫受益者角度对扶贫项目的管理情况和扶贫项目是否符合自身所需的满意度进行评估。最后，在扶贫项目的成效方面的评估。该类指标是对扶贫成效最为直观的反映，这类指标的评估主要从减贫成效、社会经济成效等方面进行。

尽管以上评估指标体系能够在一定程度上实现评估者的评估思路和评估目的，但在评估实践中，会因项目类型的多变而产生个别的不适用性。需要根据实际情况进行必要的调整，而调整的参照标准则不确定。因此，基于精准扶贫背景制定的评估指标体系还需做进一步的完善，并尽可能提供指标评估标准，以提高其一般适用性。此外，评估指标的设定应更加有助于绩效监测的实现，避免由于扶贫绩效动态监测不到位导致的扶贫资源瞄准偏差。因此，在构建扶贫项目绩效评估指标体系时，评估指标的设置必须能够实现定期的动态跟踪收集，对扶贫对象和扶贫效果进行全面监测和评价，帮助扶贫项目构建动态的进入与退出机制，瞄准真正需要扶贫的贫困对象，提高扶贫成效。评估指标的设计，可以帮我们进一步探索其与建档立卡之间的有效衔接，通过利用建档立卡数据更为准确、深入地对扶贫精准绩效进行评估。

三　评估数据收集与监测方面

数据信息对于评估的重要作用已经明确。通过评估方法的尝试和评估指标的使用，不难发现，评估数据获取的质量和程度对评估结果有很大影响。本书在对甘肃省羊产业扶贫项目和四川大小凉山扶贫开发项目的评估实践中，主要采用的是工作数据表收集方式、实地调研方式以及问卷调查方式来获取评估数据。这一过程会受到数据监测设计、调查技巧、时间期限等主客观因素的制约。

这其中，扶贫项目工作数据和问卷调查数据的数据量都是较为庞大的，尤其是四川大小凉山综合扶贫开发项目涉及 10 个分项目，多个实施部门、管理部门交错。因此，工作数据的填报必须能够贴合扶贫项目开展的实际，将指标转换为表格数据形式让填报人员能够明白所需数据内容，要逻辑清晰、易于收集。在两个地区的扶贫项目评估中，也遇到了个别工作数据无法填报的情况，主要是由于相关部门缺乏有效的绩效数据监测管理，影响了项目绩效的评估。此外，数据收集和监测的必要性也对评估指标提出更实际的要求，即评估者要充分了解扶贫项目的执行体系和扶贫工作开展情况，设计的指标要符合实际、利于收集，并且，要进行必要的数据审核和反馈、校正。例如是否存在明显的错误或者疏漏，上报数据内部逻辑关系是否合理、一致。对于数据存在问题的，要及时反馈并要求相关部门说明原因。在问卷调查数据中，由于问卷调查数据的质量同问卷的设计和调查方式具有一定关联。尤其是主观评估数据的调查部分，要注意数据的量化形式和处理方法。另外，还有调查方式的科学性也会影响数据收集效果。

除此，本书在甘肃省羊产业扶贫项目绩效评估中，还尝试使用了建档立卡数据。由于当前全国范围的建档立卡工作刚刚起步，数据的完整性在不断提升。针对贫困对象的信息收集，在一定程度上能够帮助评估者实现在精准绩效等特定内容上的评估，为决策提供参考，并且该项数据量规模巨大，对于分析贫困实况等具有良好的实践意义。在今后的扶贫绩效评估中，可以逐步探索对建档立卡信息化的有效利用。

第二节　精准视角下扶贫项目绩效评估的机制问题

1. 各层级的扶贫绩效评估与监测机构尚未建立

目前，多数扶贫项目的评估与监测的组织实施主要有以下几种方式。一是多部门联合，由审批部门如国务院扶贫办，联合其他机构如统计部门以及地方政府开展对项目的监测和评估。二是由审批部门交付第三方部门组织项目的绩效评估，该部门独立进行或委托科研机构承担评估工作。三是由扶贫项目实施部门即地方政府的组织财政、审计等相关部门，对项目进行评估。从以上几种开展形式可以看出，从国家到省级再到地方层面，都没有设置专业独立系统的扶贫项目评估机构。执行机构的缺乏，导致扶贫评估制度、计划、方法和相关职能的缺失，将阻碍功能完善评估体系的形成和扶贫网络化的建设。

2. 统一扶贫绩效评估制度还未建立

精准扶贫的背景下，我国力求在建档立卡数据库的基础上，结合项目监管评估等业务数据，搭建起扶贫开发数据库进而实现扶贫信息化建设。目前我国的扶贫项目的评估监测体系还不成熟，主要是因为缺乏完善的评估制度，单纯的评估机构并不能保证评估和监测功能很好地发挥。由于专门组织机构和机制的缺乏，我国当前的扶贫项目绩效评估方法还没有形成系统的方法体系。虽然现今学者对扶贫领域的评估方法的研究众多，但大部分都是针对个别项目，缺乏科学系统的评估制度和方法。由于方法标准的缺失，也使得当前的扶贫绩效评估工作实施效果不尽理想。对扶贫项目的进度、产出以及项目实施的效果与影响的内容缺少必要的评估指标，或可评估性不强，并且没有明确项目的监测指标及其基线数据和数据来源等。指标的不明确给项目评估和监测工作带来很大的困难。

3. 缺乏连续的绩效监测机制和信息反馈机制

例如四川大小凉山综合扶贫开发项目实施周期为 10 年，周期较长，项目的扶贫开发效果和影响并未在短时间内显现。由于单纯重视项目验收结果，往往只是在项目完成后针对项目进行效果评估，而在项目实施前后，缺乏连续的监测机制，不能及时发现项目执行过程中存在的问题和提供监测数据，以致无法形成有效的信息反馈机制，为后续项目的实施提供借鉴。在评估工作开展过程中，配套的定期调查、研讨制度缺乏，不能够使工作中出现的新问题、新方法等通过研讨的方式得到及时解决和推广。除此，多数项目往往在结项评估后就不再进行后续的跟踪监测，使得扶贫项目的效果评估缺乏可持续性，不够客观合理。扶贫绩效相关信息公开度低，各地尚未形成与扶贫工作相关的信息共享机制和工作协同机制。缺乏有效的监督，未形成"事先预警、事中监控、事后评估"的综合监管体系，无法对国家扶贫政策、措施的出台带来决策支撑。

4. 缺少扶贫对象参与绩效评估机制

目前多数扶贫项目的评估仍是封闭式的。在前文所述中，世界银行项目的实施，对贫困对象的参与式评估起着很好的示范效果。在扶贫项目绩效评估中，扶贫对象参与度低，就无法发挥自身在绩效评估中的作用，也难以保障评估结果取信于扶贫对象，有失科学民主化。多数扶贫项目的绩效评估工作往往都是由相关部门根据一些工作数据和实地考察情况对项目绩效进行评估。在精准扶贫背景下，仅是瞄准村级和贫困户，而缺少参与式评估的结合，就无法确保扶贫切实到村到户和扶贫发展的支持不偏离为贫困人口服务的方向。

5. 扶贫瞄准绩效的专项评估不到位

自 1986 年以来，中央政府就大规模地投入资金用于贫困地区的发展。目前的一些研究从瞄准度上分析研究显示扶贫资金和扶贫项目存在大量瞄准漏出现象。这一方面反映出当前扶贫资源瞄准效率不高，另一方面也反映出针对扶贫项目的瞄准绩效监测评估不够到位，无法提供有效的保障和反馈。具体来讲，当前的扶贫项目绩效评估缺乏从项目资金使用方向、项目内容选择、项目覆盖户选择等方面对扶贫的瞄准绩效进行针对性的监测和评估。要确保精准扶贫工作的顺利实施，就必须注重对扶贫项目瞄准绩效的监测和评估。

第三节　精准视角下扶贫项目绩效评估的改进建议

1. 形成扶贫绩效动态监测评估机制

扶贫项目的实施周期一般较长，并且实施的效果和影响也不能在短时间内显现。因此，要建立长效、连续的绩效监测评估机制，及时发现项目执行过程中存在的问题，为形成有效的信息反馈机制奠定基础。第一，要在评估工作开展过程中，配套建设定期的调查、研讨制度，使评估中出现的新问题、新方法等通过研讨的方式得到及时解决和推广。第二，强化扶贫项目在结项后的跟踪监测，使得扶贫项目的效果评估更具可持续性、更加客观合理。尝试从国家—省级—地方三个层面，设置专业独立的扶贫项目监测评估机构，形成既统一又特殊的扶贫项目评估制度、方法和功能，推动评估体系化和扶贫网络化建设。第三，针对扶贫资金使用与管理，设计资金专项监测评估机制和程序，形成规范化、制度化的资金监察机制。避免地方忽视贫困对象的切身需求，将扶贫资金投入到与扶贫无关的形象工程导致扶贫资金严重浪费的现象。第四，探索基于扶贫开发重点县动态监测评估的退出机制，将扶贫开发成效与贫困地区干部的考核选拔任用挂钩。通过科学有效的扶贫绩效评估与制度设计，实现扶贫重点县的合理退出。此外，加强对扶贫项目资金使用方向、项目内容选择、项目贫困户选择等方面的监测评估，形成"事先预警、事中监控、事后评估"的综合监管体系，确保精准扶贫工作的顺利实施。

2. 建立专业化的扶贫绩效评估机构

目前，我国相关的公共部门绩效评估的理论和实践都有了较大的发展。许多公共服务项目绩效评估成功案例有值得扶贫绩效评估借鉴的地方。例如，建立专业的评估机构和获取政府的支持是实现绩效有效评估的重要前提（叶敏，2008）。因此，建议由政府引导，逐步发展建立起扶贫绩效评估专业化机构，负责扶贫绩效监测评估任务，并发挥监督绩效的作用。具体而言，首先，专门的扶贫项目绩效评估机构要负责制定并监督执行绩效评估的管理办法，要重视制定与扶贫项目绩效评估相配套的机制制度；研究并制定科学合理的扶贫绩效评估方法标准；重视扶贫项目绩效评估的基础工作，设计并开展对扶贫项目开展前期的有效诊断；根据扶贫绩效评估考核结果建立反馈机制，并配合相关部门监督执行；形成绩效评估报告，提出扶贫项目绩效改进的意见。其次，负责对地方评估的参与人员，进行评估指标或评估标准、评估方法、信息收集、结果反馈和运用等方面的专业培训，来增强扶贫绩效评估实践的标准化和科学性，提高社会对扶贫绩效评估的认可程度。最后，发展非政府第三方专业评估机构的监督作用，有助于扶贫绩效评估结果的公正性和科学性。由政府部门主导实施的扶贫绩效评估，常常会因为自身工作利益需求和特定的目的，造成评估出现偏差、不合理问题，阻碍了扶贫部门广泛地吸纳群众意见。在这种情况下，非直接利益相关的第三方评估机构更容易提出指导性的意见。同时，第三方评估力量的兴起，有助于各级政府逐步跳出具体琐碎的项目管理事务，节省政府部门的精力，对扶贫绩效提升将产生积极的影响。

3. 提高扶贫对象在绩效评估中的参与性

扶贫资金的使用和受益范围主要是在村一级，众多的实践证明村级组织和贫困群众不单是扶贫资金项目的受益者，也应该是扶贫项目实施和管理的重要参与者。扶贫资金如何使用、资金管理是否合理公平、扶贫项目效果如何都应该受到贫困群众的评估和监督。贫困群体参与项目评估较少，缺乏发言权，使得政府代替群众决策的项目选择，难以适应当地贫困群众的发展所需，贫困人口无法从这类项目扶持中获得自我管理和发展的能力。进而造成贫困群众不认可政府的扶贫项目，参与扶贫的积极性大打折扣，对项目疏于建设和管理，项目收效甚微。因此，应引入扶贫对象参与式评估和监督方法，扩大群众基础。通过扶贫机制内部的强制监管和外部的群众监督相结合，对扶贫资金由传递到接受各个环节实行有效监控，提高扶贫管理工作效率。可以逐步在贫困村建立以社区和农户为主的参与机制，由村组织和农户根据他们当地的实际情况确定扶贫项目、扶贫资金使用方式，扶贫监督方法等，建立扶贫项目实施管理和实施效果的自主调查评估制度。县、省等政府部门可以通过收集这些自主评估资料作为参考，用于调整和改进政府的扶贫措施，有助于帮助政府部门更好地理解贫困，增强扶贫措施的有效性和扶贫工作的瞄准性。

4. 加强扶贫项目绩效评估成果的转化

扶贫项目绩效评估的目标不是为了单一呈现绩效评估的结果，更重要的是通过扶贫项目绩效的监测和评估，提高扶贫项目实施主体的管理效率。通过形成扶贫项目绩效评估报告，对扶贫绩效的评估结果进行阐述，有针对性地提出绩效改进意见，并依据扶贫绩效评估的结果作为贫困地区地方政绩考核的重要依据。在形成绩效评估报告的过程中，能够通过扶贫绩效评估报告实现扶贫各级部门之间的信息传递和有效沟通，为实施者制定下一阶段的扶贫计划提供重要的参考依据和数据支撑。同时扶贫的管理者能够通过评估过程和评估结论的表述，掌握当前扶贫绩效水平，了解扶贫工作中的问题，进一步改进扶贫工作的实施绩效。此外，将扶贫绩效的评估结果与扶贫有关部门的激励奖惩机制相挂钩。前文的理论分析中提到，绩效管理通过评估结果来鼓励和提高工作积极性和发挥创造性。因此，为提高扶贫工作人员对扶贫工作的责任心与认真态度，结合扶贫绩效评估的结果开展对扶贫相关部门的工作奖惩机制，鼓励扶贫工作人员主动提高工作效率和服务质量，提升扶贫总体绩效。

5. 建立制度化的评估信息反馈沟通机制

正如前文研究所强调的，扶贫各主体间或部门间存在的信息不对称，造成扶贫项目在传递、接受环节中出现寻租和效率低下的问题。因此，扶贫项目信息的及时反馈沟通是十分必要的。不仅要建立扶贫部门间的共享机制，还要以此为依托建立起涵盖贫困识别信息、扶贫决策信息、扶贫资金预算分配信息、项目管理监督信息、扶贫成效监测等综合多方面的扶贫信息化系统。在监控数据的基础上，定期形成报告，对负责主体及时反馈。通过扶贫信息网络化，实现各级扶贫机构开展工作数据的有效利用，支撑社会资源和扶贫对象参与扶贫工作。充分发挥大数据的优势，开展决策支持，推动扶贫决策的科学化，并且在实现实时数据交换的基础上，开展数据比对、统计、分析，实现不同部门之间、行业之间的业务协同，为构建"大扶贫"格局奠定基础。同时加强扶贫评估组织与评估对象组织的有效沟通，将扶贫绩效评估建立在对评估对象了解和认同的基础上，使评估主体决定扶贫绩效评估方式和评估结果的现象得以扭转。在实践绩效评估的过程中要注意和扶贫项目负责部门的及时沟通反馈，以及同地方贫困群众的交流。

6. 建立扶贫绩效评估信息公开平台

扶贫绩效评估信息平台能够实现对社会公众的公开公示，该平台的建立既有利于扶贫的具体实施者了解绩效水平，做出针对性的改进，也有利于政府部门与社会公众的互通交流，让社会公众了解政府扶贫工作，扩大社会监督的群众基础，为扶贫工作提供必要意见和建议，促进扶贫开发实施更加符合贫困群众需求和地区的协调发展。进一步发挥公众民主的力量，以社会公意作为政府改进扶贫绩效的基础，真正体现政府在扶贫开发中为民服务的本质要求。

第四节　本章小结

本章首先从实际操作层面，总结了扶贫项目绩效评估实践中所用的评估模式、评估手段和方法、评估指标、数据收集等的适用性和仍须改善之处。其次从扶贫项目评估配套机制方面，概括了相关绩效评估制度、绩效监测机制、绩效信息反馈机制等方面的缺陷。最后在总结分析的基础上，从形成扶贫绩效动态监测评估机制、建立专业化的扶贫绩效评估机构、提高扶贫对象在绩效评估中的参与性、加强扶贫项目绩效评估成果的转化、建立制度化的评估信息反馈沟通机制、建立扶贫绩效评估信息公开平台等六个方面提出了扶贫项目绩效评估的改进建议。

第七章
结论与展望

　　本书在精准扶贫的视角下，以扶贫开发项目绩效评估为研究对象，运用了公共产品理论、区域发展理论、资源配置理论、委托代理理论、一般项目管理理论等理论，以及比较分析法、系统分析法等分析方法明确了扶贫开发新时期项目绩效评估的关键所在，并基于管理生态学思想构建了扶贫项目绩效评估系统研究框架。总结分析了现有评估思路、评估流程的可取之处和缺陷，进而构建改进的扶贫项目绩效评估体系，包括扶贫项目绩效评估的目标、评估思路、具体步骤、评估方法以及评估指标体系等，以适应精准扶贫背景下扶贫项目各相关环节发生的变化。最后在实证案例分析的基础上，通过对比不同的评估模式和评估方法，检验整体评估体系的适用性，并总结了扶贫项目绩效评估在实际操作和相关机制方面存在的问题，就扶贫项目绩效评估活动的改进提出相关建议。但由于研究水平、研究资料和时间精力等原因，本书尚有许多不足之处，有待在今后进一步完善。

第一节　主要研究结论

　　从管理生态学角度看，精准扶贫背景下的项目绩效评估是一个有机的系统，这一系统又包含了绩效和评估两个子系统，它们之间通过有效的数据传递和信息反馈以及人为管理活动被连接起来，在彼此的交互影响下共同发展演进。

在精准扶贫背景下的扶贫项目绩效子系统当中，扶贫瞄准与资源配置、扶贫实施者的主导、扶贫受益者的参与、有效的监督管理制度等关键因素互相关联，对扶贫项目的绩效产生影响。第一，政府作为扶贫主导者虽然能够解决由于公共产品特殊性所导致的市场失灵，但机制缺陷乃至寻租行为会造成效率低下和扶贫资源投放偏离。第二，政府在推进扶贫过程中重整体增长而轻个体脱贫，忽视两者的协调发展，会导致扶贫精准度下降。第三，尽管政府作为扶贫资源的配置主体，但往往由于政府主导与市场经济运转规律的摩擦，导致扶贫资源配置效率的低下，无法实现资源对扶贫对象的准确瞄准。第四，在扶贫各主体间信息不对称的情况下，必要的监督和激励以及扶贫受益者有效的参与既有助于提高管理效率也有助于提高扶贫项目对贫困需求的瞄准精度。在进行扶贫项目绩效评估时应重点关注以上因素，并根据要素间的关联性构建评估思路。

在绩效评估子系统当中，该系统由评估制度、评估目标、评估思路、评估方法、评估指标等一系列要素组成，且各要素间相互影响。现有评估思路尽管在项目管理角度具有相当的科学性，但鉴于当前复杂的贫困环境，在评估扶贫项目是否符合区域实情和百姓需求、开展方式和手段是否切实可行方面还较为薄弱。现有评估流程及螺旋式循环步骤，有利于对扶贫项目绩效评估反馈，但是从精准扶贫评估及建档立卡结合的角度看，在数据收集和监测设计方面还有所欠缺。应结合政策指导，从以上几点着手通过改进借鉴构架适用于精准扶贫绩效评估的体系。

为适应精准视角下扶贫项目绩效评估的复杂性和综合性，应当综合应用评估指标法、运筹学方法、计量分析方法等各种评估方法。无论是评估指标法、运筹学方法还是计量分析方法，都既有优点又有缺陷。在扶贫项目绩效的综合评估中，将两种或多种方法结合，能够实现取长补短以做出更加科学合理的评估结论。既可以从定性的角度把握扶贫项目是否合乎规定、制度，也可以通过大量的数据统计和模型分析评估项目绩效，令评估结果更具说服力。对于扶贫项目瞄准绩效的评估，也可以通过简单的评估指标法或基于大量调研数据的计量模型法进行。

基于经验选取和因子分析的方法，构建了精准扶贫背景下项目绩效评估的指标体系。筛选出扶贫项目对象瞄准、扶贫项目村级瞄准、扶贫资金投入、扶贫资金使用、扶贫项目管理、扶贫成效等六大因子。具体得到的指标包括项目验收与报账、项目进展、扶贫对象满意度、资金用途与方式、资金使用时效、资金结构、贫困人口的瞄准、减贫成效、专项成效、项目贫困村级瞄准、项目对象选择方式。该指标体系强调扶贫绩效水平的提高是以精确瞄准贫困对象为前提的，并且重视针对贫困对象需求和性质的分类瞄准评估、扶贫项目贫困户参与评估等方面。

通过甘肃省羊产业专项扶贫项目绩效评估分析，针对其精准试点及开展基期的特殊性，尝试了逆向描述性评估的方式和定性定量相结合的评估方法，验证了评估指标体系和建档立卡数据的应用性，并归纳了项目绩效后续监测内容。基于精准扶贫政策背景，在对甘肃羊产业专项扶贫项目的精准绩效进行评估后发现，该项目的定位符合贫困需求、扶贫目标可实现、扶贫瞄准度较高，但还存在管理环节漏洞、资金投用方式缺乏创新等问题。

通过四川综合扶贫开发项目绩效评估分析，展示并检验了综合类项目绩效的评估方式，以及多元回归、逻辑回归、层次分析法、熵权法、TOPSIS 等综合应用为主的模型评估法、主观客观加权赋权法的适用性。在项目开展地区的入户问卷调研数据分析的基础上，发现扶贫受益者的主观评价一定程度上能够反映客观绩效，应受到评估方和项目实施者的重视。经过对四川综合扶贫开发项目绩效评估得出，各分项目之间的协调度不够、贫困瞄准性不高等是其存在的主要问题。

当前扶贫项目绩效评估机制在评估机构、评估制度、绩效监测反馈等方面存在一定的缺陷。针对以上问题，应从形成扶贫绩效动态监测评估机制、建立专业化的扶贫绩效评估机构、提高扶贫对象在绩效评估中的参与性、加强扶贫项目绩效评估结果的转化、建立制度化的评估信息反馈沟通机制、建立扶贫绩效评估信息公开平台等六个方面予以改进。

第二节　有待进一步研究的问题

"精准扶贫"政策的全面开展刚刚起步，在此背景下的扶贫项目绩效评估研究是一个涉及面较广的综合性课题，具有很强的现实意义和理论意义。虽然本书对精准视角下扶贫项目的绩效评估理论、评估指标、评估方法和评估实践等进行了一定的尝试,但是对于扶贫项目绩效评估的复杂性,还有许多问题需要进行深入研究和探索。

第一,由于研究资料和研究时间的局限,本书主要选取了政府主导的扶贫开发类项目为研究对象,对非政府组织(NGO)参与的扶贫项目、外资扶贫项目、其他专项扶贫类项目等目前推广的一些类型未有涉及。这些类型的扶贫项目在我国的探索和开展也较为成功,应作为今后研究的对象。

第二,由于数据的限制,本书对于精准扶贫视角下项目绩效评估指标的选择和建档立卡数据的应用尝试是有限的。在今后的研究中,应进一步分析和探索评估数据的配套和获取方式,提高扶贫项目绩效评估的科学性。

第三,精准扶贫视角下的绩效评估涉及内容既具针对性又具复杂性,但碍于研究水平和数据获取的限制,本书对扶贫项目绩效评估方法和评估模型的应用研究还较为粗浅,对各种绩效间的结构关系和内在规律把握不够,今后需要对评估方法和评估模型做进一步的修正和完善。

第四,扶贫项目绩效评估体系是一个复杂的系统,尤其是在新时期社会经济不断发展变化的大背景下,贫困特征趋于多样化、扶贫涉及的利益分配变得更加困难,对于扶贫绩效的本质深入挖掘和扶贫工作机制的探索,是今后需要进一步研究的重点。

附录一

"综合扶贫开发中期评价"
扶贫对象抽样调查问卷

调查日期：_____ 调查员：_____ 问卷编号：_____

问卷填答说明：请在所选择选项后的"□"内画"√"，或者在横线上填适当的文字、数据；除特别说明外，问题回答为单选。必要说明，调查时请农户提供户口簿和一卡通（存折）相关支撑材料。

被访问者地址：_____省_____市_____县（市、区）_____乡（镇）_____村_____组

第一部分：个人及家庭基本情况

1. 户主及答卷人基本信息

基本情况	是否户主	年龄	性别	民族	受教育程度	婚姻状况	是否从外村移入	是否是建档立卡贫困户
答卷人								

注：婚姻状况：①已婚，②未婚，③丧偶，④离婚，⑤同居，⑥分居；
受教育程度：①不识字，②小学，③初中，④高中/中专/职高/技校，⑤大学/大专及以上。

2. 家庭人口及土地信息

性别结构		年龄结构										4年内新增或减少劳动力人数
		6周岁以下	7~12周岁	13~15周岁	16~18周岁	19~60周岁	61周岁以上	村组干部	村民代表	党员	是否参加合作组织	+
男性												
女性												−

健康状况		就业状况		拥有土地状况(亩)				教育程度			
		农业生产	外出务工	耕地面积	林地面积	山场、草场面积	其他	幼儿园	小学	中学	高中及以上
重病患者											
残疾人											

注:①根据家中实际情况填写人数;
②新增劳动力是指有家庭成员年满16周岁或因结婚有女方嫁入。减少劳动力是指因结婚有女方嫁出、有家庭成员死亡、因伤病丧失劳动能力。

3. 您的家庭经营情况

(1) 种植业收入情况 (注:价格是以当年当地平均销售价格计算,"其他"为种植面积较小的各类作物收入汇总)

种植业收入／种植种类	种植面积(亩)	总产量(斤)	价格(元/斤)	总成本(元)	纯收入(元)	其他
	玉米	玉米	玉米	玉米	玉米	
2013E						
2012						
2011						
2010						

（2）养殖业经营收入（注：价格是以当年当地平均销售价格计算）

养殖业收入	养殖种类	饲养数量（头）	价格（元/斤）	毛收入（元/头）	总成本（元）	纯收入（元）	其他
		猪	猪	猪	猪	猪	
2013E							
2012							
2011							
2010							

（3）工资性收入及财产性收入

工资性收入	本地务工收入				外出务工收入				固定收入				财产性收入	家庭动产收入	家庭不动产收入			
	天数	人数	日工资	合计	月数	人数	月工资	合计	月数	人数	月工资	合计		银行存款利息	房屋	土地	车辆	增值
2013E													2013E					
2012													2012					
2011													2011					
2010													2010					

注：本地务工，以在本地及周围打工为主（没离开家乡）；外地务工，离开家乡去外地打工；固定工资，农村住户成员受雇于单位或个人，通常按月发放的较为稳定的收入。

（4）家庭收入情况汇总

单位：元

年份	工资性收入	家庭经营性收入		财产性收入	转移性收入	总计
		种养殖业	自营商业			
2013E						
2012						
2011						
2010						

（5）家庭支出情况

支出 种植种类	易消耗品年固定支出						其他固定支出		耐用家庭基础设施支出				文化、出行、交往、医疗				总支出
	食物	日用品	电力	通信	交通	服装	教育	参保费	房屋	农机	电器	家具	文化娱乐	社会交往	外出交通	医疗	
2013E																	
2012																	
2011																	
2010																	

4. 新筹建设住房改造专项统计（注：房屋结构处填写相应带圈数字：①草房；②土坯房；③砖瓦；④钢筋混凝土）

单位：元

是否危房	房屋面积		房屋结构		政府补贴	改造投入			
	原有	现有	原有	现有		自有投入	自筹款项		
							亲戚借款	银行贷款	贷款利息

5. 您的家庭资产情况（此处家用设备价值为初始购买价格扣除折旧）

单位：元

存款	借出	借人	房产	生产性固定资产				家用设备					总计
				汽车	拖拉机	农用三轮车	脱粒机	电视	冰箱	空调	沙发	固定电话	

6. A. 您认为在本村您现在的家庭经济状况如何？

　　①富裕 □ 　②中等偏上 □ 　③中等 □ 　④中等偏下 □

　　⑤贫穷 □

　B. 您认为 4 年前在本村您的家庭经济状况如何？

　　①富裕 □ 　②中等偏上 □ 　③中等 □ 　④中等偏下 □

　　⑤贫穷 □

　C. 您对目前的生活状况满意吗？

　　①非常满意 □ 　②满意 □ 　③一般 □ 　④不满意 □ 　⑤非常

　　不满意 □

7. 您认为导致家庭不富裕的主要原因是什么？（可多选）

　　①除农业以外没有其他收入来源 □ 　②家庭成员患重病或残疾 □

　　③子女上学负担重 □ 　④居住地自然条件很差 □ 　⑤赡养老

　　人负担重 □ 　⑥抚养子女负担重 □ 　⑦劳动力缺乏 □ 　⑧自然

　　灾害或突发事件 □ 　⑨子女年龄小，无法外出打工 □ 　⑩文化素

　　质低，缺乏专业技能 □

第二部分：农户生活条件及公共服务获得情况

8. 近 4 年来您获得了_____次贷款支持，共_____元。

9. 您家中是否有粮食不够吃挨饿的情况？

　　①有 □ 　②没有 □

10. 您家中是否有政府统一配套的"四件套"？

　　①有 □ 　②没有 □

11. 您家中的卫生设施情况是：

　　①室内厕所 □ 　②室外厕所 □ 　③室外公共厕所 □

　　④无厕所 □

12. A. 您家中是否通电？

　　①是 □ 　②否 □

　B. 您家中是否经常停电？

　　①是 □ 　②否 □

13. 是否参加了新农合？

　　①是 □ 　②否 □

14. 农闲时如果不出去打工，您主要会做什么事情？

①打牌 □　　②串门、走亲戚 □　　③看电视 □　　④参加村组开展的集体娱乐活动 □　　⑤看书 □　　⑥培训 □

⑦其他：_____

15. 目前，您家里有 7 ~ 15 岁的_____个男孩和_____个女孩在义务教育阶段辍学？

如果有，他们辍学的原因是：_____。

第三部分：农户扶贫项目参与情况

16. 您知道政府开展的哪些综合扶贫开发项目？（多选）

①彝家新寨 □　　②产业扶贫 □　　③社会保障 □　　④教育规划 □

⑤卫生扶贫 □　　⑥毒品治理 □　　⑦公路交通 □　　⑧水利建设 □

⑨劳务发展 □　　⑩现代文明生活方式 □

17. 您参与过综合扶贫开发项目中的_____专题项目？（多选）

①彝家新寨 □　　②产业扶贫 □　　③社会保障 □　　④教育规划 □

⑤卫生扶贫 □　　⑥毒品治理 □　　⑦公路交通 □　　⑧水利建设 □

⑨劳务发展 □　　⑩现代文明生活方式 □

18. 您了解项目选择及规划的过程吗？

①是 □　　②否 □

19. 您是否参与了扶贫项目的选择、规划等相关决策活动？

①是 □　　②否 □

20. 当地政府及相关部门有没有对扶贫资金、物资、项目等相关扶贫信息进行公示？

①经常有 □　　②偶尔有 □　　③从没有 □　　④不清楚 □

21. 您的家庭成员接受过何种劳动力技能培训？

①没有 □　　②农业生产技能 □　　③劳动力转移技能 □　　④劳务扶贫培训 □　　⑤工会技能培训 □　　⑥新型农民培训 □　　⑦劳务品牌培训 □

第四部分　农户对扶贫项目的评价情况

22. 您觉得"新寨建设"项目的实施效果怎么样？

①非常有效 □　　②比较有效 □　　③不清楚 □　　④效果较小 □

⑤没有效果 □

23. 您觉得"产业发展"项目的实施效果怎么样？

①非常有效 □ ②比较有效 □ ③不清楚 □ ④效果较小 □ ⑤没有效果 □

24. 您觉得"社会保障"项目实施后，生活是否有了保障？

①是 □ ②否 □

25. 您觉得"教育规划"项目实施后，教学水平改善效果怎样？

①非常有效 □ ②比较有效 □ ③不清楚 □ ④效果较小 □ ⑤没有效果 □

26. 您觉得"卫生扶贫"项目实施后，看病方便了吗？

①非常方便 □ ②比较方便 □ ③不清楚 □ ④改善较小 □ ⑤没有改善 □

27. 您觉得"公路交通"项目实施后，出行方便了吗？

①非常方便 □ ②比较方便 □ ③不清楚 □ ④改善较小 □ ⑤没有改善 □

28. 您觉得"水利建设"项目实施后，灌溉改善效果如何？

①非常有效 □ ②比较有效 □ ③不清楚 □ ④效果较小 □⑤没有效果 □

29. 您感觉自来水的水质如何？

①好 □ ②一般 □ ③不好 □

30. 您觉得"劳务发展"项目实施后，您的专业技能提高了吗？

①提高很多 □ ②提高较多 □ ③说不清 □ ④提高较少 □ ⑤没有提高 □

31. "现代文明生活方式"项目实施后，感觉生活习惯有哪些变化？

①睡床上 □ ②卫生习惯 □ ③生活习惯 □ ④思想观念 □ ⑤其他 □

32. 您周围的吸毒现象有没有减少？

①明显减少 □ ②有所减少 □ ③说不清 □ ④减少较小 □ ⑤没减少 □

33. 您认为现行的扶贫项目使您的家庭收入变化了吗？

①提高很大 □ ②部分提高 □ ③没有变化 □ ④部分减少 □ ⑤减少较多 □

34. 您认为现行的扶贫项目实施后，和以前生活相比，现在的生活改善了吗？

①改善很多　□　　②稍有改善　□　　③没有变化　□　　④稍有变差　□

⑤变差很多　□

35. 您觉得目前政府的扶贫项目给老百姓带来的帮助如何？

①非常大　□　　②比较大　□　　③一般　□　　④很小　□

⑤没有帮助　□

36. 在您参与的扶贫项目中，您觉得哪些专项对您帮助最大？请选出三项，按重要程度排序_____。

①彝家新寨　□　　②产业扶贫　□　　③社会保障　□　　④教育规划　□

⑤卫生扶贫　□　　⑥毒品治理　□　　⑦公路交通　□　　⑧水利建设　□

⑨劳务发展　□　　⑩现代文明生活方式　□

37. 在各种扶贫项目的实施过程中，您对相关政府工作人员的工作情况满意吗？

①非常满意　□　　②满意　□　　③一般　□　　④不满意　□　　⑤非常不满意　□

38. 您对政府的扶贫工作满意吗？

①非常满意　□　　②满意　□　　③一般　□　　④不满意　□　　⑤非常不满意　□

39. 您能否讲述一下，近几年来，对您家庭增加收入最有影响的一件事？

_____

_____

40. 您觉得您还需要哪些方面的帮助？

_____

_____

附录二
"十三五"脱贫攻坚规划

消除贫困、改善民生、逐步实现共同富裕,是社会主义的本质要求,是我们党的重要使命。"十三五"时期,是全面建成小康社会、实现第一个百年奋斗目标的决胜阶段,也是打赢脱贫攻坚战的决胜阶段。本规划根据《中国农村扶贫开发纲要(2011~2020年)》、《中共中央 国务院关于打赢脱贫攻坚战的决定》和《中华人民共和国国民经济和社会发展第十三个五年规划纲要》编制,主要阐明"十三五"时期国家脱贫攻坚总体思路、基本目标、主要任务和重大举措,是指导各地脱贫攻坚工作的行动指南,是各有关方面制定相关扶贫专项规划的重要依据。

规划范围包括14个集中连片特困地区的片区县、片区外国家扶贫开发工作重点县,以及建档立卡贫困村和建档立卡贫困户。

第一章 总体要求

第一节 面临形势

改革开放以来,在全党全社会的共同努力下,我国成功解决了几亿农村贫困人口的温饱问题,成为世界上减贫人口最多的国家,探索和积累了许多宝贵经验。党的十八大以来,以习近平同志为核心的党中央把扶贫开发摆到治国理政的重要位置,提升到事关全面建成小康社会、实现第一个百年奋斗目标的新高度，纳入"五位一体"总体布局和"四个全面"战略布局进行决策部署，加大扶贫投入，创新扶贫方式，出台系列重大政策措施，扶贫开发取得巨大成就。2011～2015年，现行标准下农村贫困人口减少1亿多人，贫困发生率降低11.5个百分点，贫困地区农民收入大幅提升，贫困人口生产生活条件明显改善，上学难、就医难、行路难、饮水不安全等问题逐步缓解，基本公共服务水平与全国平均水平差距趋于缩小，为打赢脱贫攻坚战创造了有利条件。

当前，贫困问题依然是我国经济社会发展中最突出的"短板"，脱贫攻坚形势复杂严峻。从贫困现状看，截至2015年年底，我国还有5630万农村建档立卡贫困人口，主要分布在832个国家扶贫开发工作重点县、集中连片特困地区县（以下统称贫困县）和12.8万个建档立卡贫困村，多数西部省份的贫困发生率在10%以上，民族8省区贫困发生率达12.1%。现有贫困人口贫困程度更深、减贫成本更高、脱贫难度更大，依靠常规举措难以摆脱贫困状况。从发展环境看，经济形势更加错综复杂，经济下行压力大，地区经济发展分化对缩小贫困地区与全国发展差距带来新挑战；贫困地区县级财力薄弱，基础设施瓶颈制约依然明显，基本公共服务供给能力不足；产业发展活力不强，结构单一，环境约束趋紧，粗放式资源开发模式难以为继；贫困人口就业渠道狭窄，转移就业和增收难度大。实现到2020年打赢脱贫攻坚战的目标，时间特别紧迫，任务特别艰巨。

"十三五"时期，新型工业化、信息化、城镇化、农业现代化同步推进和国家重大区域发展战略加快实施，为贫困地区发展提供了良好环境和重大机遇，特别是国家综合实力不断增强，为打赢脱贫攻坚战奠定了坚实的物质基础。中央扶贫开发工作会议确立了精准扶贫、精准脱贫基本方略，党中央、国务院制定出台了系列重大政策措施，为举全国之力打赢脱贫攻坚战提供了坚强的政治保证和制度保障；各地区各部门及社会各界积极行动、凝神聚气、锐意进取，形成强大合力；贫困地区广大干部群众盼脱贫、谋发展的意愿强烈，内生动力和活力不断激发，脱贫攻坚已经成为全党全社会的统一意志和共同行动。

打赢脱贫攻坚战，确保到2020年现行标准下农村贫困人口实现脱贫，是促进全体人民共享改革发展成果、实现共同富裕的重大举措，是促进区域协调发展、跨越"中等收入陷阱"的重要途径，是促进民族团结、边疆稳固的重要保证,是全面建成小康社会的重要内容,是积极响应联合国2030 年可持续发展议程的重要行动,事关人民福祉,事关党的执政基础和国家长治久安,使命光荣、责任重大。

第二节 指导思想

全面贯彻党的十八大和十八届三中、四中、五中、六中全会以及中央扶贫开发工作会议精神,深入贯彻习近平总书记系列重要讲话精神和治国理政新理念新思想新战略,统筹推进"五位一体"总体布局和协调推进"四个全面"战略布局,牢固树立和贯彻落实创新、协调、绿色、开放、共享的发展理念,按照党中央、国务院决策部署,坚持精准扶贫、精准脱贫基本方略,坚持精准帮扶与区域整体开发有机结合,以革命老区、民族地区、边疆地区和集中连片特困地区为重点,以社会主义政治制度为根本保障,不断创新体制机制,充分发挥政府、市场和社会协同作用,充分调动贫困地区干部群众的内生动力,大力推进实施一批脱贫攻坚工程,加快破解贫困地区区域发展瓶颈制约,不断增强贫困地区和贫困人口自我发展能力,确保与全国同步进入全面小康社会。

必须遵循以下原则:

——坚持精准扶贫、精准脱贫。坚持以"六个精准"统领贫困地区脱贫攻坚工作,精确瞄准、因地制宜、分类施策,大力实施精准扶贫脱贫工程,变"大水漫灌"为"精准滴灌",做到真扶贫、扶真贫、真脱贫。

——坚持全面落实主体责任。充分发挥政治优势和制度优势,强化政府在脱贫攻坚中的主体责任,创新扶贫考评体系,加强脱贫成效考核。按照中央统筹、省负总责、市县抓落实的工作机制,坚持问题导向和目标导向,压实责任、强力推进。

——坚持统筹推进改革创新。脱贫攻坚工作要与经济社会发展各领域工作相衔接,与新型工业化、信息化、城镇化、农业现代化相统筹,充分发挥政府主导和市场机制作用,稳步提高贫困人口增收脱贫能力,逐步解决区域性整体贫困问题。加强改革创新,不断完善资金筹措、资源整合、利益联结、监督考评等机制,形成有利于发挥各方面优势、全社会协同推进的大扶贫开发格局。

——坚持绿色协调可持续发展。牢固树立绿水青山就是金山银山的理念，把贫困地区生态环境保护摆在更加重要位置，探索生态脱贫有效途径，推动扶贫开发与资源环境相协调、脱贫致富与可持续发展相促进，使贫困人口从生态保护中得到更多实惠。

——坚持激发群众内生动力活力。坚持群众主体地位，保障贫困人口平等参与、平等发展权利，充分调动贫困地区广大干部群众积极性、主动性、创造性，发扬自强自立精神，依靠自身努力改变贫困落后面貌，实现光荣脱贫。

第三节 脱贫目标

到 2020 年，稳定实现现行标准下农村贫困人口不愁吃、不愁穿，义务教育、基本医疗和住房安全有保障（以下称"两不愁、三保障"）。贫困地区农民人均可支配收入比 2010 年翻一番以上，增长幅度高于全国平均水平，基本公共服务主要领域指标接近全国平均水平。确保我国现行标准下农村贫困人口实现脱贫，贫困县全部摘帽，解决区域性整体贫困。

专栏1 "十三五"时期贫困地区发展和贫困人口脱贫主要指标

指 标	2015 年	2020 年	属性	数据来源
建档立卡贫困人口(万人)	5630	实现脱贫	约束性	国务院扶贫办
建档立卡贫困村(万个)	12.8	0	约束性	国务院扶贫办
贫困县(个)	832	0	约束性	国务院扶贫办
实施易地扶贫搬迁贫困人口(万人)	—	981	约束性	国家发展改革委、国务院扶贫办
贫困地区农民人均可支配收入增速(%)	11.7	年均增速高于全国平均水平	预期性	国家统计局
贫困地区农村集中供水率(%)	75	≥83	预期性	水利部
建档立卡贫困户存量危房改造率(%)	—	近100	约束性	住房城乡建设部、国务院扶贫办
贫困县义务教育巩固率(%)	90	93	预期性	教育部
建档立卡贫困户因病致(返)贫户数(万户)	838.5	基本解决	预期性	国家卫生计生委
建档立卡贫困村村集体经济年收入(万元)	2	≥5	预期性	国务院扶贫办

——现行标准下农村建档立卡贫困人口实现脱贫。贫困户有稳定收入来源，人均可支配收入稳定超过国家扶贫标准，实现"两不愁、三保障"。

——建档立卡贫困村有序摘帽。村内基础设施、基本公共服务设施和人居环境明显改善，基本农田和农田水利等设施水平明显提高，特色产业基本形成，集体经济有一定规模，社区管理能力不断增强。

——贫困县全部摘帽。县域内基础设施明显改善，基本公共服务能力和水平进一步提升，全面解决出行难、上学难、就医难等问题，社会保障实现全覆盖，县域经济发展壮大，生态环境有效改善，可持续发展能力不断增强。

第二章 产业发展脱贫

立足贫困地区资源禀赋，以市场为导向，充分发挥农民合作组织、龙头企业等市场主体作用，建立健全产业到户到人的精准扶持机制，每个贫困县建成一批脱贫带动能力强的特色产业，每个贫困乡、村形成特色拳头产品，贫困人口劳动技能得到提升，贫困户经营性、财产性收入稳定增加。

第一节 农林产业扶贫

优化发展种植业。粮食主产县要大规模建设集中连片、旱涝保收、稳产高产、生态友好的高标准农田，巩固提升粮食生产能力。非粮食主产县要大力调整种植结构，重点发展适合当地气候特点、经济效益好、市场潜力大的品种，建设一批贫困人口参与度高、受益率高的种植基地，大力发展设施农业，积极支持园艺作物标准化创建。适度发展高附加值的特色种植业。生态退化地区要坚持生态优先，发展低耗水、有利于生态环境恢复的特色作物种植，实现种地养地相结合。

积极发展养殖业。因地制宜在贫困地区发展适度规模标准化养殖，加强动物疫病防控工作，建立健全畜禽水产良种繁育体系，加强地方品种保护与利用，发展地方特色畜牧业。通过实施退牧还草等工程和草原生态保护补助奖励政策，提高饲草供给能力和质量，大力发展草食畜牧业，坚持草畜平衡。积极推广适合贫困地区发展的农牧结合、粮草兼顾、生态循环种养模式。有序发展健康水产养殖业，加快池塘标准化改造，推进稻田综合种养工程，积极发展环保型养殖方式，打造区域特色水产生态养殖品牌。

大力发展林产业。结合国家生态建设工程，培育一批兼具生态和经济效益的特色林产业。因地制宜大力推进木本油料、特色林果、林下经济、竹藤、花卉等产业发展，打造一批特色示范基地，带动贫困人口脱贫致富。着力提高木本油料生产加工水平，扶持发展以干鲜果品、竹藤、速生丰产林、松脂等为原料的林产品加工业。

促进产业融合发展。深度挖掘农业多种功能，培育壮大新产业、新业态，推进农业与旅游、文化、健康养老等产业深度融合，加快形成农村一二三产业融合发展的现代产业体系。积极发展特色农产品加工业，鼓励地方扩大贫困地区农产品产地初加工补助政策实施区域，加强农产品加工技术研发、引进、示范和推广。引导农产品加工业向贫困地区县域、重点乡镇和产业园区集中，打造产业集群。推动农产品批发市场、产地集配中心等流通基础设施以及鲜活农产品冷链物流设施建设，促进跨区域农产品产销衔接。加快实施农业品牌战略，积极培育品牌特色农产品，促进供需结构升级。加快发展无公害农产品、绿色食品、有机农产品和地理标志农产品。

扶持培育新型经营主体。培育壮大贫困地区农民专业合作社、龙头企业、种养大户、家庭农（林）场、股份制农（林）场等新型经营主体，支持发展产供直销，鼓励采取订单帮扶模式对贫困户开展定向帮扶，提供全产业链服务。支持各类新型经营主体通过土地托管、土地流转、订单农业、牲畜托养、土地经营权股份合作等方式，与贫困村、贫困户建立稳定的利益联结机制，使贫困户从中直接受益。鼓励贫困地区各类企业开展农业对外合作，提升经营管理水平，扩大农产品出口。推进贫困地区农民专业合作社示范社创建，鼓励组建联合社。现代青年农场主培养计划向贫困地区倾斜。

加大农林技术推广和培训力度。强化贫困地区基层农业技术推广体系建设。鼓励科研机构和企业加强对地方特色动植物资源、优良品种的保护和开发利用。支持农业科研机构、技术推广机构建立互联网信息帮扶平台，向贫困户免费传授技术、提供信息。强化新型职业农民培育，扩大贫困地区培训覆盖面,实施农村实用人才带头人和大学生村官示范培训,加大对脱贫致富带头人、驻村工作队和大学生村官培养力度。对农村贫困家庭劳动力进行农林技术培训,确保有劳动力的贫困户中至少有1名成员掌握1项实用技术。

专栏2 产业扶贫工程

(一)农林种养产业扶贫工程。

重点实施"一村一品"强村富民、粮油扶贫、园艺作物扶贫、畜牧业扶贫、水产扶贫、中草药扶贫、林果扶贫、木本油料扶贫、林下经济扶贫、林木种苗扶贫、花卉产业扶贫、竹产业扶贫等专项工程。

(二)农村一二三产业融合发展试点示范工程。

支持农业集体经济组织、新型经营主体、企业、合作社开展原料基地、农产品加工、营销平台等生产流通设施建设,鼓励贫困地区因地制宜发展产业园区,以发展劳动密集型项目为主,带动当地贫困人口就地就近就业。

(三)贫困地区培训工程。

重点实施新型经营主体培育、新型职业农民培育、农村实用人才带头人和大学生村官示范培训、致富带头人培训、农民手机应用技能培训等专项工程。

第二节 旅游扶贫

因地制宜发展乡村旅游。开展贫困村旅游资源普查和旅游扶贫摸底调查,建立乡村旅游扶贫工程重点村名录。以具备发展乡村旅游条件的2.26万个建档立卡贫困村为乡村旅游扶贫重点,推进旅游基础设施建设,实施乡村旅游后备箱工程、旅游基础设施提升工程等一批旅游扶贫重点工程,打造精品旅游线路,推动游客资源共享。安排贫困人口旅游服务能力培训和就业。

大力发展休闲农业。依托贫困地区特色农产品、农事景观及人文景观等资源,积极发展带动贫困人口增收的休闲农业和森林休闲健康养生产业。实施休闲农业和乡村旅游提升工程,加强休闲农业聚集村、休闲农业园等配套服务设施建设,培育扶持休闲农业新型经营主体,促进农业与旅游观光、健康养老等产业深度融合。引导和支持社会资本开发农民参与度高、受益面广的休闲农业项目。

积极发展特色文化旅游。打造一批辐射带动贫困人口就业增收的风景名胜区、特色小镇,实施特色民族村镇和传统村落、历史文化名镇名村保护与发展工程。依托当地民族特色文化、红色文化、乡土文化和非物质文化遗产，大力发展贫困人口参与并受益的传统文化展示表演与体验活动等乡村文化旅游。开展非物质文化遗产生产性保护，鼓励民族传统工艺传承发展和产品生产销售。坚持创意开发，推出具有地方特点的旅游商品和纪念品。支持农村贫困家庭妇女发展家庭手工旅游产品。

专栏3　旅游扶贫工程

（一）旅游基础设施提升工程。

支持中西部地区重点景区、乡村旅游、红色旅游、集中连片特困地区生态旅游交通基础设施建设，加快风景名胜区和重点村镇旅游集聚区旅游基础设施和公共服务设施建设。对乡村旅游经营户实施改厨、改厕、改院落、整治周边环境工程，支持国家扶贫开发工作重点县、集中连片特困地区县中具备条件的6130个村的基础设施建设。支持贫困村周边10公里范围内具备条件的重点景区基础设施建设。

（二）乡村旅游产品建设工程。

鼓励各类资本和大学生、返乡农民工等参与贫困村旅游开发。鼓励开发建设休闲农庄、乡村酒店、特色民宿以及自驾露营、户外运动和养老养生等乡村旅游产品，培育1000家乡村旅游创客基地，建成一批金牌农家乐、A级旅游景区、中国风情小镇、特色景观旅游名镇名村、中国度假乡村、中国精品民宿。

（三）休闲农业和乡村旅游提升工程。

在贫困地区扶持建设一批休闲农业聚集村、休闲农庄、休闲农业园、休闲旅游合作社。认定推介一批休闲农业和乡村旅游示范县，推介一批中国美丽休闲乡村，加大品牌培育力度，鼓励创建推介有地方特色的休闲农业村、星级户、精品线路等，逐步形成品牌体系。

（四）森林旅游扶贫工程。

推出一批森林旅游扶贫示范市、示范县、示范景区，确定一批重点森林旅游地和特色旅游线路，鼓励发展"森林人家"，打造多元化旅游产品。

（五）乡村旅游后备箱工程。

鼓励和支持农民将当地农副土特产品、手工艺品通过自驾车旅游渠道就地就近销售，推出一批乡村旅游优质农产品推荐名录。到2020年，全国建设1000家"乡村旅游后备箱工程示范基地"，支持在临近的景区、高速公路服务区设立特色农产品销售店。

（六）乡村旅游扶贫培训宣传工程。

培养一批乡村旅游扶贫培训师。鼓励各地设立一批乡村旅游教学基地和实训基地，对乡村旅游重点村负责人、乡村旅游带头人、从业人员等分类开展旅游经营管理和服务技能培训。2020年前，每年组织1000名乡村旅游扶贫重点村村官开展乡村旅游培训。开展"乡村旅游+互联网"万村千店扶贫专项行动，加大对贫困地区旅游线路、旅游产品、特色农产品等宣传推介力度。组织开展乡村旅游扶贫公益宣传。鼓励各地打造一批具有浓郁地方特色的乡村旅游节庆活动。

第三节　电商扶贫

培育电子商务市场主体。将农村电子商务作为精准扶贫的重要载体，把电子商务纳入扶贫开发工作体系，以建档立卡贫困村为工作重点，提升贫困户运用电子商务创业增收的能力。依托农村现有组织资源，积极培育农村电子商务市场主体。发挥大型电商企业孵化带动作用，支持有意愿的贫困户和带动贫困户的农民专业合作社开办网上商店，鼓励引导电商和电商平台企业开辟特色农产品网上销售平台，与合作社、种养大户建立直采直供关系。加快物流配送体系建设，鼓励邮政、供销合作等系统在贫困乡村建立和改造服务网点，引导电商平台企业拓展农村业务，加强农产品网上销售平台建设。实施电商扶贫工程，逐步形成农产品进城、工业品下乡的双向流通服务网络。对贫困户通过电商平台创业就业的，鼓励地方政府和电商企业免费提供网店设计、推介服务和经营管理培训，给予网络资费补助和小额信贷支持。

改善农村电子商务发展环境。加强交通、商贸流通、供销合作、邮政等部门及大型电商、快递企业信息网络共享衔接，鼓励多站合一、服务同网。加快推进适应电子商务的农产品质量标准体系和可追溯体系建设以及分等分级、包装运输标准制定和应用。

专栏4 电商扶贫工程

通过设备和物流补助、宽带网络优惠、冷链建设、培训支持等方式实施电商扶贫工程。鼓励有条件的地方和电商企业，对贫困村电商站、设备配置以及代办物流快递服务点等，给予适当补助和小额信贷支持；当地电信运营企业根据用户需求负责宽带入户建设，鼓励电信运营企业对贫困村网络流量资费给予适当优惠；在有条件的贫困村建设一批生鲜冷链物流设施。

第四节 资产收益扶贫

组织开展资产收益扶贫工作。鼓励和引导贫困户将已确权登记的土地承包经营权入股企业、合作社、家庭农（林）场与新型经营主体形成利益共同体，分享经营收益。积极推进农村集体资产、集体所有的土地等资产资源使用权作价入股，形成集体股权并按比例量化到农村集体经济组织。财政扶贫资金、相关涉农资金和社会帮扶资金投入设施农业、养殖、光伏、水电、乡村旅游等项目形成的资产，可折股量化到农村集体经济组织，优先保障丧失劳动能力的贫困户。建立健全收益分配机制，强化监督管理，确保持股贫困户和农村集体经济组织分享资产收益。创新水电、矿产资源开发占用农村集体土地的补偿补助方式，在贫困地区选择一批项目开展资源开发资产收益扶贫改革试点。通过试点，形成可复制、可推广的模式和制度，并在贫困地区推广，让贫困人口分享资源开发收益。

专栏 5　资产收益扶贫工程

（一）光伏扶贫工程。

在前期开展试点、光照条件较好的 5 万个建档立卡贫困村实施光伏扶贫,保障 280 万无劳动能力建档立卡贫困户户均年增收 3000 元以上。其他光照条件好的贫困地区可因地制宜推进实施。

（二）水库移民脱贫工程。

完善地方水库移民扶持基金分配制度,在避险解困、产业发展、技能培训、教育卫生等方面向贫困水库移民倾斜,探索实施水库移民扶持基金对贫困水库移民发展产业的直接补助、贷款贴息、担保服务、小额贷款保证保险保费补助、资产收益扶贫等扶持政策。

（三）农村小水电扶贫工程。

在总结试点经验基础上,全面实施农村小水电扶贫工程。建设农村小水电扶贫装机 200 万千瓦,让贫困地区 1 万个建档立卡贫困村的 100 万贫困农户每年稳定获得小水电开发收益,助力贫困户脱贫。

第五节　科技扶贫

促进科技成果向贫困地区转移转化。组织高等学校、科研院所、企业等开展技术攻关，解决贫困地区产业发展和生态建设关键技术问题。围绕全产业链技术需求，加大贫困地区新品种、新技术、新成果的开发、引进、集成、试验、示范力度，鼓励贫困县建设科技成果转化示范基地，围绕支柱产业转化推广 5 万项以上先进适用技术成果。

提高贫困人口创新创业能力。深入推行科技特派员制度，基本实现特派员对贫困村科技服务和创业带动全覆盖。鼓励和支持高等院校、科研院所发挥科技优势，为贫困地区培养科技致富带头人。大力实施边远贫困地区、边疆民族地区和革命老区人才支持计划科技人员专项计划，引导支持科技人员与贫困户结成利益共同体，创办、领办、协办企业和农民专业合作社，带动贫困人口脱贫。加强乡村科普工作，为贫困群众提供线上线下、点对点、面对面的培训。

加强贫困地区创新平台载体建设。支持贫困地区建设一批"星创天地"、科技园区等科技创新载体。充分发挥各类科技园区在扶贫开发中的技术集中、要素聚集、应用示范、辐射带动作用，通过"科技园区 + 贫困村 + 贫困户"的方式带动贫困人口脱贫。推动高等学校新农村发展研究院在贫困地区建设一批农村科技服务基地。实施科技助力精准扶贫工程，在贫困地区支持建设 1000 个以上农技协联合会（联合体）和 10000 个以上农村专业技术协会。

第三章 转移就业脱贫

加强贫困人口职业技能培训和就业服务，保障转移就业贫困人口合法权益，开展劳务协作，推进就地就近转移就业，促进已就业贫困人口稳定就业和有序实现市民化、有劳动能力和就业意愿未就业贫困人口实现转移就业。

第一节 大力开展职业培训

完善劳动者终身职业技能培训制度。针对贫困家庭中有转移就业愿望劳动力、已转移就业劳动力、新成长劳动力的特点和就业需求，开展差异化技能培训。整合各部门各行业培训资源，创新培训方式，以政府购买服务形式，通过农林技术培训、订单培训、定岗培训、定向培训、"互联网＋培训"等方式开展就业技能培训、岗位技能提升培训和创业培训。加强对贫困家庭妇女的职业技能培训和就业指导服务。支持公共实训基地建设。

提高贫困家庭农民工职业技能培训精准度。深入推进农民工职业技能提升计划，加强对已外出务工贫困人口的岗位培训。继续开展贫困家庭子女、未升学初高中毕业生（俗称"两后生"）、农民工免费职业培训等专项行动，提高培训的针对性和有效性。实施农民工等人员返乡创业培训五年行动计划（2016～2020 年）、残疾人职业技能提升计划。

第二节 促进稳定就业和转移就业

加强对转移就业贫困人口的公共服务。输入地政府对已稳定就业的贫困人口予以政策支持，将符合条件的转移人口纳入当地住房保障范围，完善随迁子女在当地接受义务教育和参加中高考政策，保障其本人及随迁家属平等享受城镇基本公共服务。支持输入地政府吸纳贫困人口转移就业和落户。为外出务工的贫困人口提供法律援助。

开展地区间劳务协作。建立健全劳务协作信息共享机制。输出地政府与输入地政府要加强劳务信息共享和劳务协作对接工作，全面落实转移就业相关政策措施。输出地政府要摸清摸准贫困家庭劳动力状况和外出务工意愿，输入地政府要协调提供就业信息和岗位，采取多种方式协助做好就业安置工作。对到东部地区或省内经济发达地区接受职业教育和技能培训的贫困家庭"两后生"，培训地政府要帮助有意愿的毕业生在当地就业。建立健全转移就业工作考核机制。输出地政府和输入地政府要加强对务工人员的禁毒法制教育。

推进就地就近转移就业。建立定向培训就业机制，积极开展校企合作和订单培训。将贫困人口转移就业与产业聚集园区建设、城镇化建设相结合，鼓励引导企业向贫困人口提供就业岗位。财政资金支持的企业或园区，应优先安排贫困人口就业，资金应与安置贫困人口就业任务相挂钩。支持贫困户自主创业，鼓励发展居家就业等新业态，促进就地就近就业。

专栏6 就业扶贫行动

（一）劳务协作对接行动。

依托东西部扶贫协作机制和对口支援工作机制，开展省际劳务协作，同时积极推动省内经济发达地区和贫困县开展劳务协作。围绕实现精准对接、促进稳定就业的目标，通过开发岗位、劳务协作、技能培训等措施，带动一批未就业贫困劳动力转移就业，帮助一批已就业贫困劳动力稳定就业，帮助一批贫困家庭未升学初高中毕业生就读技工院校毕业后实现技能就业。

（二）重点群体免费职业培训行动。

组织开展贫困家庭子女、未升学初高中毕业生等免费职业培训。到2020年，力争使新进入人力资源市场的贫困家庭劳动力都有机会接受1次就业技能培训；使具备一定创业条件或已创业的贫困家庭劳动力都有机会接受1次创业培训。

（三）春潮行动。

到2020年，力争使各类农村转移就业劳动者都有机会接受1次相应的职业培训，平均每年培训800万人左右，优先保障有劳动能力的建档立卡贫困人口培训。

（四）促进建档立卡贫困劳动者就业。

根据建档立卡贫困劳动者就业情况，分类施策、精准服务。对已就业的，通过跟踪服务、落实扶持政策，促进其稳定就业。对未就业的，通过健全劳务协作机制、开发就业岗位、强化就业服务和技能培训，促进劳务输出和就地就近就业。

（五）返乡农民工创业培训行动。

实施农民工等人员返乡创业培训五年行动计划（2016~2020年），推进建档立卡贫困人口等人员返乡创业培训工作。到2020年，力争使有创业要求和培训愿望、具备一定创业条件或已创业的贫困家庭农民工等人员，都能得到1次创业培训。

（六）技能脱贫千校行动。

在全国组织千所省级重点以上的技工院校开展技能脱贫千校行动，使每个有就读技工院校意愿的贫困家庭应、往届"两后生"都能免费接受技工教育，使每个有劳动能力且有参加职业培训意愿的贫困家庭劳动力每年都能到技工院校接受至少1次免费职业培训，对接受技工教育和职业培训的贫困家庭学生（学员）推荐就业。加大政策支持，对接受技工教育的，落实助学金、免学费和对家庭给予补助的政策，制定并落实减免学生杂费、书本费和给予生活费补助的政策；对接受职业培训的，按规定落实职业培训、职业技能鉴定补贴政策。

第四章 易地搬迁脱贫

组织实施好易地扶贫搬迁工程,确保搬迁群众住房安全得到保障,饮水安全、出行、用电等基本生活条件得到明显改善,享有便利可及的教育、医疗等基本公共服务,迁出区生态环境得到有效治理,确保有劳动能力的贫困家庭后续发展有门路、转移就业有渠道、收入水平不断提高,实现建档立卡搬迁人口搬得出、稳得住、能脱贫。

第一节 精准识别搬迁对象

合理确定搬迁范围和对象。以扶贫开发建档立卡信息系统识别认定结果为依据,以生活在自然条件严酷、生存环境恶劣、发展条件严重欠缺等"一方水土养不起一方人"地区的农村建档立卡贫困人口为对象,以省级政府批准的年度搬迁进度安排为主要参考,确定易地扶贫搬迁人口总规模和年度搬迁任务。

确保建档立卡贫困人口应搬尽搬。在充分尊重群众意愿基础上,加强宣传引导和组织动员,保障搬迁资金,确保符合条件的建档立卡贫困人口应搬尽搬。统筹规划同步搬迁人口。

第二节 稳妥实施搬迁安置

因地制宜选择搬迁安置方式。根据水土资源条件、经济发展环境和城镇化进程,按照集中安置与分散安置相结合、以集中安置为主的原则选择安置方式和安置区(点)。采取集中安置的,可依托移民新村、小城镇、产业园区、旅游景区、乡村旅游区等适宜区域进行安置,并做好配套建设。采取分散安置的,可选择"插花"、进城务工、投亲靠友等方式进行安置,也可在确保有房可住、有业可就的前提下,采取货币化方式进行安置。地方各级政府要结合本地实际,加强安置区(点)建设方案研究论证工作,将安置区(点)后续产业发展和搬迁人口就业等安排情况纳入建设方案专章表述,并做好推进落实工作。鼓励地方选择基础较好、具备条件的安置区(点),开展低碳社区建设试点。

合理确定住房建设标准。按照"保障基本、安全适用"的原则规划建设安置住房，严格执行建档立卡搬迁户人均住房建设面积不超过25平方米的标准。在稳定脱贫前，建档立卡搬迁户不得自行举债扩大安置住房建设面积。合理制定建房补助标准和相关扶持政策，鼓励地方因地制宜采取差异化补助标准。国家易地扶贫搬迁政策范围内的建房补助资金，应以建档立卡搬迁户人口数量为依据进行核算和补助，不得变相扩大或缩小补助范围。同步搬迁人口所需建房资金，由省级及以下政府统筹相关资源、农户自筹资金等解决，安置区（点）配套基础设施和公共服务设施可一并统筹规划、统一建设。

配套建设基础设施和公共服务设施。按照"规模适度、功能合理、经济安全、环境整洁、宜居宜业"的原则，配套建设安置区（点）水、电、路、邮政、基础电信网络以及污水、垃圾处理等基础设施，完善安置区（点）商业网点、便民超市、集贸市场等生活服务设施以及必要的教育、卫生、文化体育等公共服务设施。

拓展资金筹措渠道。加大中央预算内投资支持力度，创新投融资机制，安排专项建设基金和地方政府债券资金作为易地扶贫搬迁项目资本金，发行专项金融债券筹集贷款资金支持易地扶贫搬迁工作。建立或明确易地扶贫搬迁省级投融资主体和市县项目实施主体，负责资金承接运作和工程组织实施。地方政府要统筹可支配财力，用好用活城乡建设用地增减挂钩政策，支持省级投融资主体还贷。易地扶贫搬迁资金如有节余，可用于支持搬迁贫困人口后续产业发展。

第三节 促进搬迁群众稳定脱贫

大力发展安置区（点）优势产业。将安置区（点）产业发展纳入当地产业扶贫规划，统筹整合使用财政涉农资金，支持搬迁贫困人口大力发展后续产业。支持"有土安置"的搬迁户通过土地流转等方式开展适度规模经营，发展特色产业。建立完善新型农业经营主体与搬迁户的利益连接机制，确保每个建档立卡搬迁户都有脱贫致富产业或稳定收入来源。

多措并举促进建档立卡搬迁户就业增收。结合农业园区、工业园区、旅游景区和小城镇建设，引导搬迁群众从事种养加工、商贸物流、家政服务、物业管理、旅游服务等工作。在集中安置区（点）开发设立卫生保洁、水暖、电力维修等岗位，为建档立卡贫困人口提供就地就近就业机会，解决好养老保险、医疗保险等问题。鼓励工矿企业、农业龙头企业优先聘用建档立卡搬迁人口。支持安置区（点）发展物业经济，将商铺、厂房、停车场等营利性物业产权量化到建档立卡搬迁户。

促进搬迁人口融入当地社会。引导搬迁人口自力更生，积极参与住房建设、配套设施建设、安置区环境改善等工作，通过投工投劳建设美好家园。加强对易地搬迁人口的心理疏导和先进文化教育，培养其形成与新环境相适应的生产方式和生活习惯。优化安置区（点）社区管理服务，营造开放包容的社区环境，积极引导搬迁人口参与当地社区管理和服务，增强其主人翁意识和适应新生活的信心，使搬迁群众平稳顺利融入当地社会。

专栏7 易地扶贫搬迁工程

"十三五"期间，对全国22个省（区、市）约1400个县（市、区）981万建档立卡贫困人口实施易地扶贫搬迁，按人均不超过25平方米的标准建设住房，同步开展安置区（点）配套基础设施和基本公共服务设施建设、迁出区宅基地复垦和生态修复等工作。安排中央预算内投资、地方政府债券、专项建设基金、长期贴息贷款和农户自筹等易地扶贫搬迁资金约6000亿元。同步搬迁人口建房所需资金，以地方政府补助和农户自筹为主解决，鼓励开发银行、农业发展银行对符合条件的项目给予优惠贷款支持。在分解下达城乡建设用地增减挂钩指标时，向易地扶贫搬迁省份倾斜。允许贫困县将城乡建设用地增减挂钩节余指标在省域范围内流转使用，前期使用贷款进行拆迁安置、基础设施建设和土地复垦。

第五章 教育扶贫

以提高贫困人口基本文化素质和贫困家庭劳动力技能为抓手，瞄准教育最薄弱领域，阻断贫困的代际传递。到2020年，贫困地区基础教育能力明显增强，职业教育体系更加完善，高等教育服务能力明显提升，教育总体质量显著提高，基本公共教育服务水平接近全国平均水平。

第一节 提升基础教育水平

改善办学条件。加快完善贫困地区学前教育公共服务体系，建立健全农村学前教育服务网络，优先保障贫困家庭适龄儿童接受学前教育。全面改善义务教育薄弱学校基本办学条件，加强农村寄宿制学校建设，优化义务教育学校布局，办好必要的村小学和教学点，建立城乡统一、重在农村的义务教育经费保障机制。实施高中阶段教育普及攻坚计划，加大对普通高中和中等职业学校新建改扩建的支持力度，扩大教育资源，提高普及水平。加快推进教育信息化，扩大优质教育资源覆盖面。建立健全双语教学体系。

强化教师队伍建设。通过改善乡村教师生活待遇、强化师资培训、结对帮扶等方式，加强贫困地区师资队伍建设。建立省级统筹乡村教师补充机制，依托师范院校开展"一专多能"乡村教师培养培训，建立城乡学校教师均衡配置机制，推进县（区）域内义务教育学校校长教师交流轮岗。全面落实集中连片特困地区和边远艰苦地区乡村教师生活补助政策。加大对边远艰苦地区农村学校教师周转宿舍建设的支持力度。继续实施特岗计划，"国培计划"向贫困地区乡村教师倾斜。加大双语教师培养力度，加强国家通用语言文字教学。实施好边远贫困地区、边疆民族地区和革命老区人才支持计划教师专项计划，每年向"三区"选派3万名支教教师。建立乡村教师荣誉制度，向在乡村学校从教30年以上的教师颁发荣誉证书。

第二节　降低贫困家庭就学负担

完善困难学生资助救助政策。健全学前教育资助制度，帮助农村贫困家庭幼儿接受学前教育。稳步推进贫困地区农村义务教育学生营养改善计划。率先对建档立卡贫困家庭学生以及非建档立卡的家庭经济困难残疾学生、农村低保家庭学生、农村特困救助供养学生实施普通高中免除学杂费。完善国家奖助学金、国家助学贷款、新生入学资助、研究生"三助"（助教、助研、助管）岗位津贴、勤工助学、校内奖助学金、困难补助、学费减免等多元化高校学生资助体系，对建档立卡贫困家庭学生优先予以资助，优先推荐勤工助学岗位，做到应助尽助。

第三节　加快发展职业教育

强化职业教育资源建设。加快推进贫困地区职业院校布局结构调整，加强有专业特色并适应市场需求的职业院校建设。继续推动落实东西部联合招生，加强东西部职教资源对接。鼓励东部地区职教集团和职业院校对口支援或指导贫困地区职业院校建设。

加大职业教育力度。引导企业扶贫与职业教育相结合，鼓励职业院校面向建档立卡贫困家庭开展多种形式的职业教育。启动职教圆梦行动计划，省级教育行政部门统筹协调国家中等职业教育改革发展示范学校和国家重点中职学校选择就业前景好的专业，针对建档立卡贫困家庭子女单列招生计划。实施中等职业教育协作计划，支持建档立卡贫困家庭初中毕业生到省外经济较发达地区接受中职教育。让未升入普通高中的初中毕业生都能接受中等职业教育。鼓励职业院校开展面向贫困人口的继续教育。保障贫困家庭妇女、残疾人平等享有职业教育资源和机会。支持民族地区职业学校建设，继续办好内地西藏、新疆中等职业教育班，加强民族聚居地区少数民族特困群体国家通用语言文字培训。

加大贫困家庭子女职业教育资助力度。继续实施"雨露计划"职业教育助学补助政策，鼓励贫困家庭"两后生"就读职业院校并给予政策支持。落实好中等职业学校免学费和国家助学金政策。

专栏8　教育扶贫工程

（一）普惠性幼儿园建设。

重点支持中西部1472个区（县）农村适龄儿童入园,鼓励普惠性幼儿园发展。

（二）全面改善贫困地区义务教育薄弱学校基本办学条件。

按照"缺什么、补什么"的原则改善义务教育薄弱学校基本办学条件。力争到2019年年底,使贫困地区所有义务教育学校均达到"20条底线要求"。以集中连片特困地区县、国家扶贫开发工作重点县、革命老区贫困县等为重点,解决或缓解城镇学校"大班额"和农村寄宿制学校"大通铺"问题,逐步实现未达标城乡义务教育学校舍、场所标准化。

（三）高中阶段教育普及攻坚计划。

增加中西部贫困地区尤其是集中连片特困地区高中阶段教育资源,使中西部贫困地区未升入普通高中的初中毕业生基本进入中等职业学校就读。

（四）乡村教师支持计划。

拓展乡村教师补充渠道,扩大特岗计划实施规模,鼓励省级政府建立统筹规划、统一选拔的乡村教师补充机制,推动地方研究制定符合乡村教育实际的招聘办法,鼓励地方根据需求本土化培养"一专多能"乡村教师。到2020年,对全体乡村教师校长进行360学时的培训。

（五）特殊教育发展。

鼓励有条件的特殊教育学校、取得办园许可的残疾儿童康复机构开展学前教育,支持特殊教育学校改善办学条件和建设特教资源中心（教室）,为特殊教育学校配备特殊教育教学专用设备设施和仪器等。

（六）农村义务教育学生营养改善计划。

以贫困地区和家庭经济困难学生为重点,通过农村义务教育学生营养改善计划国家试点、地方试点、社会参与等方式,逐步改善农村义务教育学生营养状况。中央财政为纳入营养改善计划国家试点的农村义务教育学生按每生每天4元（800元/年）的标准提供营养膳食补助。鼓励地方开展营养改善计划地方试点,中央财政给予适当奖补。

第四节　提高高等教育服务能力

提高贫困地区高等教育质量。支持贫困地区优化高等学校布局，调整优化学科专业结构。中西部高等教育振兴计划、长江学者奖励计划、高等学校青年骨干教师国内访问学者项目等国家专项计划，适当向贫困地区倾斜。

继续实施高校招生倾斜政策。加快推进高等职业院校分类考试招生，同等条件下优先录取建档立卡贫困家庭学生。继续实施重点高校面向贫困地区定向招生专项计划，形成长效机制，畅通贫困地区学生纵向流动渠道。高校招生计划和支援中西部地区招生协作计划向贫困地区倾斜。支持普通高校适度扩大少数民族预科班和民族班规模。

第六章　健康扶贫

改善贫困地区医疗卫生机构条件，提升服务能力，缩小区域间卫生资源配置差距，基本医疗保障制度进一步完善，建档立卡贫困人口大病和慢性病得到及时有效救治，就医费用个人负担大幅减轻，重大传染病和地方病得到有效控制，基本公共卫生服务实现均等化，因病致贫返贫问题得到有效解决。

第一节　提升医疗卫生服务能力

加强医疗卫生服务体系建设。按照"填平补齐"原则，加强县级医院、乡镇卫生院、村卫生室等基层医疗卫生机构以及疾病预防控制和精神卫生、职业病防治、妇幼保健等专业公共卫生机构能力建设，提高基本医疗及公共卫生服务水平。加强常见病、多发病相关专业和临床专科建设。加强远程医疗能力建设，实现城市诊疗资源和咨询服务向贫困县延伸，县级医院与县域内各级各类医疗卫生服务机构互联互通。鼓励新医疗技术服务贫困人口。在贫困地区优先实施基层中医药服务能力提升工程"十三五"行动计划。实施全国三级医院与贫困县县级医院"一对一"帮扶行动。到2020年，每个贫困县至少有1所医院达到二级医院标准，每个30万人口以上的贫困县至少有1所医院达到二级甲等水平。

深化医药卫生体制改革。深化公立医院综合改革。在符合医疗行业特点的薪酬改革方案出台前，贫困县可先行探索制定公立医院绩效工资总量核定办法。制定符合基层实际的人才招聘引进办法，赋予贫困地区医疗卫生机构一定自主招聘权。加快健全药品供应保障机制，统筹做好县级医院与基层医疗卫生机构的药品供应配送管理工作。进一步提高乡村医生的养老待遇。推进建立分级诊疗制度，到2020年，县域内就诊率提高到90%左右。

强化人才培养培训。以提高培养质量为核心，支持贫困地区高等医学教育发展，加大本专科农村订单定向医学生免费培养力度。以全科医生为重点，加强各类医疗卫生人员继续医学教育，推行住院医师规范化培训、助理全科医生培训，做好全科医生和专科医生特设岗位计划实施工作，制定符合基层实际的人才招聘引进办法，提高薪酬待遇。组织开展适宜医疗卫生技术推广。

支持中医药和民族医药事业发展。加强中医医院、民族医医院、民族医特色专科能力建设，加快民族药药材和制剂标准化建设。加强民族医药基础理论和临床应用研究。加强中医、民族医医师和城乡基层中医、民族医药专业技术人员培养培训，培养一批民族医药学科带头人。加强中药民族药资源保护利用。将更多具有良好疗效的特色民族药药品纳入国家基本医疗保险药品目录。

第二节 提高医疗保障水平

降低贫困人口大病、慢性病费用支出。加强基本医疗保险、大病保险、医疗救助、疾病应急救助等制度的有效衔接。建档立卡贫困人口参加城乡居民基本医疗保险个人缴费部分由财政通过城乡医疗救助给予补贴，全面推开城乡居民基本医疗保险门诊统筹，提高政策范围内住院费用报销比例。城乡居民基本医疗保险新增筹资主要用于提高城乡居民基本医疗保障水平，逐步降低贫困人口大病保险起付线。在基本医疗保险报销范围基础上，确定合规医疗费用范围，减轻贫困人口医疗费用负担。加大医疗救助力度，将贫困人口全部纳入重特大疾病医疗救助范围。对突发重大疾病暂时无法获得家庭支持导致基本生活出现严重困难的贫困家庭患者，加大临时救助力度。支持引导社会慈善力量参与医疗救助。在贫困地区先行推进以按病种付费为主的医保支付方式改革，逐步扩大病种范围。

实行贫困人口分类救治。优先为建档立卡贫困人口单独建立电子健康档案和健康卡，推动基层医疗卫生机构提供基本医疗、公共卫生和健康管理等签约服务。以县为单位，进一步核实因病致贫返贫家庭及患病人员情况，对贫困家庭大病和慢性病患者实行分类救治，为有需要的贫困残疾人提供基本康复服务。贫困患者在县域内定点医疗机构住院的，实行先诊疗后付费的结算机制，有条件的地方可探索市域和省域内建档立卡贫困人口先诊疗后付费的结算机制。

第三节 加强疾病预防控制和公共卫生

加大传染病、地方病、慢性病防控力度。全面完成已查明氟、砷超标地区改水工程建设。对建档立卡贫困人口食用合格碘盐给予政府补贴。综合防治大骨节病和克山病等重点地方病，加大对包虫病、布病等人畜共患病的防治力度，加强对艾滋病、结核病疫情防控，加强肿瘤随访登记，扩大癌症筛查和早诊早治覆盖面，加强严重精神障碍患者筛查登记、救治救助和服务管理。治贫治毒相结合，从源头上治理禁毒重点整治地区贫困县的毒品问题。

全面提升妇幼健康服务水平。在贫困地区全面实施农村妇女"两癌"（乳腺癌和宫颈癌）免费筛查项目，加大对贫困患者的救助力度。全面实施免费孕前优生健康检查、农村妇女增补叶酸预防神经管缺陷、新生儿疾病筛查等项目。提升孕产妇和新生儿危急重症救治能力。全面实施贫困地区儿童营养改善项目。实施0～6岁贫困残疾儿童康复救助项目，提供基本辅助器具。加强计划生育工作。

深入开展爱国卫生运动。加强卫生城镇创建活动，持续深入开展城乡环境卫生整洁行动，重点加强农村垃圾和污水处理设施建设，有效提升贫困地区人居环境质量。加快农村卫生厕所建设进程，坚持因地制宜、集中连片、整体推进农村改厕工作，力争到2020年农村卫生厕所普及率达到85%以上。加强健康促进和健康教育工作，广泛宣传居民健康素养基本知识和技能，使其形成良好卫生习惯和健康生活方式。

专栏 9 健康扶贫工程

（一）城乡居民基本医疗保险和大病保险。

从 2016 年起，对建档立卡贫困人口、农村低保对象和特困人员实行倾斜性支持政策，降低特殊困难人群大病保险报销起付线、提高大病保险报销比例，减少贫困人口大病费用个人实际支出。选择部分大病实行单病种付费，医疗费用主要由医疗保险、大病保险、医疗救助按规定比例报销。将符合条件的残疾人医疗康复项目按规定纳入基本医疗保险支付范围。

（二）农村贫困人口大病慢性病救治。

继续实施光明工程，为贫困家庭白内障患者提供救治，费用通过医保等渠道解决，鼓励慈善组织参与。从 2016 年起，对贫困家庭患有儿童急性淋巴细胞白血病、儿童先天性心脏病间隔缺损、食管癌等疾病的患者进行集中救治。

（三）全国三级医院与贫困县县级医院"一对一"帮扶行动。

组织全国 889 家三级医院（含军队和武警部队医院）对口帮扶集中连片特困地区县和国家扶贫开发工作重点县县级医院。采用"组团式"支援方式，向县级医院派驻 1 名院长或者副院长及医务人员组成的团队驻点帮扶，重点加强近 3 年外转率前 5～10 位病种的临床专科能力建设，推广适宜县级医院开展的医疗技术。定期派出医疗队，为贫困人口提供集中诊疗服务。建立帮扶双方远程医疗平台，开展远程诊疗服务。

（四）贫困地区县乡村三级医疗卫生服务网络标准化建设工程。

到 2020 年，每个贫困县至少有 1 所县级公立医院，每个乡镇有 1 所标准化乡镇卫生院，每个行政村有 1 个卫生室。在乡镇卫生院和社区卫生服务中心建立中医综合服务区。

（五）重特大疾病医疗救助行动。

将重特大疾病医疗救助对象范围从农村低保对象、特困人员拓展到低收入家庭的老年人、未成年人、重度残疾人和重病患者，积极探索对因病致贫返贫家庭重病患者实施救助，重点加大对符合条件的重病、重残儿童的救助力度。综合考虑患病家庭负担能力、个人自负费用、当地筹资等情况，分类分段设置救助比例和最高救助限额。

（六）医疗救助与基本医疗保险、大病保险等"一站式"结算平台建设。

贫困地区逐步实现医疗救助与基本医疗保险、大病保险、疾病应急救助、商业保险等信息管理平台互联互通，广泛开展"一站式"即时结算。

第七章 生态保护扶贫

处理好生态保护与扶贫开发的关系，加强贫困地区生态环境保护与治理修复，提升贫困地区可持续发展能力。逐步扩大对贫困地区和贫困人口的生态保护补偿，增设生态公益岗位，使贫困人口通过参与生态保护实现就业脱贫。

第一节 加大生态保护修复力度

加强生态保护与建设。加快改善西南山区、西北黄土高原等水土流失状况，加强林草植被保护与建设。加大三北等防护林体系建设工程、天然林资源保护、水土保持等重点工程实施力度。加大新一轮退耕还林还草工程实施力度，加强生态环境改善与扶贫协同推进。在重点区域推进京津风沙源治理、岩溶地区石漠化治理、青海三江源保护等山水林田湖综合治理工程，遏制牧区、农牧结合贫困地区土壤沙化退化趋势，缓解土地荒漠化、石漠化，组织动员贫困人口参与生态保护建设工程，提高贫困人口受益水平，结合国家重大生态工程建设，因地制宜发展舍饲圈养和设施农业，大力发展具有经济效益的生态林业产业。

开展水土资源保护。加强贫困地区耕地和永久基本农田保护，建立和完善耕地与永久基本农田保护补偿机制，推进耕地质量保护与提升。全面推广测土配方施肥技术和水肥一体化技术。加强农膜残膜回收，积极推广可降解农膜。开展耕地轮作休耕试点。鼓励在南方贫困地区开发利用冬闲田、秋闲田，种植肥田作物。优先将大兴安岭南麓山区内黑土流失地区等地区列入综合治理示范区。加强江河源头和水源涵养区保护，推进重点流域水环境综合治理，严禁农业、工业污染物向水体超标排放。

专栏 10　重大生态建设扶贫工程

（一）退耕还林还草工程。

在安排新一轮退耕还林还草任务时，向扶贫开发任务重、贫困人口较多的省份倾斜。各有关省份要进一步向贫困地区集中，向建档立卡贫困村、贫困人口倾斜。

（二）退牧还草工程。

继续在内蒙古、辽宁、吉林、黑龙江、四川、贵州、云南、西藏、陕西、甘肃、青海、宁夏、新疆和新疆生产建设兵团实施退牧还草工程，并向贫困地区、贫困人口倾斜，合理调整任务实施范围，促进贫困县脱贫攻坚。

（三）青海三江源生态保护和建设二期工程。

继续加强三江源草原、森林、荒漠、湿地与湖泊生态系统保护和建设，治理范围从 15.2 万平方公里扩大至 39.5 万平方公里，从根本上遏制生态整体退化趋势，促进三江源地区可持续发展。

（四）京津风沙源治理工程。

继续加强燕山—太行山区、吕梁山区等贫困地区的工程建设，建成京津及周边地区的绿色生态屏障，沙尘天气明显减少，农牧民生产生活条件全面改善。

（五）天然林资源保护工程。

扩大天然林保护政策覆盖范围，全面停止天然林商业性采伐，逐步提高补助标准，加大对贫困地区的支持。

（六）三北等防护林体系建设工程。

优先安排贫困地区三北、长江、珠江、沿海、太行山等防护林体系建设，加大森林经营力度，推进退化林修复，提升森林质量、草原综合植被盖度和整体生态功能，遏制水土流失。加强农田防护林建设，营造农田林网，加强村镇绿化，提升平原农区防护林体系综合功能。

（七）水土保持重点工程。

加大长江和黄河上中游、西南岩溶区、东北黑土区等重点区域水土流失治理力度，加快推进坡耕地、侵蚀沟治理工程建设，有效改善贫困地区农业生产生活条件。

（八）岩溶地区石漠化综合治理工程。

继续加大滇桂黔石漠化区、滇西边境山区、乌蒙山区和武陵山区等贫困地区石漠化治理力度，恢复林草植被，提高森林质量，统筹利用水土资源，改善农业生产条件，适度发展草食畜牧业。

（九）沙化土地封禁保护区建设工程。

继续在内蒙古、西藏、陕西、甘肃、青海、宁夏、新疆等省（区）推进沙化土地封禁保护区建设，优先将832个贫困县中适合开展沙化土地封禁保护区建设的县纳入建设范围，实行严格的封禁保护。

（十）湿地保护与恢复工程。

对全国重点区域的自然湿地和具有重要生态价值的人工湿地，实行优先保护和修复，扩大湿地面积。对东北生态保育区、长江经济带生态涵养带、京津冀生态协同圈、黄土高原—川滇生态修复带的国际重要湿地、湿地自然保护区和国家湿地公园及其周边范围内非基本农田，实施退耕（牧）还湿、退养还滩。

（十一）农牧交错带已垦草原综合治理工程。

在河北、山西、内蒙古、甘肃、宁夏、新疆开展农牧交错带已垦撂荒地治理，通过建植多年生人工草地，提高治理区植被覆盖率和饲草生产、储备、利用能力，保护和恢复草原生态，促进农业结构优化、草畜平衡，实现当地可持续发展。

第二节　建立健全生态保护补偿机制

建立稳定生态投入机制。中央财政加大对国家重点生态功能区中贫困县的转移支付力度，扩大政策实施范围，完善转移支付补助办法，逐步提高对重点生态功能区生态保护与恢复的资金投入水平。

探索多元化生态保护补偿方式。根据"谁受益、谁补偿"原则，健全生态保护补偿机制。在贫困地区开展生态综合补偿试点，逐步提高补偿标准。健全各级财政森林生态效益补偿标准动态调整机制。研究制定鼓励社会力量参与防沙治沙的政策措施。推进横向生态保护补偿，鼓励受益地区与保护地区、流域下游与上游建立横向补偿关系。探索碳汇交易、绿色产品标识等市场化补偿方式。

设立生态公益岗位。中央财政调整生态建设和补偿资金支出结构，支持在贫困县以政府购买服务或设立生态公益岗位的方式，以森林、草原、湿地、沙化土地管护为重点，让贫困户中有劳动能力的人员参加生态管护工作。充实完善国家公园的管护岗位，增加国家公园、国家级自然保护区、国家级风景名胜区周边贫困人口参与巡护和公益服务的就业机会。

专栏 11　生态保护补偿

（一）森林生态效益补偿。

健全各级财政森林生态效益补偿标准动态调整机制，依据国家公益林权属实行不同的补偿标准。

（二）草原生态保护补助奖励。

在内蒙古、新疆、西藏、青海、四川、甘肃、宁夏、云南、山西、河北、黑龙江、辽宁、吉林等 13 个省（区）和新疆生产建设兵团、黑龙江农垦总局的牧区半牧区县实施草原生态保护补助奖励。中央财政按照每亩每年 7.5 元的测算标准，对禁牧和禁牧封育的牧民给予补助，补助周期 5 年；实施草畜平衡奖励，中央财政对未超载放牧牧民按照每亩每年 2.5 元的标准给予奖励。

（三）跨省流域生态保护补偿试点。

在新安江、南水北调中线源头及沿线、京津冀水源涵养区、九洲江、汀江—韩江、东江、西江等开展跨省流域生态保护补偿试点工作。

（四）生态公益岗位脱贫行动。

通过购买服务、专项补助等方式，在贫困县中选择一批能胜任岗位要求的建档立卡贫困人口，为其提供生态护林员、草管员、护渔员、护堤员等岗位。在贫困县域内的 553 处国家森林公园、湿地公园和国家级自然保护区，优先安排有劳动能力的建档立卡贫困人口从事森林管护、防火和服务。

第八章　兜底保障

统筹社会救助体系，促进扶贫开发与社会保障有效衔接，完善农村低保、特困人员救助供养等社会救助制度，健全农村"三留守"人员和残疾人关爱服务体系，实现社会保障兜底。

第一节　健全社会救助体系

完善农村最低生活保障制度。完善低保对象认定办法，建立农村低保家庭贫困状况评估指标体系，将符合农村低保条件的贫困家庭全部纳入农村低保范围。加大省级统筹工作力度，动态调整农村低保标准，确保 2020 年前所有地区农村低保标准逐步达到国家扶贫标准。加强农村低保与扶贫开发及其他脱贫攻坚相关政策的有效衔接，引导有劳动能力的低保对象依靠自身努力脱贫致富。

统筹社会救助资源。指导贫困地区健全特困人员救助供养制度，全面实施临时救助制度，积极推进最低生活保障制度与医疗救助、教育救助、住房救助、就业救助等专项救助制度衔接配套，推动专项救助在保障低保对象的基础上向低收入群众适当延伸，逐步形成梯度救助格局，为救助对象提供差别化的救助。合理划分中央和地方政府的社会救助事权和支出责任,统筹整合社会救助资金渠道,提升社会救助政策和资金的综合效益。

第二节 逐步提高贫困地区基本养老保障水平

坚持全覆盖、保基本、有弹性、可持续的方针,统筹推进城乡养老保障体系建设,指导贫困地区全面建成制度名称、政策标准、管理服务、信息系统"四统一"的城乡居民养老保险制度。探索建立适应农村老龄化形势的养老服务模式。

第三节 健全"三留守"人员和残疾人关爱服务体系

完善"三留守"人员服务体系。组织开展农村留守儿童、留守妇女、留守老人摸底排查工作。推动各地通过政府购买服务、政府购买基层公共管理和社会服务岗位、引入社会工作专业人才和志愿者等方式,为"三留守"人员提供关爱服务。加强留守儿童关爱服务设施和队伍建设,建立留守儿童救助保护机制和关爱服务网络。加强未成年人社会保护和权益保护工作。研究制定留守老年人关爱服务政策措施,推进农村社区日间照料中心建设,提升农村特困人员供养服务机构托底保障能力和服务水平。支持各地农村幸福院等社区养老服务设施建设和运营,开展留守老年人关爱行动。加强对"三留守"人员的生产扶持、生活救助和心理疏导。进一步加强对贫困地区留守妇女技能培训和居家灵活就业创业的扶持,切实维护留守妇女权益。

完善贫困残疾人关爱服务体系。将残疾人普遍纳入社会保障体系予以保障和扶持。支持发展残疾人康复、托养、特殊教育,实施残疾人重点康复项目,落实困难残疾人生活补贴和重度残疾人护理补贴制度。加强贫困残疾人实用技术培训,优先扶持贫困残疾人家庭发展生产,支持引导残疾人就业创业。

专栏 12 兜底保障

(一)农村低保标准动态调整。

省级人民政府统筹制定农村低保标准动态调整方案,确保所有地区农村低保标准逐步达到国家扶贫标准。进一步完善农村低保标准与物价上涨挂钩联动机制。

(二)农村低保与扶贫开发衔接。

将符合农村低保条件的建档立卡贫困户纳入低保范围,将符合扶贫条件的农村低保家庭纳入建档立卡范围。对不在建档立卡范围内的农村低保家庭、特困人员,各地统筹使用相关扶贫开发政策。对返贫家庭,按规定程序审核后分别纳入临时救助、医疗救助、农村低保等社会救助制度和建档立卡贫困户扶贫开发政策覆盖范围。

第九章　社会扶贫

发挥东西部扶贫协作和中央单位定点帮扶的引领示范作用，凝聚国际国内社会各方面力量，进一步提升贫困人口帮扶精准度和帮扶效果，形成脱贫攻坚强大合力。

第一节　东西部扶贫协作

开展多层次扶贫协作。以闽宁协作模式为样板，建立东西部扶贫协作与建档立卡贫困村、贫困户的精准对接机制，做好与西部地区脱贫攻坚规划的衔接，确保产业合作、劳务协作、人才支援、资金支持精确瞄准建档立卡贫困人口。东部省份要根据财力增长情况，逐步增加对口帮扶财政投入，并列入年度预算。东部各级党政机关、人民团体、企事业单位、社会组织、各界人士等要积极参与扶贫协作工作。西部地区要整合用好扶贫协作等各类资源，聚焦脱贫攻坚，形成脱贫合力。启动实施东部省份经济较发达县（市）与对口帮扶省份贫困县"携手奔小康"行动，着力推动县与县精准对接。探索东西部乡镇、行政村之间结对帮扶。协作双方每年召开高层联席会议。

拓展扶贫协作有效途径。注重发挥市场机制作用，推动东部人才、资金、技术向贫困地区流动。鼓励援助方利用帮扶资金设立贷款担保基金、风险保障基金、贷款贴息资金和中小企业发展基金等，支持发展特色产业，引导省内优势企业到受援方创业兴业。鼓励企业通过量化股份、提供就业等形式，带动当地贫困人口脱贫增收。鼓励东部地区通过共建职业培训基地、开展合作办学、实施定向特招等形式，对西部地区贫困家庭劳动力进行职业技能培训，并提供就业咨询服务。帮扶双方要建立和完善省市协调、县乡组织、职校培训、定向安排、跟踪服务的劳务协作对接机制，提高劳务输出脱贫的组织化程度。以县级为重点，加强协作双方党政干部挂职交流。采取双向挂职、两地培训等方式，加大对西部地区特别是基层干部、贫困村创业致富带头人的培训力度。支持东西部学校、医院建立对口帮扶关系。建立东西部扶贫协作考核评价机制，重点考核带动贫困人口脱贫成效，西部地区也要纳入考核范围。

第二节 定点帮扶

明确定点扶贫目标任务。结合当地脱贫攻坚规划,制定各单位定点帮扶工作年度计划,以帮扶对象稳定脱贫为目标,实化帮扶举措,提升帮扶成效。各单位选派优秀中青年干部到定点扶贫县挂职、担任贫困村第一书记。省、市、县三级党委政府参照中央单位做法,组织党政机关、企事业单位开展定点帮扶工作。完善定点扶贫牵头联系机制,各牵头单位要落实责任人,加强工作协调,督促指导联系单位做好定点扶贫工作,协助开展考核评价工作。

专栏13 中央单位定点扶贫工作牵头联系单位和联系对象

中央直属机关工委牵头联系中央组织部、中央宣传部等43家中直机关单位;中央国家机关工委牵头联系外交部、国家发展改革委、教育部等81家中央国家机关单位;中央统战部牵头联系民主党派中央和全国工商联。教育部牵头联系北京大学、清华大学、中国农业大学等44所高校;人民银行牵头联系中国工商银行、中国农业银行、中国银行等24家金融机构和银监会、证监会、保监会;国务院国资委牵头联系中国核工业集团公司、中国核工业建设集团公司、中国航天科技集团公司等103家中央企业;中央军委政治工作部牵头联系解放军和武警部队有关单位;中央组织部牵头联系各单位选派挂职扶贫干部和第一书记工作。

第三节 企业帮扶

强化国有企业帮扶责任。深入推进中央企业定点帮扶贫困革命老区"百县万村"活动。用好贫困地区产业发展基金。引导中央企业设立贫困地区产业投资基金,采取市场化运作,吸引企业到贫困地区从事资源开发、产业园区建设、新型城镇化发展等。继续实施"同舟工程——中央企业参与'救急难'行动",充分发挥中央企业在社会救助工作中的补充作用。地方政府要动员本地国有企业积极承担包村帮扶等扶贫开发任务。

引导民营企业参与扶贫开发。充分发挥工商联的桥梁纽带作用,以点带面,鼓励引导民营企业和其他所有制企业参与扶贫开发。组织开展"万企帮万村"精准扶贫行动,引导东部地区的民营企业在东西部扶贫协作框架下结对帮扶西部地区贫困村。鼓励有条件的企业设立扶贫公益基金、开展扶贫慈善信托。完善对龙头企业参与扶贫开发的支持政策。吸纳贫困人

口就业的企业，按规定享受职业培训补贴等就业支持政策，落实相关税收优惠。设立企业扶贫光荣榜，并向社会公告。

专栏14　企业扶贫重点工程

（一）中央企业定点帮扶贫困革命老区"百县万村"活动。

66家中央企业在定点帮扶的108个革命老区贫困县和贫困村中，建设一批水、电、路等小型基础设施项目，加快老区脱贫致富步伐。

（二）同舟工程。

中央企业结合定点扶贫工作，对因遭遇突发紧急事件或意外事故，致使基本生活陷入困境乃至面临生存危机的群众，特别是对医疗负担沉重的困难家庭、因病致贫返贫家庭，开展"救急难"行动，实施精准帮扶。

（三）"万企帮万村"精准扶贫行动。

动员全国1万家以上民营企业，采取产业扶贫、就业扶贫、公益扶贫等方式，帮助1万个以上贫困村加快脱贫进程，为打赢脱贫攻坚战贡献力量。

第四节　军队帮扶

构建整体帮扶体系。把地方所需、群众所盼与部队所能结合起来，优先扶持家境困难的军烈属、退役军人等群体。中央军委机关各部门（不含直属机构）和副战区级以上单位机关带头做好定点帮扶工作。省军区系统和武警总队帮扶本辖区范围内相关贫困村脱贫。驻贫困地区作战部队实施一批具体扶贫项目和扶贫产业，部队生活物资采购注重向贫困地区倾斜。驻经济发达地区部队和有关专业技术单位根据实际承担结对帮扶任务。

发挥部队帮扶优势。发挥思想政治工作优势，深入贫困地区开展脱贫攻坚宣传教育，组织军民共建活动，传播文明新风，丰富贫困人口精神文化生活。发挥战斗力突击力优势，积极支持和参与农业农村基础设施建设、生态环境治理、易地扶贫搬迁等工作。发挥人才培育优势，配合实施教育扶贫工程，接续做好"八一爱民学校"援建工作，组织开展"1＋1"、"N＋1"等结对助学活动，团级以上干部与贫困家庭学生建立稳定帮扶关系。采取军地联训、代培代训等方式，帮助贫困地区培养实用人才，培育一批退役军人和民兵预备役人员致富带头人。发挥科技、医疗等资源优势，促进军民两用科技成果转化运用，组织87家军队和武警部队三级医院

对口帮扶 113 家贫困县县级医院，开展送医送药和巡诊治病活动。帮助革命老区加强红色资源开发，培育壮大红色旅游产业。

第五节 社会组织和志愿者帮扶

广泛动员社会力量帮扶。支持社会团体、基金会、社会服务机构等各类组织从事扶贫开发事业。建立健全社会组织参与扶贫开发的协调服务机制，构建社会扶贫信息服务网络。以各级脱贫攻坚规划为引导，鼓励社会组织扶贫重心下移，促进帮扶资源与贫困户精准对接帮扶。支持社会组织通过公开竞争等方式，积极参加政府面向社会购买扶贫服务工作。鼓励和支持社会组织参与扶贫资源动员、资源配置使用、绩效论证评估等工作，支持其承担扶贫项目实施。探索发展公益众筹扶贫模式。着力打造扶贫公益品牌。鼓励社会组织在贫困地区大力倡导现代文明理念和生活方式，努力满足贫困人口的精神文化需求。制定出台社会组织参与脱贫攻坚的指导性文件，从国家层面予以指导。建立健全社会扶贫监测评估机制，创新监测评估方法，及时公开评估结果，增强社会扶贫公信力和影响力。

进一步发挥社会工作专业人才和志愿者扶贫作用。制定出台支持专业社会工作和志愿服务力量参与脱贫攻坚专项政策。实施社会工作专业人才服务贫困地区系列行动计划。鼓励发达地区社会工作专业人才和社会工作服务机构组建专业服务团队、兴办社会工作服务机构，为贫困地区培养和选派社会工作专业人才。实施脱贫攻坚志愿服务行动计划。鼓励支持青年学生、专业技术人员、退休人员和社会各界人士参与扶贫志愿者行动。充分发挥中国志愿服务联合会、中华志愿者协会、中国青年志愿者协会、中国志愿服务基金会和中国扶贫志愿服务促进会等志愿服务行业组织的作用，构建扶贫志愿者服务网络。

办好扶贫日系列活动。在每年的 10 月 17 日全国扶贫日期间举办专题活动，动员全社会力量参与脱贫攻坚。举办减贫与发展高层论坛，开展表彰活动，做好宣传推介。从 2016 年起，在脱贫攻坚期设立"脱贫攻坚奖"，表彰为脱贫攻坚作出重要贡献的个人。每年发布《中国的减贫行动与人权进步》白皮书。组织各省（区、市）结合自身实际开展社会公募、慰问调研等系列活动。

专栏15　社会工作专业人才和志愿者帮扶

（一）社会工作专业人才服务贫困地区系列行动计划。

实施社会工作专业人才服务"三区"行动计划，每年向边远贫困地区、边疆民族地区和革命老区选派1000名社会工作专业人才，为"三区"培养500名社会工作专业人才。积极实施农村留守人员残疾人社会关爱行动、城市流动人口社会融入计划、特困群体社会关怀行动、发达地区与贫困地区牵手行动、重大自然灾害与突发事件社会工作服务支援行动，支持社会工作服务机构和社会工作者为贫困地区农村各类特殊群体提供有针对性的服务。

（二）脱贫攻坚志愿服务行动计划。

实施扶贫志愿者行动计划，每年动员不少于1万人次到贫困地区参与扶贫开发，开展扶贫服务工作。以"扶贫攻坚"志愿者行动项目、"邻里守望"志愿服务行动、扶贫志愿服务品牌培育行动等为重点，支持有关志愿服务组织和志愿者选择贫困程度深的建档立卡贫困村、贫困户和特殊困难群体，在教育、医疗、文化、科技领域开展精准志愿服务行动。以空巢老人、残障人士、农民工及困难职工、留守儿童等群体为重点，开展生活照料、困难帮扶、文体娱乐、技能培训等方面的志愿帮扶活动。通过政府购买服务、公益创投、社会资助等方式，引导支持志愿服务组织和志愿者参与扶贫志愿服务，培育发展精准扶贫志愿服务品牌项目。

第六节　国际交流合作

坚持"引进来"和"走出去"相结合，加强国际交流合作。引进资金、信息、技术、智力、理念、经验等国际资源，服务我国扶贫事业。通过对外援助、项目合作、技术扩散、智库交流等形式，加强与发展中国家和国际机构在减贫领域的交流合作，加强减贫知识分享，加大南南合作力度，增强国际社会对我国精准扶贫、精准脱贫基本方略的认同，提升国际影响力和话语权。组织实施好世界银行第六期贷款、中国贫困片区儿童减贫与综合发展、减贫国际合作等项目。响应联合国2030年可持续发展议程。

第十章　提升贫困地区区域发展能力

以革命老区、民族地区、边疆地区、集中连片特困地区为重点，整体规划，统筹推进，持续加大对集中连片特困地区的扶贫投入力度，切实加强交通、水利、能源等重大基础设施建设，加快解决贫困村通路、通水、通电、通网络等问题，贫困地区区域发展环境明显改善，"造血"能力显著提升，基本公共服务主要领域指标接近全国平均水平，为2020年解决区域性整体贫困问题提供有力支撑。

第一节 继续实施集中连片特困地区规划

统筹推进集中连片特困地区规划实施。组织实施集中连片特困地区区域发展与扶贫攻坚"十三五"省级实施规划，片区重大基础设施和重点民生工程要优先纳入"十三五"相关专项规划和年度计划，集中建设一批区域性重大基础设施和重大民生工程，明显改善片区区域发展环境、提升自我发展能力。

完善片区联系协调机制。进一步完善片区联系工作机制，全面落实片区联系单位牵头责任，充分发挥部省联席会议制度功能，切实做好片区区域发展重大事项的沟通、协调、指导工作。强化片区所在省级政府主体责任，组织开展片区内跨行政区域沟通协调，及时解决片区规划实施中存在的问题和困难，推进片区规划各项政策和项目尽快落地。

第二节 着力解决区域性整体贫困问题

大力推进革命老区、民族地区、边疆地区脱贫攻坚。加大脱贫攻坚力度，支持革命老区开发建设，推进实施赣闽粤原中央苏区、左右江、大别山、陕甘宁、川陕等重点贫困革命老区振兴发展规划，积极支持沂蒙、湘鄂赣、太行、海陆丰等欠发达革命老区加快发展。扩大对革命老区的财政转移支付规模。加快推进民族地区重大基础设施项目和民生工程建设，实施少数民族特困地区和特困群体综合扶贫工程，出台人口较少民族整体脱贫的特殊政策措施。编制边境扶贫专项规划，采取差异化政策，加快推进边境地区基础设施和社会保障设施建设，集中改善边民生产生活条件，扶持发展边境贸易和特色经济，大力推进兴边富民行动，使边民能够安心生产生活、安心守边固边。加大对边境地区的财政转移支付力度，完善边民补贴机制。加大中央投入力度，采取特殊扶持政策，推进西藏、四省藏区和新疆南疆四地州脱贫攻坚。

推动脱贫攻坚与新型城镇化发展相融合。支持贫困地区基础条件较好、具有特色资源的县城和特色小镇加快发展，打造一批休闲旅游、商贸物流、现代制造、教育科技、传统文化、美丽宜居小镇。结合中小城市、小城镇发展进程，加快户籍制度改革，有序推动农业转移人口市民化。统筹规划贫困地区城乡基础设施网络，促进水电路气信等基础设施城乡联网、生态环保设施城乡统一布局建设。推进贫困地区无障碍环境建设。推动城镇公共服务向农村延伸，逐步实现城乡基本公共服务制度并轨、标准统一。

推进贫困地区区域合作与对外开放。推动贫困地区深度融入"一带一路"建设、京津冀协同发展、长江经济带发展三大国家战略，与有关国家级新区、自主创新示范区、自由贸易试验区、综合配套改革试验区建立紧密合作关系，打造区域合作和产业承接发展平台，探索发展"飞地经济"，引导发达地区劳动密集型等产业优先向贫困地区转移。支持贫困地区具备条件的地方申请设立海关特殊监管区域，积极承接加工贸易梯度转移。拓展贫困地区招商引资渠道，利用外经贸发展专项资金促进贫困地区外经贸发展，优先支持贫困地区项目申报借用国外优惠贷款。鼓励贫困地区培育和发展会展平台，提高知名度和影响力。加快边境贫困地区开发开放，加强内陆沿边地区口岸基础设施建设，开辟跨境多式联运交通走廊，促进边境经济合作区、跨境经济合作区发展，提升边民互市贸易便利化水平。

专栏 16　特殊类型地区发展重大行动

(一)革命老区振兴发展行动。

规划建设一批铁路、高速公路、支线机场、水利枢纽、能源、信息基础设施工程，大力实施天然林保护、石漠化综合治理、退耕还林还草等生态工程，支持风电、水电等清洁能源开发，建设一批红色旅游精品线路。

(二)民族地区奔小康行动。

推进人口较少民族整族整村精准脱贫。对陆地边境抵边一线乡镇因守土戍边不宜易地扶贫搬迁的边民，采取就地就近脱贫措施。实施少数民族特色村镇保护与发展工程，重点建设一批少数民族特色村寨和民族特色小镇。支持少数民族传统手工艺品保护与发展。

(三)沿边地区开发开放行动。

实施沿边地区交通基础设施改造提升工程;实施产业兴边工程，建设跨境旅游合作区和边境旅游试验区;实施民生安边工程，完善边民补贴机制。

第三节　加强贫困地区重大基础设施建设

构建外通内联交通骨干通道。加强革命老区、民族地区、边疆地区、集中连片特困地区对外运输通道建设，推动国家铁路网、国家高速公路网连接贫困地区的重大交通项目建设，提高国道省道技术标准，构建贫困地区外通内联的交通运输通道。加快资源丰富和人口相对密集贫困地区开发性铁路建设。完善贫困地区民用机场布局规划,加快支线机场、通用机场建设。在具备水资源开发条件的贫困地区,统筹内河航电枢纽建设和航运发展,提高通航能力。形成布局科学、干支结合、结构合理的区域性综合交通运输网络。在自然条件复杂、灾害多发且人口相对密集的贫困地区,合理布局复合多向、灵活机动的保障性运输通道。依托我国与周边国家互联互通重要通道,推动沿边贫困地区交通基础设施建设。

着力提升重大水利设施保障能力。加强重点水源、大中型灌区续建配套节水改造等工程建设,逐步解决贫困地区工程性缺水和资源性缺水问题,着力提升贫困地区供水保障能力。按照"确有需要、生态安全、可以持续"的原则,科学开展水利扶贫项目前期论证,在保护生态的前提下,提高水资源开发利用水平。加大贫困地区控制性枢纽建设、中小河流和江河重要支流治理、抗旱水源建设、山洪灾害防治、病险水库(闸)除险加固、易涝地区治理力度,坚持工程措施与非工程措施结合,加快灾害防治体系建设。

优先布局建设能源工程。积极推动能源开发建设,煤炭、煤电、核电、油气、水电等重大项目,跨区域重大能源输送通道项目,以及风电、光伏等新能源项目,同等条件下优先在贫困地区规划布局。加快贫困地区煤层气(煤矿瓦斯)产业发展。统筹研究贫困地区煤电布局,继续推进跨省重大电网工程和天然气管道建设。加快推进流域龙头水库和金沙江、澜沧江、雅砻江、大渡河、黄河上游等水电基地重大工程建设,努力推动怒江中下游水电基地开发,支持离网缺电贫困地区小水电开发,重点扶持西藏、四省藏区和少数民族贫困地区小水电扶贫开发工作,风电、光伏发电年度规模安排向贫困地区倾斜。

专栏 17　贫困地区重大基础设施建设工程

(一)交通骨干通道工程。
——铁路:加快建设银川至西安、郑州至万州、郑州至阜阳、张家口至大同、太原至焦作、郑州至济南、重庆至贵阳、兰州至合作、玉溪至磨憨、大理至临沧、弥勒至蒙自、叙永至毕节、渝怀铁路增建二线、青藏铁路格拉段扩能改造等项目。规划建设重庆至昆明、赣州至深圳、贵阳至南宁、长沙至赣州、京九高铁阜阳至九江段、西安至十堰、原平至大同、忻州至保定、张家界至吉首至怀化、中卫至兰州、贵阳至兴义、克塔铁路铁厂沟至塔城段、浦梅铁路建宁至冠豸山段、兴国至泉州、西宁至成都(黄胜关)、格尔木至成都、西安至铜川至延安、平凉至庆阳、和田至若羌至罗布泊、宝中铁路中卫至平凉段扩能等项目。

——**公路**:加快推进 G75 兰州至海口高速公路渭源至武都段、G65E 榆树至蓝田高速公路绥德至延川段、G6911 安康至来凤高速公路镇坪至巫溪段等国家高速公路项目建设,有序推进 G244 乌海至江津公路华池(打扮梁)至庆城段、G569 曼德拉至大通公路武威至仙米寺段等 165 项普通国道建设。

——**机场**:加快新建巫山、巴中、仁怀、武冈、陇南、祁连、莎车机场项目,安康、泸州、宜宾机场迁建项目和桂林、格尔木、兴义等机场改扩建项目建设进度;积极推动新建武隆、黔北、罗甸、乐山、瑞金、抚州、朔州、共和、黄南机场项目,昭通机场迁建项目以及西宁等机场改扩建项目建设。

(二)重点水利工程。

——**重点水源工程**:加快建设贵州夹岩、西藏拉洛等大型水库工程及一批中小型水库工程;实施甘肃引洮供水二期工程等引提水及供水保障工程;在干旱易发县加强各类抗旱应急水源工程建设,逐步完善重点旱区抗旱体系。

——**重点农田水利工程**:基本完成涉及内蒙古、河北、河南、安徽、云南、新疆和湖南等省份贫困县列入规划的 117 处大型灌区续建配套与节水改造任务,加快推进中型灌区续建配套与节水改造。建设吉林松原、内蒙古绰勒、青海湟水北干渠、湖南涔天河等灌区。以新疆南疆地区、六盘山区等片区为重点,发展管灌、喷灌、微灌等高效节水灌溉工程。

——**重点防洪工程**:继续实施大中型病险水闸、水库除险加固。以东北三江治理为重点,进一步完善大江大河大湖防洪减灾体系。基本完成规划内乌江、白龙江、嘉陵江、清水河、湟水等 244 条流域面积 3000 平方公里以上中小河流治理任务。以滇西边境山区、滇桂黔石漠化片区、武陵山区、六盘山区及非集中连片特困地区为重点,加大重点山洪沟防洪治理力度。开展易涝区综合治理工程建设,实施规划内蓄滞洪区建设和淮河流域重点平原洼地治理工程。

(三)重点能源工程。

——**水电**:开工建设金沙江白鹤滩、叶巴滩、澜沧江托巴,雅砻江孟底沟,大渡河硬梁包,黄河玛尔挡、羊曲等水电站;加快推进金沙江龙盘、黄河茨哈峡等水电站项目。

——**火电**:开工建设贵州习水二郎 2×66 万千瓦、河南内乡 2×100 万千瓦等工程。规划建设新疆南疆阿克苏地区库车俄霍布拉克煤矿 2×66 万千瓦坑口电厂。

——**输电工程**:开工建设蒙西—天津南特高压交流,宁东—浙江、晋北—江苏特高压直流,川渝第三通道 500 千伏交流等工程。开工建设锦界、府谷—河北南网扩容工程,启动陕北(延安)—湖北特高压直流输电工程工作。

——**煤层气**:开工建设吕梁三交、柳林煤层气项目,黔西滇东煤层气示范工程,贵州六盘水煤矿瓦斯抽采规模化利用和瓦斯治理示范矿井,新疆南疆阿克苏地区拜城县煤层气示范项目。

——**天然气**:开工建设新疆煤制气外输管道,楚雄—攀枝花天然气管道等工程。积极推进重庆、四川页岩气开发,开工建设重庆页岩气渝东南、万州—云阳天然气管道等工程,适时推进渝黔桂外输管道工程。

第四节 加快改善贫困村生产生活条件

全面推进村级道路建设。全面完成具备条件的行政村通硬化路建设,优先安排建档立卡贫困村通村道路硬化。推动一定人口规模的自然村通公路,重点支持较大人口规模撤并建制村通硬化路。加强贫困村通客车线路上的生命安全防护工程建设,改造现有危桥,对不能满足安全通客车要求的窄路基路面路段进行加宽改造。加大以工代赈力度，支持贫困地区实施上述村级道路建设任务。通过"一事一议"等方式，合理规划建设村内道路。

巩固提升农村饮水安全水平。全面落实地方政府主体责任，全面推进"十三五"农村饮水安全巩固提升工程，做好与贫困村、贫困户的精准对接，加快建设一批集中供水工程。对分散性供水和水质不达标的，因地制宜实行升级改造。提升贫困村自来水普及率、供水保证率、水质达标率，推动城镇供水设施向有条件的贫困村延伸，着力解决饮水安全问题。到2020年，贫困地区农村集中供水率达到83%，自来水普及率达到75%。

多渠道解决生活用能。全面推进能源惠民工程，以贫困地区为重点，加快实施新一轮农村电网改造升级工程，实施配电网建设改造行动计划。实行骨干电网与分布式能源相结合，到2020年，贫困村基本实现稳定可靠的供电服务全覆盖，供电能力和服务水平明显提升。大力发展农村清洁能源，推进贫困村小水电、太阳能、风能、农林和畜牧废弃物等可再生能源开发利用。因地制宜发展沼气工程。鼓励分布式光伏发电与设施农业发展相结合，推广应用太阳能热水器、太阳灶、小风电等农村小型能源设施。提高能源普遍服务水平，推进城乡用电同网同价。

加强贫困村信息和物流设施建设。实施"宽带乡村"示范工程，推动公路沿线、集镇、行政村、旅游景区4G（第四代移动通信）网络基本覆盖。鼓励基础电信企业针对贫困地区出台更优惠的资费方案。加强贫困村邮政基础设施建设，实现村村直接通邮。加快推进"快递下乡"工程，完善农村快递揽收配送网点建设。支持快递企业加强与农业、供销合作、商贸企业的合作，推动在基础条件相对较好的地区率先建立县、乡、村消费品和农资配送网络体系，打造"工业品下乡"和"农产品进城"双向流通渠道。

继续实施农村危房改造。加快推进农村危房改造，按照精准扶贫要求，重点解决建档立卡贫困户、低保户、分散供养特困人员、贫困残疾人家庭的基本住房安全问题。统筹中央和地方补助资金，建立健全分类补助机制。严格控制贫困户建房标准。通过建设农村集体公租房、幸福院，以及利用闲置农户住房和集体公房置换改造等方式，解决好贫困户基本住房安全问题。

加强贫困村人居环境整治。在贫困村开展饮用水源保护、生活污水和垃圾处理、畜禽养殖污染治理、农村面源污染治理、乱埋乱葬治理等人居环境整治工作，保障处理设施运行经费，稳步提升贫困村人居环境水平。到 2020 年，90% 以上贫困村的生活垃圾得到处理，普遍建立村庄保洁制度，设立保洁员岗位并优先聘用贫困人口。开展村庄卫生厕所改造，逐步解决贫困村人畜混居问题。提高贫困村绿化覆盖率。建设村内道路照明等必要的配套公共设施。

健全贫困村社区服务体系。加强贫困村基层公共服务设施建设，整合利用现有设施和场地，拓展学前教育、妇女互助和养老服务、殡葬服务功能，努力实现农村社区公共服务供给多元化。依托"互联网 +"拓展综合信息服务功能，逐步构建线上线下相结合的农村社区服务新模式。统筹城乡社区服务体系规划建设，积极培育农村社区社会组织，发展社区社会工作服务。深化农村社区建设试点，加强贫困村移风易俗、乡风和村规民约等文明建设。

加强公共文化服务体系建设。按照公共文化建设标准，对贫困县未达标公共文化设施提档升级、填平补齐。加强面向"三农"的优秀出版物和广播影视节目生产。启动实施流动文化车工程。实施贫困地区县级广播电视播出机构制播能力建设工程。为贫困村文化活动室配备必要的文化器材。推进重大文化惠民工程融合发展，提高公共数字文化供给和服务能力。推动广播电视村村通向户户通升级，到 2020 年，基本实现数字广播电视户户通。组织开展"春雨工程"——全国文化志愿者边疆行活动。

着力改善生产条件。推进贫困村农田水利、土地整治、中低产田改造和高标准农田建设。抓好以贫困村为重点的田间配套工程、"五小水利"工程和高效节水灌溉工程建设，抗旱水源保障能力明显提升。结合产业发展，建设改造一批资源路、旅游路、产业园区路，新建改造一批生产便道，推进"交通 + 特色产业"扶贫。大力整治农村河道堰塘。实施贫困村通动力电规划，保障生产用电。加大以工代赈投入力度，着力解决农村生产设施"最后一公里"问题。

专栏 18 改善贫困乡村生产生活条件

(一)百万公里农村公路工程。

建设通乡镇硬化路 1 万公里,通行政村硬化路 23 万公里,一定人口规模的自然村公路 25 万公里(其中撤并建制村通硬化路约 8.3 万公里)。新建改建乡村旅游公路和产业园区公路 5 万公里。加大农村公路养护力度,改建不达标路段 23 万公里,着力改造"油返砂"公路 20 万公里。改造农村公路危桥 1.5 万座。

(二)小型水利扶贫工程。

实施农村饮水安全巩固提升工程,充分发挥已建工程效益,因地制宜采取改造、配套、升级、联网等措施,统筹解决工程标准低、供水能力不足和水质不达标等农村饮水安全问题。大力开展小型农田水利工程建设,因地制宜实施"五小水利"工程建设。

(三)农村电网改造升级工程。

完成贫困村通动力电,到 2020 年,全国农村地区基本实现稳定可靠的供电服务全覆盖,农村电网供电可靠率达到 99.8%,综合电压合格率达到 97.9%,户均配变容量不低于 2000 伏安,建成结构合理、技术先进、安全可靠、智能高效的现代农村电网。

(四)网络通信扶贫工程。

实施宽带网络进村工程,推进 11.7 万个建档立卡贫困村通宽带,力争到 2020 年实现宽带网络覆盖 90%以上的贫困村。

(五)土地和环境整治工程。

开展土地整治和农村人居环境整治工程,增加耕地数量、提升耕地质量、完善农田基础设施,建设规模 1000 万亩。分别在 8.1 万个行政村建设 55.38 万个公共卫生厕所,8.5 万个村建设 61.84 万处垃圾集中收集点,3.68 万个村建设 15.43 万处污水处理点,3.4 万个村建设 9.92 万处旅游停车场。

(六)农村危房改造。

推进农村危房改造,统筹开展农房抗震改造,到 2020 年,完成建档立卡贫困户、低保户、分散供养特困人员、贫困残疾人家庭的存量危房改造任务。

(七)农村社区服务体系建设工程。

力争到 2020 年年底,农村社区综合服务设施覆盖易地扶贫搬迁安置区(点)和 50%的建档立卡贫困村,农村社区公共服务综合信息平台覆盖 30%的贫困县,努力实现社区公共服务多元化供给。

(八)以工代赈工程。

在贫困地区新增和改善基本农田 500 万亩,新增和改善灌溉面积 1200 万亩,新建和改扩建农村道路 80000 公里,治理水土流失面积 11000 平方公里,片区综合治理面积 6000 平方公里,建设草场 600 万亩。

(九)革命老区彩票公益金扶贫工程。

支持 396 个革命老区贫困县的贫困村开展村内道路、水利和环境改善等基础设施建设,实现项目区内自然村 100%通公路,道路硬化率 80%,农户饮水安全比重 95%以上,100%有垃圾集中收集点,每个行政村设有文化广场和公共卫生厕所等。

第十一章 保障措施

将脱贫攻坚作为重大政治任务,采取超常规举措,创新体制机制,加大扶持力度，打好政策组合拳，强化组织实施，为脱贫攻坚提供强有力保障。

第一节　创新体制机制

精准扶贫脱贫机制。加强建档立卡工作，健全贫困人口精准识别与动态调整机制，加强精准扶贫大数据管理应用，定期对贫困户和贫困人口进行全面核查，按照贫困人口认定、退出标准和程序，实行有进有出的动态管理。加强农村贫困统计监测体系建设，提高监测能力和数据质量。健全精准施策机制，切实做到项目安排精准、资金使用精准、措施到户精准。健全驻村帮扶机制。严格执行贫困退出和评估认定制度。加强正向激励，贫困人口、贫困村、贫困县退出后，国家原有扶贫政策在一定时期内保持不变，确保实现稳定脱贫。

扶贫资源动员机制。发挥政府投入主导作用，广泛动员社会资源，确保扶贫投入力度与脱贫攻坚任务相适应。推广政府与社会资本合作、政府购买服务、社会组织与企业合作等模式，建立健全招投标机制和绩效评估机制，充分发挥竞争机制对提高扶贫资金使用效率的作用。鼓励社会组织承接东西部扶贫协作、定点扶贫、企业扶贫具体项目的实施，引导志愿者依托社会组织更好发挥扶贫作用。引导社会组织建立健全内部治理机制和行业自律机制。围绕脱贫攻坚目标任务，推进部门之间、政府与社会之间的信息共享、资源统筹和规划衔接，构建政府、市场、社会协同推进的大扶贫开发格局。

贫困人口参与机制。充分发挥贫困村党员干部的引领作用和致富带头人的示范作用，大力弘扬自力更生、艰苦奋斗精神，激发贫困人口脱贫奔小康的积极性、主动性、创造性，引导其光荣脱贫。加强责任意识、法治意识和市场意识培育，提高贫困人口参与市场竞争的自觉意识和能力，推动扶贫开发模式由"输血"向"造血"转变。建立健全贫困人口利益与需求表达机制，充分尊重群众意见，切实回应群众需求。完善村民自治制度，建立健全贫困人口参与脱贫攻坚的组织保障机制。

资金项目管理机制。对纳入统筹整合使用范围内的财政涉农资金项目，将审批权限下放到贫困县，优化财政涉农资金供给机制，支持贫困县围绕突出问题，以摘帽销号为导向，以脱贫攻坚规划为引领，以重点扶贫项目为平台，统筹整合使用财政涉农资金。加强对脱贫攻坚政策落实、重点项目和资金管理的跟踪审计，强化财政监督检查和项目稽察等工作，充分发挥社会监督作用。建立健全扶贫资金、项目信息公开机制，保障资金项目在阳光下运行，确保资金使用安全、有效、精准。

考核问责激励机制。落实脱贫攻坚责任制，严格实施省级党委和政府扶贫开发工作成效考核办法，建立扶贫工作责任清单，强化执纪问责。落实贫困县约束机制，杜绝政绩工程、形象工程。加强社会监督，建立健全第三方评估机制。建立年度脱贫攻坚逐级报告和督查巡查制度。建立重大涉贫事件处置反馈机制。集中整治和加强预防扶贫领域职务犯罪。

第二节 加大政策支持

财政政策。中央财政继续加大对贫困地区的转移支付力度，中央财政专项扶贫资金规模实现较大幅度增长，一般性转移支付资金、各类涉及民生的专项转移支付资金和中央预算内投资进一步向贫困地区和贫困人口倾斜。加大中央集中彩票公益金对扶贫的支持力度。农业综合开发、农村综合改革转移支付等涉农资金要明确一定比例用于贫困村。各部门安排的惠民政策、工程项目等，要最大限度地向贫困地区、贫困村、贫困人口倾斜。扩大中央和地方财政支出规模，增加基础设施和基本公共服务设施建设投入。各省（区、市）要积极调整省级财政支出结构，切实加大扶贫资金投入。

投资政策。加大贫困地区基础设施建设中央投资支持力度。严格落实国家在贫困地区安排的公益性建设项目取消县级和西部集中连片特困地区地市级配套资金的政策。省级政府统筹可支配财力，加大对贫困地区的投入力度。在扶贫开发中推广政府与社会资本合作、政府购买服务等模式。

金融政策。鼓励和引导各类金融机构加大对扶贫开发的金融支持。发挥多种货币政策工具正向激励作用，用好扶贫再贷款，引导金融机构扩大贫困地区涉农贷款投放，促进降低社会融资成本。鼓励银行业金融机构创新金融产品和服务方式，积极开展扶贫贴息贷款、扶贫小额信贷、创业担保贷款和助学贷款等业务。发挥好开发银行和农业发展银行扶贫金融事业部的功能和作用。继续深化农业银行三农金融事业部改革，稳定和优化大中型商业银行县域基层网点设置，推动邮政储蓄银行设立三农金融事业部，发挥好农村信用社、农村商业银行、农村合作银行的农村金融服务主力作用。建立健全融资风险分担和补偿机制，支持有条件的地方设立扶贫贷款风险补偿基金。鼓励有条件的地方设立扶贫开发产业投资基金，支持贫困地区符合条件的企业通过主板、创业板、全国中小企业股份转让系统、区域股权交易市场等进行股本融资。推动开展特色扶贫农业保险、小额人身保险等多种保险业务。

土地政策。支持贫困地区根据第二次全国土地调查及最新年度变更调查成果，调整完善土地利用总体规划。新增建设用地计划指标优先保障扶贫开发用地需要，专项安排国家扶贫开发工作重点县年度新增建设用地计划指标。中央在安排高标准农田建设任务和分配中央补助资金时，继续向贫困地区倾斜，并积极指导地方支持贫困地区土地整治和高标准农田建设。加大城乡建设用地增减挂钩政策支持扶贫开发及易地扶贫搬迁力度，允许集中连片特困地区和其他国家扶贫开发工作重点县将增减挂钩节余指标在省域范围内流转使用。积极探索市场化运作模式，吸引社会资金参与土地整治和扶贫开发工作。在有条件的贫困地区，优先安排国土资源管理制度改革试点，支持开展历史遗留工矿废弃地复垦利用和城镇低效用地再开发试点。

干部人才政策。加大选派优秀年轻干部到贫困地区工作的力度，加大中央单位和中西部地区、民族地区、贫困地区之间干部交流任职的力度，有计划地选派后备干部到贫困县挂职任职。改进贫困地区基层公务员考录工作和有关人员职业资格考试工作。加大贫困地区干部教育培训力度。实施边疆民族地区和革命老区人才支持计划，在职务、职称晋升等方面采取倾斜政策。提高博士服务团和"西部之光"访问学者选派培养水平，深入组织开展院士专家咨询服务活动。完善和落实引导人才向基层和艰苦地区流动的激励政策。通过双向挂职锻炼、扶贫协作等方式，推动东、中、西部地区之间，经济发达地区与贫困地区之间事业单位人员交流，大力选派培养与西部等艰苦地区优势产业、保障和改善民生密切相关的专业技术人才。充实加强各级扶贫开发工作力量，扶贫任务重的乡镇要有专门干部负责扶贫开发工作。鼓励高校毕业生到贫困地区就业创业。

第三节　强化组织实施

加强组织领导。在国务院扶贫开发领导小组统一领导下，扶贫开发任务重的省、市、县、乡各级党委和政府要把脱贫攻坚作为中心任务，层层签订脱贫攻坚责任书，层层落实责任制。重点抓好县级党委和政府脱贫攻坚领导能力建设，改进县级干部选拔任用机制，选好配强扶贫任务重的县党政班子。脱贫攻坚任务期内，县级领导班子保持相对稳定，贫困县党政正职领导干部实行不脱贫不调整、不摘帽不调离。加强基层组织建设，强化农村基层党组织的领导核心地位，充分发挥基层党组织在脱贫攻坚中的战斗堡垒作用和共产党员的先锋模范作用。加强对贫困群众的教育引导，强化贫困群众的主体责任和进取精神。大力倡导新风正气和积极健康的生活方式，逐步扭转落后习俗和不良生活方式。完善村级组织运转经费保障机制，健全党组织领导的村民自治机制，切实提高村委会在脱贫攻坚工作中的组织实施能力。加大驻村帮扶工作力度，提高县以上机关派出干部比例，精准选配第一书记，配齐配强驻村工作队，确保每个贫困村都有驻村工作队，每个贫困户都有帮扶责任人。

明确责任分工。实行中央统筹、省负总责、市县抓落实的工作机制。省级党委和政府对脱贫攻坚负总责，负责组织指导制定省级及以下脱贫攻坚规划，对规划实施提供组织保障、政策保障、资金保障和干部人才保障，并做好监督考核。根据国家关于贫困退出机制的要求，各省（区、市）统筹脱贫进度，制定省级"十三五"脱贫攻坚规划，明确贫困县、贫困村和贫困人口年度脱贫目标。县级党委和政府负责规划的组织实施工作，并对规划实施效果负总责。市（地）党委和政府做好上下衔接、域内协调和督促检查等工作。各有关部门按照职责分工，制定扶贫工作行动计划或实施方案，出台相关配套支持政策，加强业务指导和推进落实。

加强监测评估。国家发展改革委、国务院扶贫办负责本规划的组织实施与监测评估等工作。加强扶贫信息化建设，依托国务院扶贫办扶贫开发建档立卡信息系统和国家统计局贫困监测结果，定期开展规划实施情况动态监测和评估工作。监测评估结果作为省级党委和政府扶贫开发工作成效考核的重要依据，及时向国务院报告。

对本规划确定的约束性指标以及重大工程、重大项目、重大政策和重要改革任务，要明确责任主体、实施进度等要求，确保如期完成。对纳入本规划的重大工程项目，要在依法依规的前提下简化审批核准程序，优先保障规划选址、土地供应和融资安排。

附录三

关于创新机制扎实推进农村扶贫
开发工作的意见

消除贫困，改善民生，实现共同富裕，是社会主义的本质要求。改革开放以来，我国扶贫开发工作取得举世瞩目的成就，走出了一条中国特色扶贫开发道路。但是，贫困地区发展滞后问题没有根本改变，贫困人口生产生活仍然十分困难。全面建成小康社会，最艰巨最繁重的任务在农村特别是在贫困地区。实现《中国农村扶贫开发纲要（2011～2020年）》（以下简称《纲要》）提出的奋斗目标，必须深入贯彻党的十八大和十八届二中、三中全会精神，全面落实习近平总书记等中央领导同志关于扶贫开发工作的一系列重要指示，进一步增强责任感和紧迫感，切实将扶贫开发工作摆到更加重要、更为突出的位置，以改革创新为动力，着力消除体制机制障碍，增强内生动力和发展活力，加大扶持力度，集中力量解决突出问题，加快贫困群众脱贫致富、贫困地区全面建成小康社会步伐。

一 深化改革，创新扶贫开发工作机制

当前和今后一个时期，扶贫开发工作要进一步解放思想，开拓思路，深化改革，创新机制，使市场在资源配置中起决定性作用和更好发挥政府作用，更加广泛、更为有效地动员社会力量，构建政府、市场、社会协同推进的大扶贫开发格局，在全国范围内整合配置扶贫开发资源，形成扶贫

开发合力。

（一）改进贫困县考核机制

由主要考核地区生产总值向主要考核扶贫开发工作成效转变，对限制开发区域和生态脆弱的国家扶贫开发工作重点县（以下简称重点县）取消地区生产总值考核，把提高贫困人口生活水平和减少贫困人口数量作为主要指标，引导贫困地区党政领导班子和领导干部把工作重点放在扶贫开发上。中央有关部门加强指导，各省（自治区、直辖市）制定具体考核评价办法，并在试点基础上全面推开。同时，研究建立重点县退出机制，建立扶贫开发效果评估体系。（中央组织部、国务院扶贫办、国家统计局等。列在首位的为牵头单位，其他单位按职责分工负责，下同）

（二）建立精准扶贫工作机制

国家制定统一的扶贫对象识别办法。各省（自治区、直辖市）在已有工作基础上，坚持扶贫开发和农村最低生活保障制度有效衔接，按照县为单位、规模控制、分级负责、精准识别、动态管理的原则，对每个贫困村、贫困户建档立卡，建设全国扶贫信息网络系统。专项扶贫措施要与贫困识别结果相衔接，深入分析致贫原因，逐村逐户制定帮扶措施，集中力量予以扶持，切实做到扶真贫、真扶贫，确保在规定时间内达到稳定脱贫目标。（国务院扶贫办、民政部、中央农办、人力资源社会保障部、国家统计局、共青团中央、中国残联等）

（三）健全干部驻村帮扶机制

在各省（自治区、直辖市）现有工作基础上，普遍建立驻村工作队（组）制度。可分期分批安排，确保每个贫困村都有驻村工作队（组），每个贫困户都有帮扶责任人。把驻村入户扶贫作为培养锻炼干部特别是青年干部的重要渠道。驻村工作队（组）要协助基层组织贯彻落实党和政府各项强农惠农富农政策，积极参与扶贫开发各项工作，帮助贫困村、贫困户脱贫致富。落实保障措施，建立激励机制，实现驻村帮扶长期化、制度化。（各省、自治区、直辖市）

（四）改革财政专项扶贫资金管理机制

各级政府要逐步增加财政专项扶贫资金投入，加大资金管理改革力度，增强资金使用的针对性和实效性，项目资金要到村到户，切实使资金直接用于扶贫对象。把资金分配与工作考核、资金使用绩效评价结果相结合，探索以奖代补等竞争性分配办法。简化资金拨付流程，项目审批权限原则上下放到县。以扶贫攻坚规划和重大扶贫项目为平台，整合扶贫和相关涉农资金，集中解决突出贫困问题。积极探索政府购买公共服务等有效做法。加强资金监管，强化地方责任，省、市两级政府主要负责资金和项目监管，县级政府负责组织实施好扶贫项目，各级人大常委会要加强对资金审计结果的监督，管好用好资金。坚持和完善资金项目公告公示制度，积极发挥审计、纪检、监察等部门作用，加大违纪违法行为惩处力度。逐步引入社会力量，发挥社会监督作用。（财政部、国务院扶贫办、国家发展改革委、中央纪委、监察部、审计署等）

（五）完善金融服务机制

充分发挥政策性金融的导向作用，支持贫困地区基础设施建设和主导产业发展。引导和鼓励商业性金融机构创新金融产品和服务，增加贫困地区信贷投放。在防范风险前提下，加快推动农村合作金融发展，增强农村信用社支农服务功能，规范发展村镇银行、小额贷款公司和贫困村资金互助组织。完善扶贫贴息贷款政策，增加财政贴息资金，扩大扶贫贴息贷款规模。进一步推广小额信用贷款，推进农村青年创业小额贷款和妇女小额担保贷款工作。推动金融机构网点向贫困乡镇和社区延伸，改善农村支付环境，加快信用户、信用村、信用乡（镇）建设，发展农业担保机构，扩大农业保险覆盖面。改善对农业产业化龙头企业、家庭农场、农民合作社、农村残疾人扶贫基地等经营组织的金融服务。（中国人民银行、财政部、民政部、中国银监会、中国保监会、国务院扶贫办、人力资源社会保障部、共青团中央、全国妇联、中国残联等）

（六）创新社会参与机制

建立和完善广泛动员社会各方面力量参与扶贫开发制度。充分发挥定点扶贫、东西部扶贫协作在社会扶贫中的引领作用。支持各民主党派中央、全国工商联和无党派人士参与扶贫开发工作，鼓励引导各类企业、社会组织和个人以多种形式参与扶贫开发。建立信息交流共享平台，形成有效协调协作和监管机制。全面落实企业扶贫捐赠税前扣除、各类市场主体到贫困地区投资兴业等相关支持政策。支持军队和武警部队积极参与地方扶贫开发，实现军地优势互补。每5年以国务院扶贫开发领导小组名义进行一次社会扶贫表彰。加强扶贫领域国际交流合作。（国务院扶贫办、定

点扶贫牵头组织部门、民政部、财政部、人力资源社会保障部、税务总局、中国残联、全国工商联等）

二 注重实效，扎实解决突出问题

针对制约贫困地区发展的瓶颈，以集中连片特殊困难地区（以下简称连片特困地区）为主战场，因地制宜，分类指导，突出重点，注重实效，继续做好整村推进、易地扶贫搬迁、以工代赈、就业促进、生态建设等工作，进一步整合力量、明确责任、明确目标，组织实施扶贫开发10项重点工作，全面带动和推进各项扶贫开发工作。

（一）村级道路畅通工作

按照《全国农村公路建设规划》确定的目标任务，结合村镇行政区划调整、易地扶贫搬迁、特色产业发展和农村物流等工作，加大对贫困地区农村公路建设支持力度。加强安全防护设施建设和中小危桥改造，提高农村公路服务水平和防灾抗灾能力。到2015年，提高贫困地区县城通二级及以上高等级公路比例，除西藏外，西部地区80%的建制村通沥青（水泥）路，稳步提高贫困地区农村客运班车通达率，解决溜索等特殊问题。到2020年，实现具备条件的建制村通沥青、水泥路和通班车。（交通运输部、国家发展改革委、财政部等）

（二）饮水安全工作

继续全力推进《全国农村饮水安全工程"十二五"规划》实施，优先安排贫困地区农村饮水安全工程建设，确保到2015年解决规划内贫困地区剩余的农村居民和学校师生饮水安全问题。到2020年，农村饮水安全保障程度和自来水普及率进一步提高。（国家发展改革委、水利部、国家卫生计生委、环境保护部等）

（三）农村电力保障工作

与易地扶贫搬迁规划相衔接，加大农村电网升级改造工作力度。落实《全面解决无电人口用电问题三年行动计划（2013~2015年）》，因地制宜采取大电网延伸以及光伏、风电光电互补、小水电等可再生能源分散供电方式。到2015年，全面解决无电人口用电问题。（国家能源局、国家发展改革委、财政部、水利部等）

（四）危房改造工作

制定贫困地区危房改造计划，继续加大对贫困地区和贫困人口倾斜力度。明确建设标准，确保改造户住房达到最低建设要求。完善现有危房改造信息系统，有步骤地向社会公开。加强对农村危房改造的管理和监督检查。到2020年，完成贫困地区存量农村危房改造任务，解决贫困农户住房安全问题。（住房城乡建设部、国家发展改革委、财政部等）

（五）特色产业增收工作

指导连片特困地区编制县级特色产业发展规划。加强规划项目进村到户机制建设，切实提高贫困户的参与度、受益度。积极培育贫困地区农民合作组织，提高贫困户在产业发展中的组织程度。鼓励企业从事农业产业化经营，发挥龙头企业带动作用，探索企业与贫困农户建立利益联结机制，促进贫困农户稳步增收。深入推进科技特派员农村科技创业行动，加快现代农业科技在贫困地区的推广应用。到2015年，力争每个有条件的贫困农户掌握1~2项实用技术，至少参与1项养殖、种植、林下经济、花卉苗木培育、沙产业、设施农业等增收项目，到2020年，初步构建特色支柱产业体系。不断提高贫困地区防灾避灾能力和农业现代化水平。畅通农产品流通渠道，完善流通网络。推动县域经济发展。（农业部、国家林业局、国务院扶贫办、商务部、国家发展改革委、科技部、全国供销合作总社等）

（六）乡村旅游扶贫工作

加强贫困地区旅游资源调查，围绕美丽乡村建设，依托贫困地区优势旅游资源，发挥精品景区的辐射作用，带动农户脱贫致富。统筹考虑贫困地区旅游资源情况，在研究编制全国重点旅游区生态旅游发展规划时，对贫困乡村旅游发展给予重点支持。结合交通基础设施建设、农村危房改造、农村环境综合整治、生态搬迁、游牧民定居、特色景观旅游村镇、历史文化名村名镇和传统村落及民居保护等项目建设，加大政策、资金扶持力度，促进休闲农业和乡村旅游业发展。到2015年，扶持约2000个贫困村开展乡村旅游。到2020年，扶持约6000个贫困村开展乡村旅游，带动农村劳动力就业。（国家发展改革委、国家旅游局、环境保护部、住房城乡建设部、农业部、国家林业局等）

（七） 教育扶贫工作

全面实施教育扶贫工程。科学布局农村义务教育学校，保障学生就近上学。大力发展现代职业教育，办好一批中、高等职业学校，支持一批特色优势专业，培育当地产业发展需要的技术技能人才。完善职业教育对口支援机制，鼓励东部地区职业院校（集团）对口支援贫困地区职业院校。国家制定奖补政策，实施中等职业教育协作计划，支持贫困地区初中毕业生到省内外经济较发达地区中等职业学校接受教育。广泛开展职业技能培训，使未继续升学的初高中毕业生等新成长劳动力都能接受适应就业需求的职业培训。继续推进面向贫困地区定向招生专项计划和支援中西部地区招生协作计划的实施，不断增加贫困地区学生接受优质高等教育机会。到2015 年，贫困地区义务教育巩固率达到90% 以上，学前三年教育毛入园率达到55% 以上，高中阶段毛入学率达到80% 以上。到2020 年，贫困地区基本普及学前教育，义务教育水平进一步提高，普及高中阶段教育，基础教育办学质量有较大提升，职业教育体系更加完善，教育培训就业衔接更加紧密，高等教育服务区域经济社会发展能力和继续教育服务劳动者就业创业能力持续提高。（教育部、国家发展改革委、财政部、国务院扶贫办、人力资源社会保障部、公安部、农业部等）

（八） 卫生和计划生育工作

进一步健全贫困地区基层卫生计生服务体系，加强妇幼保健机构能力建设，加大重大疾病和地方病防控力度，采取有效措施逐步解决因病致贫、因病返贫问题。加强贫困地区计划生育工作，加大对计划生育扶贫对象的扶持力度。到2015 年，贫困地区县、乡、村三级卫生计生服务网基本健全，县级医院的能力和水平明显提高，每个乡镇有1 所政府举办的卫生院，每个行政村有卫生室；新型农村合作医疗参合率稳定在90% 以上；逐步提高儿童医疗卫生保障水平，重大传染病和地方病得到有效控制。到2020 年，贫困地区群众获得的公共卫生和基本医疗服务更加均等，服务水平进一步提高，低生育水平持续稳定，逐步实现人口均衡发展。（国家卫生计生委、国家发展改革委、财政部等）

（九） 文化建设工作

加强贫困地区公共文化服务体系建设，提高服务效能，积极推进公共数字文化建设。统筹有线电视、直播卫星、地面数字电视等多种方式，提高电视覆盖率。充分利用村级组织活动场所等现有设施，积极开展群众性文化活动。到2015年，基本建成以县级公共图书馆、文化馆和乡镇综合文化站为主干的公共文化设施网络。到2020年，全面实现广播电视户户通。（文化部、新闻出版广电总局、国家发展改革委、财政部等）

（十）贫困村信息化工作

推进贫困地区建制村接通符合国家标准的互联网，努力消除"数字鸿沟"带来的差距。整合开放各类信息资源，为农民提供信息服务。每个村至少确定1名有文化、懂信息、能服务的信息员，加大培训力度，充分利用有关部门现有培训项目，着力提高其信息获取和服务能力。到2015年，连片特困地区已通电的建制村，互联网覆盖率达到100%，基本解决连片特困地区内义务教育学校和普通高中、职业院校的宽带接入问题。到2020年，自然村基本实现通宽带。（工业和信息化部、农业部、科技部、教育部、国务院扶贫办等）

三　加强领导，确保各项措施落到实处

各级党委和政府、各有关部门要深刻认识扶贫开发的重大意义，更加重视扶贫开发工作，践行党的群众路线，转变作风，扎实工作，切实帮助贫困地区改变面貌，帮助贫困群众脱贫致富。

（一）明确工作职责

贫困地区各级党委和政府要把扶贫开发工作列入重要议事日程，摆在突出位置，科学确定发展规划和项目，发扬钉钉子精神，一张蓝图干到底。党政主要负责同志要认真履行职责，把工作重点放在扶贫开发上，切忌空喊口号，不提好高骛远的目标，出实招、办实事、求实效。关注少数民族、妇女儿童、残疾人等特殊群体，加大支持力度。中央和国家机关要发挥引领示范作用，认真贯彻扶贫开发政策，落实分工任务，积极选派优秀干部到贫困地区帮扶。东部各省（直辖市）在做好东西部扶贫协作的同时，进一步加大对本区域内贫困地区和贫困人口的扶持力度，鼓励支持其开展扶贫改革实验，探索解决相对贫困、缩小收入差距、实现共同富裕的有效途径。加大扶贫开发工作考核力度，做到有目标、有计划、有措施、有检查、有奖惩。加快扶贫立法，把扶贫开发工作纳入法治轨道，确保长期化、可持续。

（二）完善管理体制

进一步完善中央统筹、省负总责、县抓落实的管理体制。国务院有关部门负责统筹协调、分类指导，以连片特困地区为重点，组织编制规划，加强政策指导，强化对跨区域重大基础设施建设、生产力布局、经济协作等事项的督促、衔接和协调，公共投资要向贫困地区倾斜。各省（自治区、直辖市）党委和政府要对本区域内贫困地区的扶贫脱贫负总责，逐级建立扶贫开发目标责任制，组织制定贫困县、村脱贫规划和产业发展规划，整合省内资源予以支持。各县（市、区、旗）党委和政府要采取措施，帮扶到村到户到人，把扶贫开发任务和政策逐项落到实处。

（三）加强基层组织

加强服务型党组织建设，健全党员干部联系和服务群众制度，切实发挥基层党组织推动发展、服务群众、凝聚人心、促进和谐的作用。选好配强村级领导班子，突出抓好村党组织带头人队伍建设。鼓励和选派思想好、作风正、能力强、愿意为群众服务的优秀年轻干部、致富带头人、外出务工经商人员、企业经营管理人员、退伍军人、高校毕业生等到贫困村工作，充分发挥驻村工作队（组）作用。发展集体经济，增加村级集体积累。尊重贫困地区群众在脱贫致富中的主体地位，鼓励其发扬自力更生、艰苦奋斗精神，通过自身努力增加收入，改变落后面貌。

（四）强化队伍建设

各级党委和政府要加大贫困地区干部培训力度，提高执行能力，重视扶贫开发队伍建设，提供必需的工作条件和经费保障。各级扶贫开发领导小组要认真履行职责，切实改进作风，深入调查研究，加强工作指导，总结推广经验，统筹各方面资源，发挥牵头协调作用。各级扶贫开发相关部门要加强思想、作风、廉政和效能建设，加强督促检查，认真履职尽责。扶贫任务重的县要加强扶贫开发能力建设，充实工作力量。扶贫任务重的乡镇要有专门干部负责扶贫开发工作。基层扶贫开发队伍建设要适应精准扶贫工作需要。

（五）营造良好环境

进一步加强扶贫开发宣传工作，积极宣传贫困地区广大干部群众自强不息、战胜贫困的先进事迹，总结推广扶贫开发实践中探索的成功经验，大力弘扬中华民族扶贫济困、乐善好施的传统美德，引导和鼓励社会各界更加关注、广泛参与扶贫开发事业，激发贫困地区干部群众脱贫致富的信心和活力。

参考文献

［1］ Asian Development Bank, *Program Performance Audit Report on the culture Sector Program*, Kyrgyz: In The Kyrgyz Republic, 2002.

［2］ Aubel, J. , Participatory Program Evaluation, A Manual for Involving Program Stakeholders in the Evaluation Process, 1995.

［3］ Bernardin, H. J. , Beatty, R. W. , *Performance Appraisal: Assessing Human Behavior at Work*, Noston: Kent Publishers, 1984.

［4］ Campbell, J. P. , McCloy, R. A. , *Oppler, A Theory of Performance in Personnel Selection in Organizations*, San Francisco: Jossey – Bass, 1993.

［5］ Chen , S. , Ravallion, M. , Hidden Impact? Ex-Post Evaluation of an Anti-Poverty Program, Policy Research Working Paper, 2003.

［6］ Dikhanov , Y. , Ward , M. , "Evolution of the global distribution of income, 1970 – 99", The 53rd Session of the International Statistical Institute held in Seoul, Republic of Korea, August 22 – 29, 2001.

［7］ Fan, S. , Hazell, P. , "Impact of Public Expenditure on Poverty in Rural India," *Economic & Political Weekly*, 2000, 35（40）.

［8］ Flynn: *Public Sector Management*, New York: Prentice Hall, 1997.

［9］ Gibson, J. , Huang , J. , Scott Rozelle. , "Improving Estimates of Inequality and Poverty from Urban China's Household Income and

Expenditure Survey," *Review of Income & Wealth*, 2001, 49 (1).

[10] Halachmi, Arie, "Community Disaster: Implication for Management Midwest," *Review of Public Administration*, 1978, 12 (4).

[11] Heeks, R., *Reinventing Government in the Information Age*, Routledge, 1999.

[12] Hirschman, A. O., *The Strategy of Economic Development*, New Haven: Yale University Press, 1958.

[13] Ingraham, P. W., Selden, S. C., Moynihan, D. P., "People and Performance: Challenges for the Future Public Service – The Report from the Wye River Conference," *Public Administration Review*, 2000, 60 (1).

[14] Kaplan, R. S., Norton, D. P., "The Balanced Scorecard – Measures that Drive Performance," *Harvard Business Review*, 1992, 70 (1).

[15] Kwon, E., Road Development and Poverty in the People's Republic of China, 2005.

[16] Makdissi, P., Wodon, Q., "Measuring Poverty Reduction and Targeting Performance Under Multiple Government Programs," *Review of Development Economics*, 2004, 8 (4).

[17] Mctigue, M., Ellig, J., Richardson, S., 2ND Annual Performance Report Scorecard: Which Federal Agencies Inform the Public, George Mason University, 2001.

[18] McTigue, Maurice, Jerry Ellig, Steve Richardson, 2nd Annual Performance Report Scorecard: Which Federal Agencies Inform the Public, Arlington, VA: Mercatus Center, May 16, 2001.

[19] Myrdal, G., "A Critical Appraisal of the Concept and Theory of Under Development," *In Essays on Econometrics and Planning in Honor of P. C. Mahalano – bissiness*, 1965, (8).

[20] Nyhan, Ronald, Hebert, "Performance Measurement in the Public Sector: Challenges and Opportunity," *Public Productivity & ManaGement Review*, 1995, (18).

[21] OECD, "Performance Management in Government," *Performance Measurement and Results Management Public Management Occasional Paper*,

1994，（3）．

［22］ Parks，R. B.，"Linking Objective and Subjective Measures of Performance," *Public Administration Review*，1984，44（2）．

［23］ Percy，S. L.，"In Defense of Citizen Evaluations as Performance Measures," *Urban Affairs Review*，1986，22（1）．

［24］ PerformanceMeasurement Study Team，*Government Performance and Results Act of* 1993，Washington：Washington Press，1993.

［25］ Piazza，A.，Li，J.，Su，G.，et al.，*China：Overcoming Rural Poverty*，World Bank Publications，2001.

［26］ Premchand，A.，*Effective Government Accounting*，．International Monetary Fund，1995：79.

［27］ Price，J. L.，"Handbook of Organizational Measurement"，International Journal of Manpower，1997，（11）．

［28］ RagnarNurkse，"Problems of Capital Formation in Underdeveloped Countries，" *Basil Blackwell*，1953，8（1）．

［29］ Ravallion，M. A.，"Poverty-inequality Trade off?" *Journal of Economic Inequality*，2005，3（2）．

［30］ RichardHeeks，*Reinventing Government in the Information Age：International Practice in IT - enabled Public Sector reform London*，New York：Routledge，1999.

［31］ RobertHaveman，Andrew Bershadker，"Self - reliance As A Poverty Criterion：Trends in Earnings Capacity Poverty（1975 ~ 1992），" *American Economic Review*，1998，（2）．

［32］ Rossi，M.，Fitzek，F.，Zorzi，M.，Error Control Techniques for Efficient Multicast Streaming in UMTS Networks：Proposals and Performance Evaluation，*Journal of Systemics Cybernetics & Informatics*，2004，2（3）．

［33］ R. Nelson，"A Theory of the Low-Level Equilibrium Trap in Underdeveloped Economies，" *American Economic Review*，1956，46.

［34］ Saich，T.，"Satisfaction with Government Performance：Public Opinion in Rural and Urban China，" *China Public Administration Review*，2006.

［35］ Samuelson,P. A. ， The Pure Theory of Public Expenditure， *Review of Economics & Statistics*, 1954, 36 （4）.

［36］ Schultz,B.， "Are There Sensible Ways to Analyze and Use Subjective Indicators of Urban Service Quality，" *Social Indicators Research*, 1992, 6 （4）.

［37］ Schwab,D.， "Construct Validity in Organizational Behavior in B. Staw and L. L. Cummings （Eds），" *Research in Organizational Behavior*, 1980, （11）.

［38］ Sen, Amartya, "Poverty: An Ordinal Approach to Measurement," *Econometric*, 1976, 44 （2）.

［39］ Sethi, V., Carraher, S., *Developing Measures for Assessing the Organizational Impact of Information Technology: A Comment for Mahmood and Soon's Paper*, New York: Decision Science, 1993.

［40］ Stipak, B., "Are There Sensible Ways to Analyze and Use Subjective Indicators of Urban Service Quality," *Social Indicators Research*, 1979, 6 （4）.

［41］ Stipak,B.， "Citizen Satisfaction with Urban Services: Potential Misuse as A Performance Indicator," *Public Administration Review*, 1979, 39 （1）.

［42］ Swindell,D.， Kelly, J. M.， "Linking Citizen Satisfaction Data to Performance Measures ," *Public Performance & Management Review*, 2000, 24 （1）.

［43］ Townsend,Peter, *Poverty in the United Kingdom*, California: University of California Press, 1979.

［44］ UNDP, *Human Development Report*, New York: UNDP Press, 1996.

［45］ UnitedNations Development Programme, *Human Development Report 2002 – Deepening Democracy in a Fragmented World*, New York , Oxford University Press, 2002.

［46］ William, L., Waugh, J., "Valuing Public Participationin Policy Making," *Public Administration Review*, 2002, （5）.

［47］〔印度〕阿马蒂亚·森:《贫困与饥荒》,王宗、王文玉译,商务印书馆,2001。

［48］包国宪：《绩效评价：推动地方政府职能转变的科学工具——甘肃省政府绩效评价活动的实践与理论思考》，《中国行政管理》2005年第7期。

［49］鲍良、杨玉林：《公共投资项目绩效评价研究与发展》，《资源与产业》2008年第2期。

［50］〔美〕彼得·罗希、马克·利普希、霍华德·弗里曼等：《评估：方法与技术》，邱泽奇、王旭辉、刘月等译，重庆大学出版社，2012。

［51］蔡立辉：《政府绩效评估的理念与方法分析》，《中国人民大学学报》2002年第5期。

［52］陈凡、杨越：《中国扶贫资金投入对缓解贫困的作用》，《农业技术经济》2003年第6期。

［53］陈杰：《我国农村扶贫资金效率的理论与实证研究》，博士学位论文，中南大学，2007。

［54］陈薇、杨春河：《河北省财政扶贫政策绩效评价实证研究》，《农业经济》2006年第7期。

［55］陈鑫、吴耀宏：《基于TOPSIS法的区域企业自主创新能力评价及比较研究》，《科技进步与对策》2009年第15期。

［56］陈准：《信息不对称视角下的农村贫困对象瞄准研究》，硕士学位论文，湖南农业大学，2011。

［57］丹尼斯·J.凯斯里、克里斯纳·库玛：《农业项目的监测评价及数据分析》，农业部对外经济工作室、中国农科院农业经济研究所译，中国财政经济出版社，1991。

［58］丁谦：《关于贫困的界定》，《开发研究》2003年第6期。

［59］东梅、李晓明、刘乔巧：《生态移民瞄准精度实证研究——以宁夏为例》，《农业技术经济》2011年第9期。

［60］杜栋、庞庆华、吴炎：《现代综合评价方法与案例精选》，清华大学出版社，2008。

［61］范柏乃：《政府绩效评估理论与实务》，人民出版社，2005。

［62］方振邦：《关键绩效指标与平衡计分卡的比较研究》，《中国行政管理》2005年第5期。

［63］高鸿宾：《扶贫开发规划研究》，中国财政经济出版社，2001。

［64］龚晓宽、陈云：《中国扶贫资金投入效益的计量分析》，《理论与当

代》2007 年第 7 期。

[65] 郭佩霞：《宪政与经济统合视角：政府间财力与事权匹配的实现路径探析》，《当代财经》2008 年第 10 期。

[66] 胡钟平：《新农村建设资金绩效评估及对策研究——以湖南省为例》，博士学位论文，湖南农业大学，2012。

[67] 黄承伟：《贫困程度动态监测模型与方法》，《广西社会科学》2001 年第 1 期。

[68] 黄承伟：《中国农村反贫困的实践与思考》，中国财政经济出版社，2004。

[69] 黄健柏、李增欣、肖太庆等：《公共政策地方科层损耗的经济分析》，《系统工程》2006 年第 3 期。

[70] 黄萍、黄万华：《能力扶贫：农村财政扶贫政策新视角》，《内蒙古社会科学》（汉文版）2003 年第 6 期。

[71] 黄勇辉：《政府绩效相关的定量评价方法及应用研究》，博士学位论文，南京航空航天大学，2010。

[72] 姜爱华：《我国政府开发式扶贫资金使用绩效的评估与思考》，《宏观经济研究》2007 年第 6 期。

[73] 姜爱华：《我国政府开发式扶贫资金投放效果的实证分析》，《中央财经大学学报》2008 年第 2 期。

[74] 蒋斌、谢勇：《贫困村村民参与式监测评估项目机制探讨》，《学术论坛》2005 年第 2 期。

[75] 蒋辉、王志忠、谢明哨：《基于属性测度的客观权 TOPSIS 法及应用》，《经济数学》2010 年第 2 期。

[76] 凯斯里：《农业项目的监测、评价及数据分析》，中国财政经济出版社，1991。

[77] 康晓光：《中国贫困与反贫困理论》，广西人民出版社，1995。

[78] 孔冬：《建构管理生态学》，《管理科学文摘》2002 年第 12 期。

[79] 李连华：《我国"三农"资金监管方式的效率比较分析》，《经济问题》2010 年第 7 期。

[80] 李小云等：《中国财政扶贫资金的瞄准与偏离》，社会科学文献出版社，2006。

［81］ 李晓壮：《基于公民满意度的地方政府社会建设绩效评估——以成都市为例》，《南京农业大学学报》（社会科学版）2012 年第 2 期。

［82］ 李新、梁萍、林影：《中国地方财政效率分析——以湖北为例》，《财政与发展》2006 年第 9 期。

［83］ 李兴江、陈怀叶：《参与式扶贫模式的运行机制及绩效评价》，《开发研究》2008 年第 2 期。

［84］ 刘纯阳、陈准：《农村贫困人口瞄准中主体博弈行为的分析》，《湖南农业大学学报》（社会科学版）2011 年第 3 期。

［85］ 刘冬梅：《中国政府开发式扶贫资金投放效果的实证研究》，《管理世界》2001 年第 6 期。

［86］ 刘坚主编《新阶段扶贫开发的成就与挑战——〈中国农村扶贫开发纲要（2001～2010 年）〉中期评估报告》，中国财政经济出版社，2006.

［87］ 刘科伟、刘玉亭、张贵凯等：《关于区域发展目标问题的探讨》，《西北大学学报》（自然科学版）2002 年第 5 期。

［88］ 刘祥琪：《我国征地补偿机制及其完善研究》，博士学位论文，南开大学，2010。

［89］ 刘旭涛：《政府绩效管理：制度、战略与方法》，机械工业出版社，2003。

［90］ 刘尧：《农村知识贫困与农村高等教育》，《清华大学教育研究》2002 年第 5 期。

［91］ 吕国范：《中原经济区资源产业扶贫模式研究》，博士学位论文，中国地质大学（北京），2014。

［92］ 罗江月、唐丽霞：《扶贫瞄准方法与反思的国际研究成果》，《中国农业大学学报》（社会科学版）2014 年第 4 期。

［93］ 罗良清、刘逸萱：《标杆管理在地方政府绩效评估中的应用》，《统计教育》2006 年第 1 期。

［94］ 倪星：《中国地方政府绩效评估指标体系研究》，博士学位论文，中山大学，2006。

［95］ 欧海燕、黄国勇：《自然地理环境贫困效应实证分析——基于空间贫困理论视角》，《安徽农业大学学报》（社会科学版）2015 年第 1

期。

[96] 庞守林、陈宝峰:《农业扶贫资金使用效率分析》,《农业技术经济》2000 年第 2 期。

[97] 彭国甫、谭建员、刘佛强:《政绩合法性与政府绩效评估创新》,《湘潭大学学报》(哲学社会科学版) 2008 年第 1 期。

[98] 戚振东、吴清华:《政府绩效审计:国际演进及启示》,《会计研究》2008 年第 2 期。

[99] 齐刚:《基于公众满意度的地方政府绩效评估问题研究》,硕士学位论文,西安建筑科技大学,2011。

[100] 祁光华、张定安:《我国公共部门绩效管理问题分析》,《中国行政管理》2005 年第 8 期。

[101] 钱吴永、党耀国、熊萍萍等:《基于灰色关联定权的 TOPSIS 法及其应用》,《系统工程》2009 年第 8 期。

[102] 邵延学:《我国农村贫困特点、成因及反贫困对策探讨》,《商业经济》2014 年第 18 期。

[103] 盛明科:《服务性政府绩效评估体系构建与制度安排研究》,博士学位论文,湘潭大学,2008。

[104] 〔德〕施托克曼等:《评估学》,人民出版社,2012。

[105] 世界银行编《2009 年世界发展报告:重塑世界经济地理》,胡光宇等译,清华大学出版社,2009.

[106] 〔美〕舒尔茨:《改造传统农业》,梁小民译,商务印书馆,1999。

[107] 帅传敏、李周、何晓军:《中国农村扶贫项目管理效率的定量分析》,《中国农村经济》2008 年第 3 期。

[108] 帅传敏、梁尚昆、刘松:《国家扶贫开发重点县投入绩效的实证分析》,《经济问题》2008 年第 6 期。

[109] 苏明:《我国中长期财政投资的方向与结构》,《管理世界》2001 年第 2 期。

[110] 孙璐、陈宝峰:《基于 AHP-TOSPSIS 方法的扶贫开发项目绩效评估研究——以四川大小凉山地区为例》,《科技与经济》2015 年第 1 期。

[111] 田丹:《财政支农资金使用效益评价——以浙江省为例》,博士学位

论文，浙江大学，2005。

[112] 童宁：《农村扶贫资源传递过程研究》，人民出版社，2009。

[113] 汪三贵，Albert Park，Shubham Chaudhuri，Gaurav Datt：《中国新时期农村扶贫与村级贫困瞄准》，《管理世界》2007年第1期。

[114] 汪三贵：《实现精准扶贫考核改进机制》，《时事报告》2014年第3期。

[115] 汪三贵、李文、李芸：《我国扶贫资金投向及效果分析》，《农业技术经济》2004年第5期。

[116] 汪三贵、王姮、王萍萍：《中国农村贫困家庭的识别》，《农业技术经济》2007年第1期。

[117] 王春华：《农村扶贫资金投向及实施项目的效果和影响的实证分析》，硕士学位论文，中国农业大学，2005。

[118] 王济川、郭志刚：《Logistic回归模型——方法及应用》，高等教育出版社，2001。

[119] 王科：《中国贫困地区自我发展能力解构与培育——基于主体功能区的新视角》，《甘肃社会科学》2008年第3期。

[120] 王良健、侯文力：《地方政府绩效评估指标体系及评估方法研究》，《软科学》2005年第4期。

[121] 王鹏：《新农村建设背景下的财政支农绩效评价研究》，博士学位论文，吉林大学，2012。

[122] 王谦：《政府绩效评估方法及应用研究》，博士学位论文，西南交通大学，2006。

[123] 王思铁：《精准扶贫：改"漫灌"为"滴灌"》，《四川党的建设》（农村版）2014年第4期。

[124] 王锡锌：《对"参与式"政府绩效评估制度的评估》，《行政法学研究》2007年第2期。

[125] 王小琪：《推进我国财政扶贫制度创新的思考》，《理论与改革》2007年第2期。

[126] 王晓敏：《浅议新时期我国农村的反贫困政策》，《中共郑州市委党校学报》，2009年第5期。

[127] 王艳、李放：《改善我国农村反贫困中政府行为的思路与对策》，

《内蒙古农业大学学报》（社会科学版）2009 年第 1 期。

[128] 王宇龙：《政府公共支出项目绩效影响因素初探》，《审计与经济研究》2007 年第 5 期。

[129] 王卓：《四川扶贫绩效评价》，《财经科学》1995 年第 5 期。

[130] 王卓：《中国现阶段贫困特征》，《经济学家》2000 年第 2 期。

[131] 魏光兴：《论管理学融合生态学的三个层次》，《科技管理研究》2005 年第 5 期。

[132] 魏光兴：《论管理学融合生态学的三个层次》，《科技管理研究》2005 年第 5 期。

[133] 魏娟、梁静国、才华：《基于粗集证据理论的多属性决策方法研究》，《科学学与科学技术管理》2005 年第 9 期。

[134] 吴国起：《财政扶贫资金绩效管理改革研究》，财政部财政科学研究所，2011。

[135] 吴雄周、丁建军：《基于成本收益视角的我国扶贫瞄准方式变迁解释》，《东南学术》2012 年第 5 期。

[136] 谢冰：《贫困与保障——贫困视角下的中西部民族地区农村社会保障研究》，商务印书馆，2013。

[137] 谢东梅：《农户生计资产量化分析方法的应用与验证——基于福建省农村最低生活保障目标家庭瞄准效率的调研数据》，《技术经济》2009 年第 9 期。

[138] 辛兵海：《我国财政支农支出的绩效分析》，硕士学位论文，南开大学，2007。

[139] 徐玖平等：《多属性决策的理论与方法》，清华大学出版社，2006。

[140] 许佳贤、谢志忠、苏时鹏等：《科技扶贫过程中利益相关主体的博弈分析》，《中南林业科技大学学报》（社会科学版），2011 年第 4 期。

[141] 许佳贤、谢志忠、苏时鹏等：《科技扶贫过程中利益相关主体的博弈分析》，《中南林业科技大学学报》（社会科学版）2011 年第 4 期。

[142] 许源源：《中国农村扶贫瞄准问题研究》，博士学位论文，中山大学，2006。

[143] 许源源、江胜珍：《扶贫瞄准问题研究综述》，《生产力研究》2008 年第 17 期。

［144］ 杨照江：《我国农村扶贫资金绩效评价体系研究》，博士学位论文，新疆财经学院，2006。

［145］ 叶初升、邹欣：《扶贫瞄准的绩效评估与机制设计》，《华南农业大学学报》（社会科学版）2012 年第 1 期。

［146］ 叶敏：《我国地方政府绩效评估研究——以杭州市政府绩效评估为例》，硕士学位论文，浙江大学公共管理学院，2008。

［147］ 尤建新、王波：《基于公众价值的地方政府绩效评估模式》，《中国行政管理》2005 年第 12 期。

［148］ 余明江：《市场化的农村反贫困机制构建》，《合肥师范学院学报》2010 年第 2 期。

［149］ 余明江：《我国农村反贫困机制的构建——基于"政府—市场"双导向视角的研究》，《安徽农业大学学报》（社会科学版）2010 年第 5 期。

［150］ 曾莉：《公众主观评价的影响因素研究述评——兼谈参与式政府绩效评价的进路》，《华东理工大学学报》（社会科学版）2013 年第 1 期。

［151］ 张海霞、庄天慧：《非政府组织参与式扶贫的绩效评价研究——以四川农村发展组织为例》，《开发研究》2010 年第 3 期。

［152］ 张红艳：《我国政府绩效评估中开展公众满意度评价的障碍及解决途径》，《学习论坛》2005 年第 11 期。

［153］ 张磊等：《中国扶贫开发历程（1949～2005 年）》，中国财政经济出版社，2007。

［154］ 张立军、罗珍、邹琦：《基于路径分析的科技成果评价指标赋权方法研究》，《统计与信息论坛》2008 年第 4 期。

［155］ 张立群：《连片特困地区贫困的类型及对策》，《红旗文稿》2012 年第 22 期。

［156］ 张琦、陈伟伟：《连片特困地区扶贫开发成效多维动态评价分析研究——基于灰色关联分析法角度》，《云南民族大学学报》（哲学社会科学版）2015 年第 1 期。

［157］ 张曦：《连片贫困地区参与式扶贫绩效评价》，博士学位论文，湘潭大学，2013。

［158］ 张衔：《民族地区扶贫绩效分析——以四川省为例》，《西南民族大学学报》（人文社科版）2000 年第 3 期。

[159] 张衔：《民族地区扶贫绩效分析——以四川省为例》，《西南民族学院学报》（哲学社会科学版）2000 年第 3 期。

[160] 张新文、吴德江：《新时期农村扶贫中的政府行为探讨》，《郑州航空工业管理学院学报》2011 年第 5 期。

[161] 郑世艳、吴国清：《消除能力贫困——农村反贫困的新思路》，《农村经济与科技》2008 年第 6 期。

[162] 郑志龙、丁辉侠、韩恒、孙远太：《政府扶贫开发绩效评估研究》，中国社会科学出版社，2012。

[163] 中共中央、国务院：《中国农村扶贫开发纲要（2011～2020 年)》，http：//www. gov. cn/gongbao/content/2011/content_ 2020905. htm。

[164] 中共中央办公厅、国务院办公厅：《关于创新机制扎实推进农村扶贫开发工作的意见》，《老区建设》2014 年第 1 期。

[165] 周朝阳、李晓宏：《如何构建有效的财政支出绩效评价体系》，《武汉理工大学学报》（信息与管理工程版）2007 年第 8 期。

[166] 周凯：《美国政府绩效评估制度对中国的启迪》，《观察与思考》2007 年第 7 期。

[167] 周凯：《中美在对美国政府绩效评估领域的研究现状》，《学术论坛》2008 年第 4 期。

[168] 朱乾宇：《我国政府扶贫资金的使用绩效分析》，《科技进步与对策》2003 年第 11 期。

[169] 朱乾宇：《政府扶贫资金投入方式与扶贫绩效的多元回归分析》，《中央财经大学学报》2004 年第 7 期。

[170] 朱志刚：《财政支出绩效评价研究》，中国财政经济出版社，2003。

[171] 庄天慧、张海霞、余崇媛：《西南少数民族贫困县反贫困综合绩效模糊评价——以 10 个国家扶贫重点县为例》，《西北人口》2012 年第 3 期。.岳希明、李实：《中国农村扶贫项目的目标定位（英文)》，《中国与世界经济》（英文版）2004 年第 2 期。

[172] 庄天慧、张海霞、余崇媛：《西南少数民族贫困县反贫困综合绩效模糊评价——以 10 个国家扶贫重点县为例》，《西北人口》2012 年第 3 期。

[173] 卓越：《公共部门绩效评估》，中国人民大学出版社，2004。

图书在版编目（CIP）数据

扶贫项目绩效评估研究：基于精准扶贫的视角/孙
璐著．－－北京：社会科学文献出版社，2018.5
（城乡协调发展研究丛书）
ISBN 978 - 7 - 5201 - 2238 - 2

Ⅰ.①扶…　Ⅱ.①孙…　Ⅲ.①农村－扶贫－项目评价
－研究－中国　Ⅳ.①F323.8

中国版本图书馆 CIP 数据核字（2018）第 029149 号

城乡协调发展研究丛书
扶贫项目绩效评估研究
——基于精准扶贫的视角

著　　者／孙　璐

出 版 人／谢寿光
项目统筹／周　丽　陈凤玲
责任编辑／关少华　李吉环

出　　版／社会科学文献出版社·经济与管理分社（010）59367226
　　　　　　地址：北京市北三环中路甲 29 号院华龙大厦　邮编：100029
　　　　　　网址：www. ssap. com. cn
发　　行／市场营销中心（010）59367081　59367018
印　　装／三河市尚艺印装有限公司

规　　格／开　本：787mm × 1092mm　1/16
　　　　　　印　张：14.75　字　数：237 千字
版　　次／2018 年 5 月第 1 版　2018 年 5 月第 1 次印刷
书　　号／ISBN 978 - 7 - 5201 - 2238 - 2
定　　价／79.00 元

本书如有印装质量问题，请与读者服务中心（010 - 59367028）联系